EINFÜHRUNG IN DAS SCHWEDISCHE RECHTSLEBEN

Vorlesungen gehalten an der Juristischen Fakultät der Universität Lund im Frühjahr 1949

CRAM, DE GRUYTER & CO.
HAMBURG

LUND 1950
BERLINGSKA BOKTRYCKERIET

Inhaltsverzeichnis

Die nachstehenden Vorlesungen wurden im Frühjahr 1949 an der Juristischen Fakultät der Universität Lund vor einer Gruppe deutscher Studenten der Universität Münster gehalten. Die deutschen Studenten waren Gäste der Universität und der Studentenschaft in Lund.

In seiner Begrüssungsansprache wies der Dekan der Juristischen Fakultät in Lund, Prof. Folke Schmidt, auf die früher engen kulturellen Beziehungen zwischen Schweden und Deutschland hin. Infolge der politischen Entwicklung nach 1933 habe man diese jedoch schwedischerseits immer mehr eingeschränkt. Heute wäre man wieder bereit, Verbindungen aufzunehmen. Das Problem sei, die Basis für eine erneute Zusammenarbeit zu finden. Zusammenarbeit setze Verstehen voraus. Deshalb sei der Sinn der Einladung, die Gäste mit der schwedischen Auffassung solcher Probleme, die von fundamentaler Bedeutung für die Demokratie seien, bekannt zu machen. Ergäben sich darauf gleiche Bewertungsmaximen, so sei damit auch eine reale Grundlage für die Wiederaufnahme kulturellen Austausches gefunden.

Entsprechend der Aufgabe, die sich die Juristische Fakultät gestellt hatte, behandeln die Vorlesungen markante Abschnitte aus dem öffentlichen und privaten Recht sowie aus dem wirtschaftlichen und politischen Leben Schwedens. Ihre Ausformung erfolgte unter dem Gesichtspunkt, mit schwedischer Denk- und Betrachtungsweise bekannt zu machen.

Schwedens Verfassungsgeschichte

Von Professor Dr. *Fredrik Lagerroth*

Das Thema, das ich mir für diese Vorlesung gestellt habe, Schwedens Verfassungsgeschichte, ist gross. Die Zeit, die mir zur Verfügung steht, ist aber knapp bemessen. Meine Darstellung könnte daher leicht verwässert und schematisch werden. Um dieser Gefahr nach Möglichkeit zu entgehen, verzichte ich darauf, Ihnen sämtliche Phasen der schwedischen Verfassungsgeschichte in gleichförmiger Behandlung vorzutragen und versuche vielmehr, ein relativ ausführliches Bild der schwedischen Verfassung zu zeichnen, wie sich diese zu bestimmten, durch ein oder mehrere Jahrhunderte voneinander geschiedenen Zeitpunkten ausnahm. Es bleibt somit dem Hörer überlassen, aus den jeweiligen Veränderungen des Bildes tunlichst zu folgern, was in den dazwischenliegenden Perioden geschehen ist.

Ich beginne um die Mitte des vierzehnten Jahrhunderts. Schweden hatte damals gerade seine erste geschriebene Verfassung erhalten, die zugleich als die erste geschriebene Verfassung in der Welt anzusehen ist, »Magnus Erikssons landslag», Magnus Erikssons Landesrecht. Nur Norwegen könnte vielleicht Schweden diesen Rang streitig machen. Dieses Grundgesetz befasst sich zwar nicht ausschliesslich mit konstitutionellen Problemen, sondern es enthält auch Verwaltungs-, Straf- und Zivilrecht. Immerhin ist das, was in einem der Hauptabschnitte des Werkes, dem sog. »Konungabalk», etwa Gesetz über Rechte und Pflichten des Königs, gesagt wird, recht ausführlich. Am besten lässt sich dieses Gesetz durch die Schlagworte Wahlmonarchie und Bundesstaat kennzeichnen. Die Wahl des Königs erfolgt bei Uppsala durch die Vertreter der einzelnen Provinzen, Landschaften, die einst selbständige kleine Königreiche gebildet hatten; König wird, wer die meisten Landschaftsstimmen auf sich vereinigt. Mit dem Wahlreich stehen die Integrität des Reiches und der Konstitutionalismus in innigem Zusammenhang. Ein Erbkönig betrachtet sein Reich gern als seine Domäne, mit der er nach Belieben schalten und walten kann. Der Wahlkönig dagegen ist ein dem Reich und Volk verpflichtetes Staatsorgan.

Demgemäss erklärt der schwedische König in dem Eide, den er bei seiner Thronbesteigung ablegt, das Reich nicht zu zerstückeln, sondern es seinem Nachfolger mit den gleichen Grenzen und Reichtümern zu hinterlassen, mit denen er selbst es übernommen hat. Und er gelobt auch mit feierlichen Worten, die noch im heute geltenden vornehmsten Grundgesetz Schwedens wiederkehren, Gerechtigkeit und Wahrheit zu stärken und niemanden, ob arm oder reich, an Leib und Leben zu verderben oder seiner Habe zu berauben, es sei denn auf Grund eines rechtmässig ergangenen Urteils. Schliesslich gelobt der König, sein Reich mit Hilfe schwedischer Männer und nicht mit Ausländern zu regieren, dem Volke kein neues Gesetz zu geben ohne dessen Einwilligung, die nach stillschweigender Voraussetzung des Gesetzes auf den Thingtreffen der Landschaften erteilt wird, sowie, falls neue Steuern erforderlich sind, hierüber mit Vertretern der Landschaften zu verhandeln. Das Volk seinerseits gelobt dem König durch seine Bevollmächtigten Gehorsam, soweit dies vor Gott und den Menschen billig ist, und schliesslich gelobt der Rat, den König »zum Recht des Reiches zu stärken» und darauf zu achten, dass König und Volk die einander geschworenen Eide halten.

Der Rat besteht aus den Bischöfen und zwölf Männern adligen Standes. Doch trägt die Ratsversammlung kein feudales Gepräge, denn die Macht des Adels fusst nicht auf Benefizien, sondern auf Allodien und der Führerstellung, die er in der provinzialen Selbstverwaltung einnimmt. Seine bedeutendsten Vertreter sind die »Lagmän»: Richter, die schon de iure an der Spitze der Landschaftsdelegierten stehen, die mit bindender Kraft für Anwesende wie Abwesende, Lebende wie Tote, den König wählen, und die de facto stets dem Rat angehören. Die Verfassung insgesamt ist ein Werk der Aristokratie. Und doch hat sie zum Unterschied von der berühmten Magna Charta Englands, mit der diese erste schwedische Verfassung oft verglichen worden ist, ein ausgesprochen demokratisches Gepräge. Der, dessen persönliche Integrität durch den Königseid gewährleistet wird, ist nicht wie in dem englischen Freiheitsbrief der Vasall, sondern der Schwede als solcher, und die Bauern, die in Schweden niemals leibeigen waren, haben ihre Vertreter sowohl in der Reichswahlkörperschaft, die den König wählt, als auch in den Provinzialvertretungen, die in neue Steuern einzuwilligen haben, sowie beim Landschaftsthing, wo Gesetze erlassen werden.

Wir begeben uns jetzt drei Jahrhunderte weiter, in die Mitte des siebzehnten Jahrhunderts. Noch ist das alte Landesrecht in Kraft insoweit, als an seinem Wortlaut nichts geändert worden ist. Doch sind neue Gesetze hinzugekommen, die im Widerspruch zu dem alten stehen, und neue Institutionen sind entstanden, die lediglich auf gewohnheitsrechtlicher Grundlage ruhen. Die schwedische Verfassung leidet unter demselben Mangel an Übersichtlichkeit, der die englische noch heute kennzeichnet. Und es sind keineswegs geringfügige Veränderungen, die der Stütze in der wichtigsten Verfassungsurkunde entbehren. Die schwedische Krone ist seit 1544 auf der männlichen Linie erblich, und seit 1604 können auch Fürstentöchter unter gewissen Bedingungen die Krone tragen. Noch wichtiger ist, dass die Reichswahlkörperschaft sich seit dem Ausgang des Mittelalters zu einem Reichstag mit vier Ständen, Adel, Geistlichkeit, Bürger und Bauern, ausgewachsen hat, damals als die Reichsstände bezeichnet; diese Körperschaft hat den Anteil des Volkes an der Legislative übernommen und konkurriert mit den Provinzialvertretungen auf steuerlichem Gebiet. Ein Versuch, die Arbeitsformen des Reichstags festzulegen, wurde mit der Reichstagsordnung vom Jahre 1617 unternommen, die jedoch vom Reichstag selbst nie anerkannt wurde, weil dieser darin einen Versuch des Monarchen witterte, die Stände unter seine Führung zu bringen.

Andererseits konnte der Monarch die Regierungsform[1] von 1634 nicht gutheissen, durch die man die Hierarchie von Beamten zu organisieren versucht hatte, die infolge der immer komplizierter werdenden Beschaffenheit der Staatsgeschäfte an die Stelle des bescheidenen Stabes von Ratgebern und Mitarbeitern getreten war, der im Mittelalter dem König zur Seite gestanden hatte. Nicht ganz unbefugt ahnt er darin einen Versuch, die Person des Königs überflüssig zu machen und ihn zu der Rolle eines venezianischen Dogen zu degradieren. Nur während der beiden Zwölfjahresperioden, wo der König, bzw. die Königin unmündig ist, kann die Regierungsform in Kraft gesetzt und eine aristokratische Beamtenherrschaft errichtet werden unter der Führung eines Rates, dem zwar nach wie vor viele der grössten Grundherren des Reiches angehören, der aber nicht mehr wie im Mittelalter nur sporadisch in Funktion tritt, sondern die Gestalt einer ständigen Ratskammer angenommen hat. Indessen ist die aristokratische Staatsform nicht einmal während der Minorennitätsperioden ganz rein. Das demokratische Staatsorgan, welches der Reichstag darstellt, macht sich gerade damals u. a. durch sein Recht, die Reichsvormünder zu bestimmen, geltend. Und die Betrachtungsweise gewinnt an Boden, dass die Regierung der Räte ihre Macht nur deshalb ausübt, weil der Reichstag nicht ständig versammelt sein kann. Die Traditionen des Wahlreiches sind noch darin lebendig, dass jeder König bei der Thronbesteigung ein Gelübde ablegen muss, das je nach den Zeitumständen laufend umredigiert wird. Die Rechte des Rates wie des Reichstags sind im Königsgelübde sorgfältig angegeben.

Wieder schreiten wir ein Jahrhundert weiter bis zur Mitte des achtzehnten Jahrhunderts, dem Höhepunkt des Abschnitts der schwedischen Geschichte, den man die Freiheitszeit nennt. An die Stelle des alten Landesrechtes als Zivil- und Strafgesetz ist jetzt »Sveriges rikes lag», das Schwedische Gesetzbuch, getreten; als Verfassungsgesetz ist es durch die Regierungsform von 1720 ersetzt, die nicht nur wie die Regierungsform von 1634 für even-

[1] In Schweden ist Regierungsform (»Regeringsform») der Name für das Verfassungsgrundgesetz.

tuelle Vormünder des Königs sondern auch für den mündigen König gilt. Rechte, die nach dem Landesrecht den landschaftlichen Organen zukamen, werden von der neuen Verfassung dem Reichstag zuerkannt. Doch gibt es auch andere Gesetze, auf die der jetzt voll entwickelte Begriff des Grundgesetzes angewandt werden kann, so das Königsgelübde, durch das sich König auf König verpflichtet, stets den herrschenden Reichsständen zuzustimmen, die Reichstagsordnung von 1723, welche die Arbeitsformen des Reichstags regelt und seine Emanzipation von der Königsgewalt durch den Ausbau eines weitverzweigten Ausschusswesens vollendet, und die Pressefreiheitsverordnung, die erste der Welt, die im Jahre 1766 erlassen wurde. Die zeitweilige Aktualisierung des Wahlreichs bei Erlöschen des Pfälzischen Geschlechts in der männlichen Linie 1719 ermöglichte es den Ständen, sich die Verfassung zu geben, die sie selbst wünschten. Glücklicherweise erfüllte die einzige überlebende Prinzessin nicht die 1604 für die Erbfolge aufgestellten Bedingungen. Und die sich so bietende Möglichkeit benutzten die Stände zur Verwirklichung alter Wunschträume.

Der König hat sich auf repräsentative Funktionen zu beschränken. Die wahre Regierungsgewalt liegt beim Rate. Nominell regiert zwar der König, doch muss er die Ratschläge seiner Ratgeber nicht nur anhören, sondern auch befolgen, da die Kammer und nicht der König für die Ausübung der Regierung verantwortlich ist. Mit der Verantwortung kommt die Macht. Verantwortlich ist man dem Reichstag, der die Ratsprotokolle prüft und die Räte ein- und absetzt. Die Formen sind dabei durchweg der Beamtenwelt entnommen, der grosse Teile des Reichstags angehörten, die Beweggründe aber sind politisch. Der Rat oder, wie man genau so gut sagen kann, die Regierung wechselt, wenn die Partei, die im Reichstag bis dahin in der Minderheit war, die Majorität erringt. In rhythmischem Wechsel wurde die Stellung der Regierungspartei und der Opposition von zwei Parteien eingenommen, Hüte und Mützen genannt, die sich durch verschiedene Programme sowohl auf aussen- wie auf innenpolitischem Gebiet unterscheiden.

Die Hüte orientieren sich nach Frankreich hin, um mit dessen

Hilfe die Provinzen zurückzugewinnen, die Russland und Preussen vor kurzem Schweden weggenommen hatten, und durch eine forcierte Anwendung des Merkantilsystems suchen sie das Land mit einem Schlage reich und blühend zu machen. Die Mützen wieder orientieren sich nach England und suchen den Frieden mit den Nachbarn zu bewahren. In ihrem Kampf gegen die Hüte verfechten sie die Notwendigkeit der Sparsamkeit mit den Mitteln des Staates und zeigen eine gewisse Sympathie für die Physiokratie. Da abweichende Auffassungen hinsichtlich des Gemeinwohls und nicht soziale Sonderinteressen den Unterschied zwischen den beiden Parteien ausmachen, sammeln diese in den Organisationen, die sie sowohl im Reichstag als ausserhalb desselben errichten, Mitglieder aller vier Stände zu gemeinsamen Beratungen. Auch ex officio fanden solche in dem sog. geheimen Ausschuss statt, der während der Machtperiode der Hüte das Zentrum der Reichstagsarbeit bildete und den man als ein Einkammermoment im Vierkammersystem bezeichnet hat. Man kann diese Regierungsart parlamentarisch nennen, obgleich der Ausdruck damals nicht gebraucht wurde.

Je mehr die Pressefreiheit sich auswirken konnte, um so mehr ging die Entscheidung, welches Regierungssystem angewandt werden sollte, an das wählende Volk über. Zwar gab es einen Stand, der nicht durch Wahl rekrutiert wurde, nämlich den Adel, doch war dessen Macht trotz der grossen Verdienste, die er sich um Schaffung und Entwicklung der freien Verfassung erworben hatte, am Ausgang dieser Epoche im Schwinden begriffen. Infolge des Mehrheitsprinzips wurde die von den Hüten beherrschte Adelsvertretung, das Ritterhaus, durch die Mützenmajorität in den drei nichtadligen Ständen überstimmt. Die ganze auf Privilegien gegründete Gesellschaftsordnung drohte übrigens der Nivellierung zu verfallen. Da Gott das Menschengeschlecht aus *einem* Blute erschaffen habe, seien aus der Geburt abgeleitete Vorrechte nicht gerechtfertigt, meinten die nichtadligen Stände. Schon begann man von einer Reform der Volksvertretung zu sprechen, durch die der Beamtenreichstag in einen Volksreichstag verwandelt werden sollte. Zwar lag die Verwirklichung dieses Gedankens noch in ferner Zukunft; Tatsache ist jedoch, dass der

Einfluss der Bauern in gleichem Masse wuchs, in welchem der geheime Ausschuss, worin diese nicht vertreten waren, an Bedeutung verlor. Für die Mützen, die gegen Ende der Epoche die Oberhand hatten, war eine Verlagerung der Machtvollkommenheiten auf die Plena eine natürliche Folge des von ihnen vertretenen Publizitätsprinzips. Zunächst brachte eine solche Veränderung grosse Schwierigkeiten mit sich, denn der genannte, aus vielen Gesichtspunkten gut qualifizierte Hunderterausschuss hatte der Arbeit des Reichstags die Führung gegeben, die ihr der Rat nicht zu schenken vermocht hatte.

Es war einer der grössten Mängel der Staatsform, dass keine leitende Regierung vorhanden war. Der Reichstag wurde oft zu einem regierenden Reichstag. Ein wirkliches Gebrechen war die Korruption. Doch ist zu bedenken, dass diese während des achtzehnten Jahrhunderts in England grösser war, dem einzigen Land, das es in jenen goldenen Zeiten des Absolutismus an Intensität des politischen Lebens mit Schweden aufnehmen konnte. Wendet man demgegenüber ein, die Gelder, die in das schwedische Reichstagsleben flossen und mit denen schwedische Wahlkämpfe finanziert wurden, wären aus den Taschen ausländischer Gesandter gekommen, so ist hervorzuheben, dass diese Gelder nicht den Ausschlag gaben. Oft trug *die* Partei den Sieg davon, die die geringsten Zuwendungen erhalten hatte.

Der Nachwelt ist die Freiheitszeit oft als der Prügelknabe unter den Epochen der schwedischen Geschichte erschienen. Niemand jedoch, der sich in diese Zeit vertieft, vermag sich der Begeisterung zu verschliessen, mit der damals alle an den Bemühungen teilnahmen, die Welt zu verbessern. Die schwedische Staatsform errang sich auch die Bewunderung von Ausländern. Der französische Aufklärungsphilosoph Mably, dessen Schriften eine so grosse Rolle für das Zustandekommen der französischen Verfassung von 1791 gespielt haben, rühmt die Verfassung der Freiheitszeit als das Meisterwerk der modernen Gesetzgebung.

In der Mitte des neunzehnten Jahrhunderts lebt Schweden unter Grundgesetzen mit denselben Namen, die uns in der Freiheitszeit begegnet waren. Es gibt eine Regierungsform (Verfassung), eine Reichstagsordnung und eine Pressefreiheitsverordnung. Ihre Daten aber sind andere. Seit der Mitte des vorigen Jahrhunderts haben die schwedischen Grundgesetze wiederholt gewechselt. Das Königsgelübde, dieses Überbleibsel aus der Zeit des Wahlreichs, ist als Grundgesetz verschwunden und durch eine für jeden Thronwechsel gleichlautende kurze Formel ersetzt. Hinzugekommen ist eine Erbfolgeordnung, die das gleiche auf den Mannesstamm beschränkte Erbrecht für das Haus Bernadotte festlegt, das seit 1743 für das Haus Holstein-Gottorp gegolten hatte. Auch die Reichstagsordnung, die zu dieser Zeit von 1810 ist, hat in vielem denselben Inhalt wie während der Freiheitszeit. Die Vierständerepräsentation besteht fort, obwohl die Standesprivilegien mittlerweile fast gänzlich abgebaut sind, und das Ausschusswesen unterscheidet sich nicht sehr von der Organisation, welche die Stände früher im Kampf gegen jeden Führungsanspruch seitens des Königtums entwickelt hatten. Nach wie vor setzt sich der Reichstag zu einem hohen Prozentsatz aus Beamten zusammen, doch ist der Bauernstand, der ja erklärlicherweise kein bürokratisches Element enthält, den übrigen Ständen völlig gleichgestellt. Auch die Pressefreiheitsverordnung von 1812 gleicht in vielem ihren Vorgängern aus der Freiheitszeit, obwohl sie nicht immer gleich liberal ist. Während mehrerer Jahrzehnte, bis 1844, hatte der König das Recht, missliebige Zeitungen zu konfiszieren. Die grossen konstitutionellen Neuheiten betreffen fast ausschliesslich die Verfassung; dieses Grundgesetz ist ganz neu, wenn nicht in den Einzelheiten, so doch in seinem Prinzip. Während die Regierungsform von 1720 ihren Stempel durch die darin verankerte Allmacht der Stände erhielt, fusst die Regierungsform von 1809 auf dem Prinzip der Gewaltenteilung.

Über den Ursprung des Prinzips der Gewaltenteilung von 1809 sind die Ansichten geteilt. Viele meinen, es sei Montesquieus Lehre von der Teilung der Macht, wie er sie in seinem berühmten Werk L'esprit des lois entwickelt hat, die uns in dem wichtigsten schwedischen Grundgesetz entgegentrete, das somit seinem Baustil nach fremdländisch wäre, mag auch das Material, aus dem es aufgeführt ist, schwedisch sein. Zweifellos hat auch Montesquieus

Doktrin, die bereits in den Vereinigten Staaten wie auch in Frankreich angewandt worden war, einen gewissen anregenden Einfluss ausgeübt. Man wollte wohl gern der Mode des Tages gehorchen und die Macht teilen, anstatt sie zu konzentrieren. Doch schon eine flüchtige Analyse zeigt, dass das schwedische Machtverteilungssystem ein ganz anderes ist als das französische.

Montesquieu hatte mit drei Staatsfunktionen gerechnet, der gesetzgebenden, der ausführenden und der richtenden, die er auf drei Staatsorgane verteilt hatte, Regierung, Volksvertretung und Gerichte. Die Regierung hatte keinen anderen Anteil an der gesetzgebenden Macht als ein Veto gegen deren Beschlüsse, dies um Übergriffe auf das Gebiet der Regierung zu verhüten. Die Männer von 1809 hatten ein Viergewaltenschema, die regierende, die besteuernde, die gesetzgebende und die richtende Gewalt, und diese werden so verteilt, dass der König alleiniger Inhaber der Regierungsgewalt ist, die Stände alleinige Instanz für die Steuern sind, die Legislative zwischen beiden gleichmässig verteilt ist und dass schliesslich praktisch weder König noch Reichstag sich mit der richterlichen Gewalt befassen dürfen. Dazu kommt, dass Montesquieu einen formalen Gesetzesbegriff hat: alles ist Gesetz, was die Volksvertretung in gesetzlicher Form beschliesst, während hingegen die Regierungsform von 1809 einen ausgesprochen materiellen Gesetzesbegriff hat. Das Gesetz umfasst Zivil-, Straf- und Kirchengesetz, nichts weiter. Nach diesem Gesetz urteilen die Gerichte, während die Normen, die der König anwendet, nur in uneigentlichem Sinne Gesetze heissen, genauer »ökonomische» (administrative) Gesetze, und von ihm selbst erlassen werden. Dass der ganze Geist der beiden Systeme verschieden ist, geht am klarsten aus folgendem hervor. Für Montesquieu liegt die Initiativkraft bei der gesetzgebenden Gewalt, während die ausführende Gewalt gemäss ihrem Namen passiv oder höchstens retardierend ist. Dagegen ist die regierende Gewalt laut dem amtlichen Kommentar, den die Männer von 1809 selbst ihrem Werk beigegeben haben, »aktiv in bestimmten Formen mit Einheit der Beschlüsse und voller Kraft der Mittel, sie auszuführen», während die gesetzgebende Macht »weislich schwerfällig in der Aktion, doch fest und stark im Widerstand» ist.

Man kann darüber streiten, welche der beiden Funktionen, die ungeteilt je einem der beiden unmittelbaren Staatsorgane, dem König und den Ständen, zugesprochen wurden, mehr Macht verleiht, die regierende oder die besteuernde Funktion. Auf die Dauer war es doch die besteuernde, besonders da sie mit dem Recht verbunden war, die Mittel zu bewilligen, ohne die keine Regierung zu existieren vermag. Aber bis zu der Zeit, mit der wir uns jetzt beschäftigen, hatte zweifellos der König, die Regierungsgewalt, die stärkere Position gehabt, und zwar auf Grund der persönlichen Formen, in denen die Regierung gemäss der Verfassung ausgeübt werden durfte und auch tatsächlich ausgeübt wurde. Der König soll zwar seine Beschlüsse in seiner Ratskammer, jetzt Staatsrat genannt, fassen; über die Zusammensetzung des Staatsrats jedoch kann er selbst bestimmen, und die Ratschläge braucht er nur soweit zu befolgen, wie er selbst es will. Das einstige Recht der Stände, die Ratgeber des Königs ein- und abzusetzen, ist verschwunden. Ja, es scheint, als hätten die Stände überhaupt vergessen, dass sie dieses Recht je besessen hatten.

Die parlamentarischen Ideale, die trotz allem den oppositionell eingestellten Elementen im Reichstag vorschweben, sind aus England und Frankreich geholt. Zwar haben die Stände dasselbe bürokratisch ausgestaltete Prüfungsrecht über die Protokolle des Staatsrats, das sie hundert Jahre früher hatten, doch vermögen sie die schwerfälligen Formen jetzt nicht mehr mit einem politischen Inhalt zu füllen. Wie sollen sie übrigens gegen die Missgriffe der Regierung vorgehen können, wenn die Ratgeber sich der Verantwortung dadurch entziehen, dass sie ihren Einspruch gegen Beschlüsse zu Protokoll geben, die der unverantwortliche Monarch auch realiter nach eigenem Gutdünken fasst? Kann man sich eine schlimmere Abirrung von den Prinzipien des Konstitutionalismus denken, als dass die Regierung ohne Verantwortlichkeit geführt wird? Nur in einem Falle kann Rechenschaft für einen Beschluss des Königs gefordert werden, nämlich wenn dieser im Widerspruch zur Verfassung steht. Dann ist nämlich das Mitglied des Staatsrats, in dessen Ressort die betreffende Frage gehört, vor 1840 ein Staatssekretär, dann ein Departementschef, verpflichtet, die Gegenzeichnung zu verweigern, und ohne Gegenzeichnung wird ein Beschluss des Königs nicht gültig. Im übrigen hat der Reichstag viel von der Selbständigkeit gegenüber dem König eingebüsst, die er während der Freiheitszeit besass. Die Beamten sind nicht mehr im gleichen Ausmass unabsetzbar, wie sie es damals waren, und sie werden nicht mehr nach den gleichen objektiven, um nicht zu sagen mechanischen Grundsätzen befördert wie früher. Aus Rücksicht auf den, der ihr Geschick letzten Endes in Händen hält, stimmen die zahlreichen Reichstagsmitglieder, die zugleich Beamte sind, der Regierung zu Gefallen. Besonders der Adel, der jahrhundertelang in dem Kampf für konstitutionelle Ideale die Führung gehabt hatte, ist nun zu einem nicht geringen Teil ein Trabant des Königs geworden. Auch fehlt die Voraussetzung für einen Parlamentarismus, die in einem organisierten Parteiwesen liegt. In Erinnerung an die Sünden, deren sich die Parteien der Freiheitszeit schuldig gemacht hatten, betrachtet man alles, was Parteien heisst, mit tiefstem Misstrauen. Trotz dieser primitiven Auffassung und trotz ihrer mittelalterlichen Zusammensetzung führen jedoch die Reichsstände um die Mitte des vorigen Jahrhunderts ein imposantes Reformwerk aus.

Gerade zu Beginn der zweiten Hälfte des neunzehnten Jahrhunderts jedoch traten zwei Veränderungen in der schwedischen Staatsform ein.

Der Staatsrat wird von seinem vornehmsten Mitglied, dem Justizstaatsminister, zu einem einheitlichen Ministerium zusammengeschweisst, dessen Willen der König sich beugen muss. Andererseits wird den Departementschefs die Möglichkeit genommen, sich durch Vorbehalt zum Protokoll der Verantwortung zu entziehen: mit der Gegenzeichnung eines königlichen Beschlusses gelten sie, obgleich der Verfassungstext nicht geändert wird, als verantwortlich für dessen sachlichen Inhalt, nicht nur für dessen Verfassungsmässigkeit. Es ist ein beschämendes Zeichen dafür, wie rückständig Schweden jetzt in der konstitutionellen Entwicklung war, dass man als Muster für diese Neuerung auf Bestimmungen in der Verfassung hinweisen konnte, die sich das vor kurzem noch absolut regierte Dänemark gegeben hatte.

Weit stärker ins Auge springend ist die Veränderung, die auf dem Gebiet der Volksvertretung nunmehr durchgeführt wird. Aber auch hier ist es erstaunlich, wie sehr Schweden hinter der Entwicklung her hinkt. Nachdem man jahrzehntelang endlos über das Problem debattiert hatte, tut Schweden als eines der letzten Länder der Welt durch die Reichstagsordnung von 1866 den Schritt von der Ständewahl zur allgemeinen Wahl. Zugleich wird der Vierständereichstag durch einen Zweikammerreichstag ersetzt. Zu der Wahl dieser Vertretungsform war man durch das Vorbild der Vereinigten Staaten angeregt worden, deren Senat, aus Vertretern der gesetzgebenden Versammlungen der Einzelstaaten gebildet, in Schweden hohes Ansehen genoss. Indessen war die Veränderung auch in der eigenen Vergangenheit nicht ohne Voraussetzungen. Eine Erste Kammer, gewählt durch die »Landsthinge», d. h. Provinziallandtage, sowie durch die Stadtverordneten derjenigen Städte, die den Landsthingbezirken nicht zugehörten, passte gut für den einstigen Bundesstaat Schweden. Es ist auch zu beachten, dass die Schaffung zweier Kammern mit gleich grossen Machtbefugnissen als eine Anwendung des gleichen Prinzips der Machtverteilung aufgefasst wurde, das man früher in bezug auf das Verhältnis zwischen König und Reichstag befolgt hatte.

Von einer eigentlichen Demokratisierung war indessen keine Rede. Bei den Wahlen zu den provinzialen und städtischen Vertretungen galt eine gradierte Skala, und um für die Wahlen zur Zweiten Kammer stimmberechtigt zu sein, musste man ein so hohes Einkommen haben, dass grosse Teile der mündigen Männer Schwedens davon ausgeschlossen waren. Diejenigen, die die Zweite Kammer vor allem für sich in Anspruch nahmen, waren die Bauern. Man kann sagen, dass der Bauernstand in Gestalt einer Landwirtepartei in diese übersiedelte. Dass diese Partei stark sozial betont war, braucht kaum erwähnt zu werden. Nur durch den Städten zugestandene Stimmvorteile konnte man zu einer Zeit, wo Urbanisierung und Industrialisierung noch in den Anfängen standen, für die nächste Zukunft dem sogenannten dritten Stand ein wirksames Mitbestimmungsrecht an den Geschicken des Reiches sichern. Obwohl die

Sonderrechte des Adels hinsichtlich der Mitgliedschaft im Reichstag aufgehoben waren, wurden viele Sitze namentlich in der Ersten Kammer von Adligen eingenommen, doch gehörten diese jetzt in weit höherem Grade als zur Zeit des Ständereichstags dem Gutsbesitzeradel an. Die Arbeiterklasse stand völlig ausserhalb des Reichstags. Vergleichsweise sei erwähnt, dass zu jener Zeit sowohl für die Wahl der dänischen Zweiten Kammer (Folkething) als des deutschen Reichstags das allgemeine Wahlrecht galt.

Jetzt, in der Mitte des zwanzigsten Jahrhunderts, lebt Schweden unter genau denselben Grundgesetzen, die seit der grossen Repräsentationsreform des Jahres 1866 in Kraft waren. Doch können wir jeden Tag erwarten, dass die Pressefreiheitsverordnung von 1812 durch eine gleichnamige Verordnung von 1949 ersetzt wird. Und kein Grundgesetz ist inzwischen von Abänderungen verschont geblieben.

Besonders einschneidende Veränderungen hat die Reichstagsordnung erfahren. Durch zwei grosse Wahlrechtsreformen in den Jahren 1909 und 1921 und einige geringere späteren Datums ist alles, was gradierte Skala und Census heisst, abgeschafft und das Wahlrecht auch auf die Frauen ausgedehnt worden. Heute haben praktisch alle mündigen Männer und Frauen Stimmrecht sowohl zur Zweiten Kammer als zu den kommunalen Körperschaften, welche die Mitglieder der Ersten Kammer ausersehen. Die Erste Kammer unterscheidet sich von der Zweiten kaum anders als durch die indirekte Wahl und die sukzessive Neubesetzung. Durch Verhältniswahl ist das Recht der Minderheiten gesichert. Schweden, das zu Beginn dieses Jahrhunderts vom demokratischen Gesichtspunkt aus weit hinter den meisten Ländern, nicht zuletzt hinter Dänemark und Norwegen zurückstand, ist heute in der politischen Demokratie sehr weit gelangt. Und die demokratischen Ideale haben die Nation durchsäuert. Die Diktatur übt nur auf eine geringe Minorität, die kommunistische Partei, gewisse Anziehungskraft aus.

Weit weniger umfassend sind die textlichen Veränderungen der Regierungsform von 1809, welche nun seit langem das älteste

Grundgesetz in Europa ist. Zu beachten ist jedoch, dass der Staatsrat, die Regierung, durch eine Reihe von Reformen, die bis 1840 zurückreichen, immer mehr konsolidiert worden ist. Die meisten Staatsräte (Minister) sind Chefs je eines Departements (Ministeriums) in der Kanzlei des Königs (Regierung), können jedoch nur durch Herbeiführung eines königlichen Beschlusses im Staatsrat oder, wie es oft heisst, im Conseil, also im Ministerrat, über die Reihe selbständiger Reichsämter oder -behörden bestimmen, die etwas für Schweden Eigentümliches sind. In den meisten anderen Ländern ist dagegen die gesamte Verwaltung auf die Ministerien verteilt. Seit 1876 gibt es einen Ministerpräsidenten, der in Schweden Staatsminister heisst, und dieser hat im Staatsrat die Führung de iure, die der Justizstaatsminister früher de facto ausübte. Und seit 1909 müssen auch auswärtige Angelegenheiten im Gesamtministerrat und nicht wie früher in einem engeren Ministergremium mit nur ein paar Mitgliedern entschieden werden. Schliesslich ist zu erwähnen, dass der Reichstag seit 1921 einen bestimmenden Einfluss auf die Aussenpolitik hat, der jedoch nicht so gross ist wie während der Freiheitszeit.

Hat das die Regierungsform behandelnde Grundgesetz nur verhältnismässig geringe textliche Veränderungen erfahren, so sind dagegen grosse und vor allem wichtige Partien desselben faktisch bedeutungslos geworden. Unser wichtigstes Grundgesetz ist nicht nur der Verfassungsänderung, sondern auch der Verfassungswandlung ausgesetzt gewesen.

Nach wie vor heisst es im Texte, dass der König, nachdem er den Rat seiner Ratgeber im Staatsrat eingeholt hat, allein seine Beschlüsse fasst, tatsächlich aber richtet er sich jetzt ausnahmslos nach den Ratschlägen, die er bekommt. Es gilt heute wieder das, was die Regierungsform der Freiheitszeit als einen richtigen Ausdruck der Worte des alten »landslag», der König regiere sein Reich mit Rates Rat, bezeichnete, nämlich dass er das Reich mit, also nicht ohne und noch weniger entgegen den Ratschlägen des Rates regiert. Und einander widersprechende Ratschläge erhält der König nicht, weil etwa vorhandene Uneinigkeit zwischen den Ratgebern stets vorher durch vertrauliche Ministerbesprechungen in der »statsrådsberedning», die seit den frühesten Jahren dieser Staatsform besteht, behoben wird. Nur die politisch wichtigen Angelegenheiten werden jedoch in der vorgenannten »statsrådsberedning» behandelt, während weniger wichtige, laufende Geschäfte gewöhnlich durch den zuständigen Ressortminister ohne Mitwirkung anderer Minister erledigt werden. Im Staatsrat oder Conseil finden praktisch keine Beratungen statt, vielmehr steht das Gesamtministerium hinter den Beschlussvorschlägen, die dem König jeweils von dem zuständigen Ressortminister unterbreitet werden. Die Stellungnahme des Ressortchefs gibt den Ausschlag aus dem einfachen Grunde, weil er die betreffende Angelegenheit am gründlichsten kennt und allein die Verantwortung dafür übernehmen kann. Wie während der Freiheitszeit folgt die Macht der Verantwortung. Der unverantwortliche Monarch muss Mengen von Beschlüssen unterzeichnen, deren Inhalt er nicht kennt oder vielleicht zutiefst missbilligt. Seine Aufgaben sind wieder hauptsächlich repräsentativer Art. Die wahre Regierung ist der Staatsrat, der auch sogar vom König selbst Regierung genannt wird. In unzähligen Dingen ist es übrigens, wie aus dem bereits Gesagten hervorgeht, nicht einmal diese, die das Heft in der Hand hält. Tatsächlich besteht ein Ministerregiment in Schweden genau so wie in Dänemark, wo dieses sogar grundgesetzlich verankert ist.

Nach wie vor heisst es auch im Texte der Regierungsform, dass der König die Mitglieder des Staatsrats berufe und ernenne. Hierbei muss er nunmehr de facto jedoch die allergrösste Rücksicht auf den Reichstag nehmen. Wie während der Freiheitszeit ruht die Machtstellung des Staatsrats oder Ministeriums heute nicht auf dem Vertrauen des Königs, sondern auf dem des Reichstags. Ein langer und zäher Kampf gegen eine persönliche Königsgewalt, der bis weit in unser Jahrhundert angedauert hat, führte zum erneuten Durchbruch des Parlamentarismus Jahrzehnte nach dem ersten Start dieser Regierungsweise in Norwegen und Dänemark. In grossem Umfang berief man sich dabei auf fremde Vorbilder, vor allem Englands. Mehr als diese bedeutete jedoch die stetig wachsende politische Macht des Reichstags, die sich aus dessen Finanzgewalt ergab. Das Recht der Ausschreibung von

Steuern mit allem, was dazu gehört, hat schliesslich zur tatsächlichen, obzwar indirekten Übernahme auch der Regierungsgewalt geführt. Das Prinzip der Gewaltenteilung, ursprünglich der Eckpfeiler der ganzen Konstitution, besteht nur noch auf dem Papier. Die Regierung ist heute als ausführendes Organ des Reichstagswillens zu betrachten. Und was der Reichstag will, ist gleichbedeutend damit, was die Mehrheitspartei im Reichstag will. Denn das Parteiwesen steht nach seinem langen Schlaf wieder in Ehren. Parteien gelten nicht mehr als sündhaft, sondern genau wie zur Freiheitszeit als notwendige, ja lobenswerte Konsequenzen der politischen Freiheit. Doch unterscheidet sich das moderne schwedische Parteiwesen in vielem von dem der Freiheitszeit. Damals bestanden eigentlich nur zwei Parteien, die sich durch ihre abweichenden Ansichten darüber, wie das Reich zu regieren sei, unterschieden. Heute gibt es in Schweden vier grosse Parteien, die Rechte, die Volkspartei, den Bauernbund und die Sozialdemokraten, von denen nur die Rechte und die Volkspartei als Ansichts- oder Ideenparteien, den Konservativen und Liberalen im internationalen Sprachgebrauch entsprechend, betrachtet werden können. Bauernbund und Sozialdemokraten wieder sind wegen ihrer starken sozialen Verankerung in der Bauern- resp. der Arbeiterklasse wohl als Klassen- oder Interessenparteien anzusehen. Dies hat zu Schwierigkeiten bei der Anwendung des Parlamentarismus geführt.

Anfangs war vor allem die Tatsache, dass mehr als zwei Parteien vorhanden waren, dazu angetan, Verwirrung anzurichten. Es war schwer, wenn nicht unmöglich für eine Partei, in beiden Kammern des Reichstags die absolute Mehrheit zu erringen. Man musste mit Minderheitsregierungen laborieren, die in der einen Frage durch diese Mitpartei gestützt werden mussten, in einer anderen Frage durch jene. Man nannte das springenden Parlamentarismus. Die Schwierigkeiten wurden noch grösser durch die Selbständigkeit, die der Reichstag gegenüber der Regierung zeigen konnte, und zwar dank der festen Ausschussorganisation, die einst in der Freiheitszeit geschaffen worden war. Es war der schwedischen Regierung schwer, die führende Stellung zu gewinnen, die das britische Kabinett einnimmt, weil es im Unterhaus keinen Ausschuss gibt, der mit dem Unterhausausschuss rivalisieren könnte, den das Kabinett selbst darstellt. In dem mächtigen Ausschuss, der in Schweden die Budgetsachen bearbeitet und den man oft mit dem geheimen Ausschuss der Freiheitszeit verglichen hat, dem sog. Etatsausschuss, wurden noch zu Anfang der dreissiger Jahre die Kompromisse zwischen den streitenden Parteien geschlossen.

Anders wurde es jedoch, nachdem die beiden letztgenannten Klassenparteien, Sozialdemokraten und Bauernbund, Mitte der dreissiger Jahre eine Allianz eingegangen waren, die den beiden durch sie vertretenen Gesellschaftsgruppen die gewünschten wirtschaftlichen Vorteile zusicherte. Seitdem hat die grösste Partei des Reichstags, die sozialdemokratische, praktisch ununterbrochen die Regierungsgewalt innegehabt — zusammen mit dem Bauernbund, wie in den Jahren vor dem zweiten Weltkrieg, oder gemeinsam mit allen übrigen demokratischen Parteien, wie während des letzten Krieges, oder allein, wie jetzt.

Das Ministergremium, die oben genannte »statsrådsberedning», hat den Etatsausschuss an Macht überflügelt. Die Regierung, die aus dem Reichstag hervorgeht, beherrscht, so kann man sagen, jetzt auch den Reichstag als die Führung einer Partei, die seit 1940 im Gesamtreichstag, also beiden Kammern zusammen, entweder über die absolute Mehrheit oder doch über eine Zahl von Sitzen verfügt, die dieser Mehrheit nahekommt. Nun aber bringt die starke soziale Verankerung der Mehrheitspartei Ungelegenheiten mit sich. Infolge der fortschreitenden Industrialisierung Schwedens wächst die Arbeiterklasse unaufhörlich, und es ist kein Gedanke daran, dass die Arbeiter etwa dem sozialdemokratischen Programm zugunsten eines anderen den Rücken kehren könnten. Es ist also in absehbarer Zeit nicht damit zu rechnen, dass die sozialdemokratische Partei ihre Machtstellung einbüsst. Von einem rhythmischen Wechsel zwischen den Parteien in Regierungsstellung und Opposition wie im Schweden der Freiheitszeit und im England des 19. Jahrhunderts kann daher keine Rede sein, und deshalb ebensowenig von dem labilen Gleichgewicht, womit man das stabile Gleichgewicht nach Montesquieus Schema ersetzen will. Ein

Gleichgewicht existiert überhaupt nicht. Es ist darum nicht verwunderlich, dass Stimmen laut werden, die einer Rückkehr zu einer Teilung der Macht das Wort reden, wenn auch nicht zwischen König und Reichstag, so doch zwischen allen vier demokratischen Parteien. Die Oppositionsparteien finden es allmählich ärgerlich, dass ihre Kräfte nie in Regierungsstellung zur Anwendung kommen sollen, weshalb man für eine Rückkehr zu der Gemeinschaftsregierung, wie sie während des letzten Krieges bestand, plädiert. Man hat in diesem Zusammenhang nicht verschmäht, auf das Beispiel der Schweiz hinzuweisen. Der Schweizer Bundesrat setzt sich bekanntlich aus Vertretern aller grossen Parteien zusammen.

Die Eindrücke, die mein hiermit zum Abschluss gekommener Überblick über die Entwicklung der schwedischen Verfassung bei dem verehrlichen Auditorium hinterlassen haben dürfte, sind die folgenden:

Vor allem ist die Verfassungsgeschichte Schwedens durch eine Kontinuität gekennzeichnet, die dadurch nicht weniger deutlich wird, dass wir mit Rücksicht auf die knappe uns zur Verfügung stehende Zeit gezwungen waren, eine so sprunghafte Darstellung zu geben. Wir haben gesehen, wie jede der Epochen, die wir kennengelernt haben, auf Erfahrungen baut, die man im Laufe einer früheren gesammelt hat, und deren Verfassungsinstitute den neuen Verhältnissen anzupassen sucht. Noch heute ruht unsere Verfassung auf Fundamenten, die durch das vor 600 Jahren entstandene älteste schwedische Verfassungswerk, das Landesrecht Magnus Erikssons, gelegt wurden. Fremde Verfassungen haben in sehr geringem Umfang den Urhebern der schwedischen Grundgesetze als Vorbild gedient. Die staatsrechtliche Doktrin hat gleichfalls keine dominierende Rolle gespielt. Die wechselnden Verfassungen, mit denen wir bekannt geworden sind, ruhten alle auf empirischer Grundlage. Damit soll nicht etwa gesagt sein, dass man in nationaler Exklusivität die Augen verschlossen hätte vor dem, was um uns her geschah, oder dass es an Interesse für die gelehrte Spekulation gemangelt hätte. Die Konfrontation mit fremden Verfassungen hat die Eigenart der schwedischen Verfassung oft besser sichtbar werden lassen, und die staatsrechtliche Theorie hat uns geholfen, die Begriffe zu fixieren. Keine unserer Verfassungen jedoch hat die rationelle, um nicht zu sagen geometrische Gestalt erhalten, vor der Edmund Burke einst die Franzosen warnte. Von unserer heutigen Konstitution hat man nicht ohne Fug sagen können, jeder Paragraph derselben sei die juristische Umschreibung eines historischen Geschehens. Das einzige Mal, wo fremde Einflüsse eine entscheidende Rolle gespielt haben, war bei dem Entwurf des Zweikammersystems.

Ein zweiter Eindruck, den wir erhalten haben müssen, ist der einer stets gewahrten politischen Selbstregierung. Doch mag in diesem Punkte infolge des etwas rhapsodischen Charakters meiner Darstellung der Eindruck allzu positiv sein. Schweden hat tatsächlich auch — das möchte ich denjenigen unter Ihnen, die es bisher nicht gewusst haben, nicht verheimlichen — seine Perioden absoluter Königsherrschaft gehabt. Diese waren aber von so kurzer Dauer, dass sie sich in einem so weitmaschigen Netz, wie ich es hier ausgeworfen habe, nicht einfangen liessen. Ich habe mich von der einen Jahrhundertmitte zur andern bewegt, während die Zwischenspiele der Alleinherrschaft sich um zwei Jahrhundertwenden ereigneten und nur je ein paar Jahrzehnte umfassten. Und keines von ihnen bot den Absolutismus in reinster Form.

Während der ersten dieser beiden Perioden, 1682—1719, behielt der Reichstag das Recht der Besteuerung, in der zweiten zudem, 1789—1809, auch die gesetzgebende Gewalt. Die längste reichstaglose Periode, die Schweden in den letzten Jahrhunderten erlebt hat, umfasste 13 Jahre. Keine Generation ist ohne jede parlamentarische Erfahrung geblieben. Auch die Erfahrungen, die während der Zeiten der Alleinherrschaft gesammelt wurden, sind später im Dienste der Selbstregierung ausgewertet worden. Die erste dieser Perioden, die »karolinische» Alleinherrschaft (die Könige Karl XI und Karl XII), die von 1682 bis 1719 dauerte, schenkte der Reichstagsherrschaft der Freiheitszeit eine besondere Stimulanz. Man warf sich, wie man es ausgedrückt hat, mit besonderer Freude aus dem einen Extrem in das andere. Und die zweite absolutistische Periode, die »gustavianische», von 1789 bis 1809 (die Könige Gustaf III und Gustaf IV Adolf), hat in der verfassungsgeschichtlichen

Dialektik die Rolle gespielt, dass man von der These der freiheitszeitlichen Reichstagsherrschaft und der Antithese der gustavianischen Alleinherrschaft zur Synthese der Gewaltenteilung von 1809 gelangte. In der jüngsten Gegenwart schliesslich ist man zur Reichstagsherrschaft zurückgekehrt. Worin diese neue Reichstagsherrschaft derjenigen der Freiheitszeit ähnlich ist und worin sie sich von der älteren unterscheidet, habe ich bereits zu zeigen versucht.

Ein dritter und letzter Eindruck ist der, dass Schweden lange Zeiten hindurch hinsichtlich seiner konstitutionellen Entwicklung in vorderster Reihe unter den Staaten Europas gestanden hat. Nur England war im 18. Jahrhundert ebenso weit gekommen. Dann geriet Schweden ins Hintertreffen gerade gegenüber solchen Staaten, die jüngst erst das absolutistische Joch abgeschüttelt hatten. Und dann hat es alle wieder eingeholt. Heute steht Schweden als einer der zuverlässigsten Vorkämpfer der demokratischen Ideale da.

Die heutige Struktur des schwedischen staatlichen Lebens unter besonderer Berücksichtigung der politischen Parteien

Von Dozent Dr. *Nils Nilsson-Stjernquist*

Eine alte und erprobte Methode für das Studium der schwedischen Verfassung besteht darin, dass man die Grundgesetze vornimmt und zusieht, was diese zu erzählen wissen. Wir erfahren dann, dass die Macht zwischen König und Reichstag geteilt ist. Der König hat die Regierungsgewalt und seinen Anteil an der Legislative, während der Reichstag ausser dem auf ihn entfallenden Anteil an der gesetzgebenden Gewalt das Recht der Besteuerung hat. Das Gleichgewicht innerhalb dieser ausgeprägt dualistischen Staatsform müsste vollkommen sein: jedem der beiden Organe ist anderthalb Staatsfunktion zugesprochen. Die Rechtsprechung wiederum ist Sache unabhängiger Gerichte. Dem König sollen Ratgeber zur Seite stehen, ein Staatsrat, dessen Mitglieder er selbst ausersieht. Selbst entscheidet er ferner alle Regierungssachen, doch hat er die Pflicht, dabei seine Ratgeber anzuhören. Die Beschlussfassung hat daher im Ministerrat, dem sog. Conseil, zu erfolgen. Die einzelnen Sachen werden dabei von einem Minister vorgetragen, in der Regel vom zuständigen Ressortchef. Der König ist nicht verpflichtet, die Ratschläge seiner Minister zu befolgen. Der Parlamentarismus ist dem Grundgesetz also völlig unbekannt. Der Reichstag ist in zwei Kammern gegliedert, die in jeder Beziehung einander gleichgestellt sind. Die Mitglieder der Ersten Kammer werden indirekt gewählt, und zwar durch die Landsthinge, d. h. etwa den früheren Provinziallandtagen in

Preussen entsprechende Vertretungen, sowie durch die Stadtverordneten gewisser grösserer, »reichsunmittelbarer» Städte. Die Abgeordneten der Zweiten Kammer werden durch allgemeine direkte Wahl ausersehen. Wahlberechtigt ist jeder mündige schwedische Staatsangehörige, der vor dem Wahljahr 21 Jahre alt war. Die Mitglieder beider Häuser werden wahlkreisweise durch Verhältniswahl rekrutiert, alle jedoch repräsentieren das Volk insgesamt. Es ist offenkundig, dass das Grundgesetz davon ausgeht, dass die indirekt gewählte Erste Kammer ein Gegengewicht zur Zweiten darstellen soll. Nunmehr gelten jedoch für die Wahlen zum Provinziallandtag und zur Stadtverordnetenversammlung die gleichen Wahlrechtsbestimmungen wie für die Wahl zur Zweiten Kammer des Reichstags.

Es dürfte jedem mit schwedischen Verhältnissen Vertrauten ohne weiteres klar sein, dass dieses Bild der schwedischen Verfassung, nach den formell geltenden Grundgesetzen gezeichnet, wenig mit der Wirklichkeit übereinstimmt, wie wir sie heute vor uns sehen. Es gibt indessen noch eine andere Methode, die schwedische Verfassung zu studieren. Man kann auch von den verschiedenen Einrichtungen und Organen ausgehen, die es gibt, und untersuchen, wie diese gebildet werden und wirken.

Man kann da zunächst fragen: Wie ist das Volk in politischer Hinsicht organisiert? Und eine natürliche Antwort hierauf lautet: Die Staatsbürger sind in verschiedenen politischen Parteien organisiert oder gegliedert. Es gibt heute fünf Parteien, die im schwedischen Reichstag vertreten sind, nämlich die Rechte, den Bauernbund, die Volkspartei, die Sozialdemokraten und die Kommunisten. Die 230 Sitze der Zweiten Kammer verteilten sich nach der Wahl im Herbst 1948 wie folgt: Rechte 23, Bauernbund 30, Volkspartei 57, Sozialdemokraten 112 und Kommunisten 8 Sitze. Da das Verhältniswahlprinzip nicht ganz rein durchgeführt ist, sind Rechte und Kommunisten betreffs ihrer Mandatzahl im Verhältnis zu ihrem Anteil an der Gesamtzahl der im ganzen Lande abgegebenen Stimmen etwas benachteiligt, die übrigen Parteien dagegen ein wenig begünstigt.

Es ist nicht möglich, hier im einzelnen auseinanderzusetzen, was die verschiedenen Parteien bei der jetzigen Lage voneinander trennt. Ganz grob lässt sich sagen, dass eine aussenpolitische Grenzscheide zwischen den Kommunisten einerseits und den vier übrigen Parteien andererseits verläuft. Eine innenpolitische Grenzscheide trennt ferner die Sozialdemokraten und die drei sogenannten bürgerlichen Parteien. Die erste Trennungslinie bedarf wohl keines näheren Kommentars, die zweite betrifft die Frage, ob der Staat in das Wirtschaftsleben eingreifen soll. Die bürgerlichen Parteien beantworten diese Frage im Prinzip mit Nein. Unter den bürgerlichen Parteien hat sich der Bauernbund vor allem die Wahrung der Interessen des flachen Landes zur Aufgabe gemacht. Der Unterschied zwischen der Rechten und der Volkspartei, der nach aussen bisweilen sehr stark herausgestellt wird, lässt sich nur schwer exakt angeben. In gewissen Beziehungen dürfte er durch unterschiedliche Einstellung in Fragen der Landesverteidigung zum Ausdruck kommen.

Die einzelnen Parteien bauen sich alle pyramidenförmig auf, mit Ortsgruppen, Bezirksverbänden und Reichsorganisation. Ferner haben sie besondere Jugend- und Frauenorganisationen, sie betreiben Schulungs- und Bildungsarbeit, in nicht unbeträchtlichem Ausmass üben sie auch eine mehr auf die Unterhaltung zielende Tätigkeit aus. Jede Ortsgruppe, jeder Bezirksverband hat Jahresversammlung, Vorstand und geschäftsführendes Organ. Das Hauptinteresse richtet sich indessen auf die Reichsorganisationen. Auch diese sind pyramidenförmig aufgebaut. Die Basis bildet der Parteireichstag, der je nach der Partei Reichstreffen, Parteikongress usw. heisst und, ebenfalls je nach der Partei verschieden, alljährlich, alle zwei oder alle vier Jahre zusammentritt. Zum Parteireichstag entsenden die verschiedenen Abteilungen, Ortsgruppen und Bezirksverbände ihre nach etwas wechselnden Regeln bestimmten Vertreter. Auf dem Parteireichstag diskutiert man die allgemeine Politik der Partei sowie programmatische Fragen. Ebenso wählt man hier die zentralen Organe der Partei, den Parteirat, bisweilen auch den geschäftsführenden Ausschuss dieses Rates, sowie schliesslich den Parteivorsitzenden.

Man kann sagen, dass es die *erste* Aufgabe des Parteiwesens ist, die Wahlen zu organisieren, d. h. die Wählerschaft nach den verschiedenen Standpunkten, in gewissem Ausmass auch nach den aufgestellten Kandidaten zu gruppieren. Es ist ein Grundprinzip in unserem Lande, dass die Wahlen ohne jede staatliche Einmischung vor sich gehen und dass staatliche Stellen lediglich mit gewissen praktischen Einzelheiten zu tun haben, so mit der Eintragung von Parteibezeichnungen, der Bereitstellung amtlicher Stimmzettelumschläge usw.

Die *zweite* Aufgabe des Parteiwesens ist es dann, die Reichstagsabgeordneten in verschiedenen Gruppen zu organisieren. Jede Partei hat ihre Reichstagsgruppe, für beide Kammern gemeinsam, und die Abgeordneten schliessen sich der Fraktion an, für deren Partei sie gewählt worden sind. Auch die Reichstagsfraktionen bauen sich pyramidenförmig auf. Die Basenorganisation ist die Fraktionssitzung, zu der jedes Fraktionsmitglied Zutritt hat. Ferner hat jede Fraktion ihren Vertrauensrat, ihren Vorsitzenden und andere Funktionäre. Die Fraktion tritt während der Sitzungsperiode des Reichstags regelmässig und mindestens einmal wöchentlich zusammen, in der Regel jeden Dienstag, d. h. am Tage vor dem ständigen Plenarsitzungstag der Kammern, wo der Reichstag Stellung zu den zur Behandlung stehenden Sachen nimmt. Bei diesen Fraktionssitzungen können die Fragen behandelt werden, die am nächsten Tage entschieden werden sollen. Dabei kann die Haltung der Fraktionen zu den Fragen festgelegt werden, und falls dies geschieht, sind die betreffenden Fragen damit auch abgemacht. In den Fraktionssitzungen werden ferner wichtige Anfragen und Anträge beraten, die von einem Fraktionsmitglied im Reichstag eingebracht werden sollen. Bisweilen werden hier auch Berichte über den Fortgang der Arbeit in den verschiedenen Reichstagsausschüssen erstattet. Ist die Partei in Regierungsstellung, so kommt es vor, dass die Regierung der Fraktion solche Vorschläge unterbreitet und von ihr beraten lässt, welche die Regierung dem Reichstag vorzulegen denkt.

Besondere Bedeutung erlangten die Fraktionssitzungen während des Krieges 1939—1945, wo sie in grossem Umfang zum Forum für die Stellungnahme der Parteien zu den aussenpolitischen Problemen wurden. Damals waren die vier grösseren Parteien alle in der Regierung, der sog. Sammlungsregierung, vertreten, und die Regierungsvertreter der Parteien konnten jeweils ihre Fraktionsgenossen über die aussenpolitische Lage informieren. Die Debatten, die dann in den Vollsitzungen der Kammern um die betreffenden Fragen geführt wurden, erhielten ihr Gepräge durchweg dadurch, dass die Stellungnahme bereits erfolgt war; ihre Hauptaufgabe war es, die Einmütigkeit der Auffassungen zu unterstreichen, die in der Regel bestand. In den jüngsten Tagen haben wir sehen können, wie dieses System weiterhin befolgt wird, und zwar im Zusammenhang mit den Diskussionen über einen skandinavischen Verteidigungspakt und über die aussenpolitische Stellungnahme der drei Nordstaaten überhaupt. Der Auswärtige Rat des schwedischen Reichstags, also ein vom Reichstag gewähltes Organ, dem die Aufgabe zufällt, in Fragen der Aussenpolitik mit der Regierung zu beraten, hatte Informationen erhalten und die Probleme erörtert. Dank dem Umstand, dass die führenden Männer jeder Partei in diesem Rat sitzen, haben Informationen und Erörterungen anschliessend auf die Ebene der Fraktionssitzungen übertragen werden können. Entsprechend dürfte es sich in Dänemark und Norwegen verhalten haben. Die Reichstagsfraktionen der drei Länder waren bei den Konferenzen in Kopenhagen und Oslo sogar durch eigene Delegierte vertreten. Offizielles aber hat der schwedische Reichstag erst bei der allgemeinen Debatte am 9. Februar 1949 erfahren, nachdem die Entscheidung bereits gefallen war. Dieses Beispiel zeigt, welch unerhört grosse Bedeutung die Reichstagsfraktionen nunmehr haben. Überhaupt kann man feststellen, dass es nicht möglich ist, das Arbeiten des Reichstags ohne Kenntnis der Parteimaschinerie zu verstehen.

Jede Partei hat also eine Reichsorganisation und eine Reichstagsorganisation oder anders ausgedrückt: es gibt sowohl eine Reichspartei als eine Reichstagspartei. Wie gestaltet sich nun das Verhältnis der beiden zueinander? In gewissen Fällen mag wohl eine gewisse Spannung zwischen den beiden Schwesterorganisationen vorkommen können. Auf den Parteitagen treten bisweilen gern Mitglieder auf, die mit der Politik der Partei unzufrieden sind und der Führung die Leviten lesen wollen. Dies war früher indessen häufiger der Fall als heute. Mehr und mehr hat sich die

Macht auf die Reichstagsgruppe der Partei konzentriert. Bezeichnend ist, dass heute durchweg der Führer der Reichstagsfraktion zugleich auch der Parteivorsitzende ist.

Die *dritte* Aufgabe des Parteiwesens ist es, für die Regierungsbildung zu sorgen. Der Parlamentarismus hat sich in Schweden endgültig im Jahre 1917 durchgesetzt. Seitdem sind die Regierungsmitglieder überwiegend Personen, die in erster Linie Politiker und nicht Beamte sind. Ebenso dürfte seit diesem Zeitpunkt der Monarch nicht mehr den Versuch gemacht haben, eine eigene Politik zu führen. Wohl ist er auch später bei einzelnen Gelegenheiten im politischen Leben hervorgetreten, doch soll dies in der Regel in völligem Einvernehmen mit der Regierung oder auf deren Initiative geschehen sein. Was versteht man nun unter Parlamentarismus? Es ist dies bekanntlich ein umfassender Begriff. Ein paar kennzeichnende Elemente wurden bereits genannt, nämlich die Politisierung der Regierung sowie die Heraushebung des Staatsoberhaupts über das politische Machtspiel, verbunden jedoch mit seiner Ausschaltung aus demselben. Ganz allgemein kann man das Wesen des Parlamentarismus dahin umreissen, dass die Zusammensetzung der Volksvertretung ausschlaggebend sein soll für die Zusammensetzung der Regierung. Eine befriedigende Lösung ist am einfachsten herbeizuführen in einem Lande wie England mit seinem System von praktisch nur zwei Parteien. Entweder hat die eine Partei die Mehrheit oder die andere. Die Mehrheitspartei bildet stets die Regierung, und sollte die Majorität verlorengehen, so tritt die Regierung zurück und an ihrer Stelle kommt eine Regierung der neuen Mehrheitspartei. In Schweden und anderwärts, wo das System der Verhältniswahl ein Mehrparteiensystem ermöglicht, hat die Lösung nicht ebenso einfach gefunden werden können. Die Entwicklung in Schweden während der vergangenen Jahrzehnte hat dementsprechend auch Beispiele verschiedener Formen von Parlamentarismus gezeigt. Die Regierung, die im Herbst 1917 zustande kam, war eine Koalitionsregierung, bestehend aus Vertretern der damaligen liberalen Partei, der Vorgängerin der heutigen Volkspartei, und der Sozialdemokraten. Dieses Edén—Brantingsche Kabinett, so genannt nach den Führern der beiden Parteien, Nils Edén und Hjalmar Branting, ist ein Beispiel für den sogenannten Majoritätsparlamentarismus, denn es konnte sich auf eine Reichstagsmehrheit stützen. Als es 1920 zurücktrat, war es nicht möglich, eine neue Koalitionsregierung zu bilden, und da keine der damaligen Parteien über die Mehrheit verfügte, musste man nach einiger Zeit seine Zuflucht zum Minoritätsparlamentarismus nehmen, d. h. die Regierung stützte sich bloss auf eine Minderheit im Reichstag. Unter solchen Verhältnissen konnte eine Regierung nur so lange am Ruder bleiben, wie sie von der Reichstagsmehrheit geduldet wurde. Es kam dann auch zu häufigem Ministerwechsel sowie zu einer merklichen und wenig glücklichen Schwächung der Regierungsgewalt. Die Macht konzentrierte sich auf den Reichstag, vor allem die Reichstagsausschüsse, zu denen, vom Auswärtigen Ausschuss abgesehen, die Regierungsmitglieder nach wie vor keinen Zutritt haben. Es hiess, der Führer der damaligen Freisinnigen Partei — die Partei ging 1934 in der jetzigen Volkspartei auf — C. G. Ekman, sei als Vorsitzender im wichtigsten Reichstagsausschuss, dem sog. Etatsausschuss, einflussreicher gewesen als während seiner Premierministerzeit.

Den Abschluss dieser Epoche brachte, kann man sagen, das Frühjahr 1933. Bei den Wahlen im Herbst 1932 hatten die Sozialdemokraten einen starken Stimmenzuwachs erhalten, und ihr Führer, Per Albin Hansson, bildete daraufhin eine rein sozialdemokratische Regierung, die indessen gleich ihren Vorgängerinnen während der zwanziger Jahre ein Minderheitskabinett war. Im Frühjahr 1933 konnte indessen Per Albin Hansson ein Übereinkommen, den sogenannten »Kuhhandel», mit dem Bauernbund betreffs der Lösung der damals aktuellen Krisenprobleme abschliessen. Mit dem Bauernbund als unterstützender Partei verfügte er nunmehr über eine Majorität im Reichstag. Diese Renaissance der Regierungsgewalt, die damit eingeleitet war, vermochte Hansson dann Zug um Zug zu verstärken; als Staatsminister, also Premierminister oder Ministerpräsident, stand er bis zu seinem Tode 1946 an der Spitze der Regierung, von einem kurzen Interregnum im Sommer 1936 abgesehen, wo der Bauernbund unter Bramstorp hundert Tage am Ruder sass. Im Herbst 1936 wurde die frühere Zusammenarbeit mit dem Bauernbund durch dessen Eintritt in die Regierung bekräftigt. Und im Dezember 1939, also kurz nach Kriegsausbruch, traten unter dem Druck der aussenpolitischen Verhältnisse auch die Rechte und die Volkspartei in die Regierung ein. Dieses Kabinett ging wie gesagt unter dem Namen »Sammlungsregierung». Jetzt waren die Rollen vertauscht und die Macht war, besonders während der Kriegsjahre, ganz auf die Regierung konzentriert. Der Reichstag wurde mit vollem Recht als »Transportkompanie» bezeichnet. Nach Kriegsende löste sich die Sammlungsregierung im Sommer 1945 auf, gefolgt von einem rein sozialdemokratischen Kabinett. Die sozialdemokratische Partei hatte während der dreissiger Jahre laufend erhebliche Wahlerfolge zu verzeichnen und bei der Herbstwahl 1940 errang sie die absolute Mehrheit in der Zweiten, etwas später auch in der Ersten Kammer. Die Majoritätsstellung in der Zweiten Kammer hat die Partei letzthin zwar insofern eingebüsst, als sie heute über nur 112 von den 230 Sitzen der Kammer verfügt, der jedoch nur insgesamt 110 Mandate der bürgerlichen Opposition entgegenstehen.

Dieser kurze Überblick über die jüngste politische Entwicklung hat uns gezeigt, wie der schwedische Parlamentarismus funktioniert hat und welche Bedeutung das Parteiwesen für die Regierungsbildung besitzt. Der König verhandelt zwar persönlich mit den Parteiführern und anderen einflussreichen Personen, die Entscheidung ruht aber bei den Parteiinstanzen, soweit der Ausgang nicht infolge der Mehrheitsstellung einer Partei von vornherein selbstverständlich ist. Ein vortreffliches Schlaglicht auf das System wirft der Hergang bei der Neubesetzung des Ministerpräsidiums nach Per Albin Hanssons Tode im Herbst 1946. Nachdem die sozialdemokratische Partei den damaligen Kultusminister Tage Erlander zu ihrem neuen Vorsitzenden gewählt hatte, erhielt dieser unmittelbar den Auftrag, die Regierung zu bilden.

Die *vierte* und vielleicht wichtigste Aufgabe des Parteiwesens besteht darin, die politischen Probleme zu debattieren und dadurch die Bürger des Landes für das Wohl und Wehe der Allgemeinheit zu interessieren. Tatsächlich wäre es schlecht um die politische Demokratie bestellt, wenn diese nur in allgemeinem und gleichem Wahlrecht bestünde. Die Staatsbürger müssen auch selbst imstande sein, wenigstens in gewissem Umfang zu den jeweils aktuellen politischen Streitfragen Stellung zu nehmen. Das Parteiwesen hält auf diese Weise die Demokratie stets lebendig. Die notwendige Voraussetzung hierfür ist aber, dass das Parteiwesen an sich demokratischen Charakter hat. Demokratie ist ein häufig gebrauchtes, aber auch häufig missbrauchtes Wort. Es hat nicht selten als Deckmantel für mancherlei herhalten müssen, was wenig mit dem Begriff an sich zu tun hat. Demokratie bedeutet Volksherrschaft. Im Prinzip sollen alle sich in die Macht teilen. Aber auch eine Demokratie muss handlungsfähig sein. Es müssen Beschlüsse gefasst werden können. Die einzig mögliche Methode ist daher, dass die Mehrheit entscheidet. Die Minorität muss sich mit anderen Worten der Majorität fügen. Andererseits liegt es im Wesen der Demokratie, dass Rücksicht auf alle genommen werden soll, dass also die Majorität ebenso Rücksicht auf die Minorität nehmen soll, wie die Minorität auf die Majorität Rücksicht nehmen muss, dass beide tolerant sein sollen. Hier erhebt sich ein schweres Abwägungsproblem. Offensichtlich ist es notwendig, dass beide Teile in wesentlichen Dingen auf einer gemeinsamen Grundlage stehen. Aber die Demokratie setzt noch mehr voraus; sie setzt Meinungsverschiedenheiten und Diskussion über Fragen des Gemeinwohls voraus, eine Diskussion, die, soll sie ihrem Zweck dienen können, ihrerseits Gedankenfreiheit und das Recht freier Meinungsäusserung in Wort und Schrift voraussetzt. Die Diskussion wurzelt zwar in den Meinungsunterschieden, doch stellt sie selbst das verbindende Element dar. Durch die Aussprache erhalten die Probleme ihre allseitige Beleuchtung, durch sie wird es dem einzelnen möglich, Stellung zu nehmen, durch sie wird Gleichgewicht zwischen Splitterung und Gemeinschaft erzielt. Das Parteiwesen hat hier also eine äusserst bedeutsame Aufgabe. Das wichtigste Hilfsmittel ist die Presse. Das Ergebnis kann indessen nur dann befriedigend sein, wenn die Parteien ebenso wie ihre Presse keiner staatlichen Einmischung ausgesetzt sind, sowie unter der Voraussetzung, dass es mehr als eine Partei gibt. Staatsparteien und Einheitspartei haben mit einem demokratischen Parteiwesen nichts zu schaffen. Opposition ist in der Demokratie eine Notwendigkeit.

Die Probleme der Demokratie betreffen jedoch nicht allein das Verhältnis der Staatsbürger untereinander, sondern auch das Verhältnis zwischen Staat und Individuum. In jedem Staatswesen ist eine gewisse Gewalt unumgänglich. Andererseits aber muss das Individuum in einer Demokratie ein gewisses Mass von Freiheit geniessen. Auch hier entsteht ein schwieriges Abwägungsproblem.

Die Demokratie wird auf diese Weise mehr ein Inhalt als eine Form, sie wird zu einer Ecclesia militans, die ständig kämpfen und nach verschiedenen Seiten auf ihrer Hut sein muss. Die Schwierigkeit liegt gerade darin, dass man gezwungen ist, gleichzeitig sowohl mit Gegensätzen als mit einer gemeinsamen Grundlage zu operieren, mit staatlicher Gewalt sowohl als mit individueller Freiheit. Man kann sagen, dass die Verantwortung für Entwicklung und Fortbestand der Demokratie in hohem Grade bei den politischen Parteien liegt. In welchem Ausmass die schwedischen Parteien diese ihre Aufgabe zu lösen vermocht haben, muss die Zukunft ausweisen; die politische Demokratie ist in unserem Lande kaum drei Jahrzehnte alt. Es ist jedoch ein allgemeiner Eindruck, dass es nicht nur einen Widerstreit der Meinungen, sondern auch Willen und Fähigkeit zur Zusammenarbeit gegeben hat. Der Kompromiss war die übliche Form zur Lösung der politischen Streitfragen.

Indessen würde man ein schiefes Bild heutigen staatlichen Lebens in Schweden gewinnen, wollte man das Augenmerk ausschliesslich auf das Parteiwesen und dessen verschiedene Äusserungen richten. Es gibt noch mehrere andere Faktoren, die auf das Spiel der Kräfte von Einfluss sind. *Ein solcher*, höchst bedeutsamer Faktor ist das Organisationswesen. Während der Blütezeit des Liberalismus um die Mitte des 19. Jahrhunderts zerbrach das alte ständische Gemeinwesen mit seinen verschiedenen Organisationen in verschiedenen Gewerbezweigen, und das Individuum trat in den Mittelpunkt. Nicht lange jedoch sollte dieser atomistische Zustand währen. Einzelne begannen sich zu organisieren und wurden dadurch mächtig, nach dem

Motto: Einigkeit macht stark. Die Organisationen riefen Gegenorganisationen hervor. Gegenwärtig ist das schwedische Gemeinwesen so durchorganisiert, dass man mit vollem Fug von »Organisationsschweden» spricht. Die politischen Parteien sind ein Teil — und ein bedeutender Teil — des Organisationswesens. Woran ich jetzt denke, das sind indessen die Organisationen des Wirtschaftslebens und des Arbeitsmarktes. Das schwedische öffentliche Leben von heute weist einen bunten Strauss solcher Organisationen auf, grosse und kleine, wirtschaftliche Genossenschaften, Berufsverbände und andere ideelle Vereine verschiedener Art. Es lässt sich jedoch die bestimmte Tendenz feststellen, dass kleine Vereinigungen sich zusammenschliessen oder dass grössere Zusammenschlüsse die kleineren schlucken. Organisationen an verschiedenen Orten mit gleichen Zielen schliessen sich zu einem Reichsverband zusammen, Reichsverbände mit verwandter Zielsetzung finden sich in einer Dachorganisation zusammen. Gegenwärtig wird der Arbeitsmarkt beherrscht durch den schwedischen Gewerkschaftsbund, die sog. Landesorganisation (LO), und deren Gegenspieler, den Schwedischen Arbeitgeberverband. Ferner gibt es Beamten- und Angestelltenverbände verschiedener Art. Der bedeutendste ist die Zentralorganisation der Beamten und Angestellten (TCO). Im Sektor der Landwirtschaft gibt es eine berufsständische Organisation, den Reichsverband der Landleute (RLF), und eine Spitzenorganisation der zahlreichen wirtschaftlichen Genossenschaften, den Schwedischen Landwirtschaftsverband. Industrie und Wirtschaft haben ebenfalls ihre einflussreichen Organisationen.

Diese Organisationen des Arbeitsmarktes und des Wirtschaftslebens nehmen auf mancherlei Weise am heutigen staatlichen Leben Schwedens teil. Die Regierung berät mit den Vertretern der Organisationen, der Staat schliesst Verträge mit den Fachverbänden der Staatsangestellten in Lohn- und anderen Fragen; die Regierung verhandelt und schliesst Abkommen mit den Landwirtschaftsorganisationen über die Preisgestaltung für Landwirtschaftsprodukte. Zwar werden die so geschlossenen Verträge dem Reichstag unterbreitet, doch steht dieser dabei vor vollendeten Tatsachen. Ein kennzeichnender Zug der schwedischen Organisationen ist es, dass sie dem Staate gegenüber unabhängig sind. Die Arbeitnehmer- wie die Arbeitgeberverbände sind sich darin einig, staatliche Einmischung bei den Lohnbewegungen zu vermeiden. Konflikte zwischen dem Staat einerseits und Organisationen verschiedener Art andererseits sind zwar vorgekommen, doch haben die Streitfragen bisher auf irgendeine Weise aus der Welt geschafft werden können. Andererseits hat der Staat bei mehreren Gelegenheiten die Organisationen für unterschiedliche Zwecke heranziehen können. Dass die Lebensmittelrationierung und andere notwendige Bewirtschaftungsmassnahmen im letzten Jahrzehnt so reibungslos verlaufen sind, wie es tatsächlich der Fall gewesen ist, liegt zu einem wesentlichen Teil an dem Vorhandensein und der loyalen Mitarbeit der Organisationen.

Das Organisationswesen gleicht einem Netz, das den einzelnen Staatsbürger umgibt. Unzählige Verbindungsfäden laufen zwischen den Organisationen hin und her. Solche Fäden bestehen auch zwischen den politischen Parteien und den übrigen Organisationen. Es ist eine bekannte Tatsache, dass Sozialdemokraten und Gewerkschaften einander nahestehen, ebenso wie Bauernbund und Landwirtschaftsorganisationen. Man ist auch der Ansicht, dass die Rechte und die Volkspartei eine gewisse Stütze in Industrie- und Arbeitgeberkreisen besitzen. Ein bedeutender Anteil der volksparteilichen Wählerschaft rekrutiert sich aus den Reihen der Mässigkeitsbewegung und der Freireligiösen.

Einen anderen Machtfaktor stellen heute die kommunalen Einheiten dar, Landgemeinden und Städte sowie die schon erwähnten Provinzialvertretungen, die Landsthinge. Schweden hat seit alters eine kommunale Selbstregierung. Die jetzige kommunale Organisation datiert aus dem Jahre 1862. Man findet es richtig, dass Menschen, die in ein und demselben Gebiet leben und wirken, die daher gemeinsame Interessen haben müssen, auch ihre Angelegenheiten selbst verwalten und die dafür notwendigen Mittel in Form von Gemeindesteuern selbst beschliessen. Die kommunale Selbstregierung war zwar stets von zwei Seiten bedroht, einmal vom Staat, der auf verschiedene Weise in die Angelegenheiten dreinzureden sucht, welche die Gemeinden als ihre eigenen ansehen, zum andern von den Einwohnern selbst, die bisweilen mangelndes Interesse für die kommunalen Fragen an den Tag gelegt haben. Aber stets war es auch klar, dass die kommunale Selbstregierung eines der wertvollsten Güter heutigen schwedischen Gemeinschaftslebens ist, da sie sowohl eine Schutzwehr gegen allzu starke Zentralisation als auch ein Mittel ist, die Bürger an Dingen des Gemeinwohls zu interessieren. Unzählige Sachen, die in anderen Ländern von staatlichen Behörden und Beamten bearbeitet werden, liegen in Schweden in der Hand kommunaler Organe, zweifellos zum Heil sowohl der Allgemeinheit als der Staatskasse. Es ist beabsichtigt, in der nächsten Zeit kleine und weniger leistungsstarke Gemeinden auf dem Lande zu grösseren und stärkeren Einheiten zusammenzulegen, um sie so besser für ihre wichtigen Aufgaben zu rüsten. Trotz allem stehen schon heute die Gemeinden ausserordentlich stark da und suchen auf verschiedene Weise ihre Interessen zu fördern. Auch im Gemeindeleben sind die politischen Parteien tätig, doch sind die Gegensätze zwischen den Parteien hier in der Regel weit weniger ausgeprägt als in der Reichspolitik.

Ein dritter bedeutsamer Machtfaktor sind die staatlichen Beamten. Die schwedische zentrale Verwaltungsorganisation von heute hat alte Tradition. Von der Organisation der Regierung (»statsrådet») hat schon Professor Lagerroth gesprochen, und die Prinzipien des Beamtentums werden von Professor Fahlbeck behandelt.

Im Laufe des letzten Jahrzehnts haben der Staat und die staatliche Verwaltung verstärkt auf Gebiete übergegriffen, mit denen sie sich früher nicht oder nur wenig befasst hatten, nämlich die Lenkung von Erzeugung und Verbrauch wichtiger Güter. Dies war natürlich eine direkte Folge des Kriegsausbruchs und der dadurch bedingten abnormen Verhältnisse.

Wir stehen damit am Schluss unserer Untersuchung, wie die verschiedenen Organe und Institutionen im heutigen schwedischen Gemeinwesen entstanden sind und arbeiten. Statt der im Grundgesetz angegebenen Machtfaktoren, Regierung und Reichstag, fanden wir andere Faktoren, Parteien und Presse, sonstige Organisationen, kommunale Einheiten und staatliche Behörden.

Das Gleichgewicht der Kräfte besteht nicht, wie es das Grundgesetz vorsieht, zwischen Regierung und Reichstag, sondern zwischen den ebengenannten, mannigfach wechselnden und verschiedenen, aber doch auch wechselseitig voneinander abhängigen Faktoren.

Es gibt indessen im heutigen schwedischen Gemeinschaftsleben auch andere Faktoren, die ihren Einfluss auf den Gesamtorganismus geltend machen, Faktoren anderen Schlages als die bisher geschilderten. Ein Beispiel möge veranschaulichen, was ich hier im Auge habe. Durch die gesamte schwedische Verwaltung geht ein Zug der Sachlichkeit. Daraus ergibt sich auch ein Streben nach Vollständigkeit; alle Teile sollen gehört, alle Akte geprüft werden. Die allseitigen Untersuchungen und Erhebungen, die einer jeden Reform voraufgehen, auf welchem Gebiet es auch sein möge, und bei denen die politischen Parteien nicht selten vertreten sind, bieten eine gute Illustration hierfür. Diese Verfahrensweise ist alten Datums und ursprünglich der Gerichtssphäre entnommen. Das System hat seine unbestreitbaren Vorzüge, indem persönliche und politische Motive dadurch ausgeschaltet werden; es hat jedoch auch gewisse Schattenseiten, da nämlich die Prozedur umständlich, zeitraubend und überwiegend formal ist. Indessen hat es der gesamten schwedischen Verwaltung seinen Stempel aufgedrückt und ebenso dem Reichstag, der auf mancherlei Weise als eine Behörde und auch als die grösste Behörde des Reiches angesehen werden kann. Die weit überwiegende Mehrzahl der Reichstagsgeschäfte ist nicht politischer Art und wird vom Reichstag nach denselben Prinzipien erledigt, nach welchen die Ämter arbeiten.

Wir haben hier ein grundlegendes Prinzip des schwedischen öffentlichen Lebens von heute klargelegt. Es gibt noch eine Reihe anderer derartiger Prinzipien. *Ein* solches ist, dass jeder vor dem Gesetz und, was vielleicht noch wichtiger sein dürfte, vor dem Gesetzgeber gleich ist. Ein anderes, uraltes Prinzip besagt, dass nicht nur die Bürger des Landes, sondern auch Regierung und Reichstag dem Gesetz unterstehen. Dieses kann zwar geändert werden, doch muss das nach den in der Verfassung verankerten Normen geschehen. Bis dahin aber soll das Gesetz gültig sein; ausserdem darf das neue Gesetz nicht rückwirkende Kraft haben. Andernfalls wäre es übel um die Rechtssicherheit bestellt, ohne die keine Demokratie bestehen kann. Die Bürger müssen wissen, wonach sie sich zu richten haben. Recht und Freiheit jedes einzelnen müssen gebührend gewährleistet sein und dürfen nur im Notfall zugunsten wirklich stärkerer Gemeinschaftsinteressen zurückgestellt werden. Und weiter: es soll Gelegenheit gegeben sein, gegen jedes gerichtliche Urteil sowie gegen Erkenntnisse oder Beschlüsse von Behörden Rechtsmittel einzulegen. Das Beschwerderecht ist im allgemeinen genau geregelt. Man pflegt häufig von dem Recht zu sprechen, zum König zu gehen. Dies hängt damit zusammen, dass der König einmal die höchste Berufungsinstanz in allen Sachen war. Heutzutage werden indessen judiziale Sachen in höchster Instanz vom Obersten Gerichtshof, dem früheren deutschen Reichsgericht entsprechend, entschieden, gewisse Verwaltungssachen vom Obersten Verwaltungsgericht, dem früheren deutschen Reichsverwaltungsgericht entsprechend. Zu erwähnen ist schliesslich auch, dass die Arbeit der Behörden wie der Gerichte im vollen Lichte der Öffentlichkeit zu erfolgen hat, sowie dass im Prinzip alle allgemeinen Akten öffentlich und jedermann zugänglich sein sollen. Näheres betreffend diese Materien bringt die Darstellung Professor Fahlbecks.

Alle diese Prinzipien beeinflussen das Spiel der Kräfte und stellen selbst einen Faktor in diesem dar.

Gesetz und Recht sind also ein wesentlicher Machtfaktor im öffentlichen Leben Schwedens. Welche Stellung nimmt hierbei das Staatsrecht ein? Wir sind damit wieder beim Ausgangspunkt angelangt. Es liegt auf der Hand, dass die tatsächlichen Machtverhältnisse zwischen König und Staatsrat, sowie zwischen Regierung und Reichstag nicht dieselben sind, von denen das Grundgesetz ausgeht. Das wirkliche Beschlussrecht in der Regierung liegt nicht beim Monarchen, und Regierung und Reichstag sind faktisch nicht zwei voneinander isolierte Staatsorgane. Der Form nach aber werden die Normen des Grundgesetzes strikt befolgt. Formell fasst auch heute noch der König die Beschlüsse in der Regierung, und formell treten Regierung und Reichstag als zwei isolierte Organe auf und behandeln einander als solche. Die Entwicklung unserer Verfassung während der letzten hundert Jahre ist, um es mit den Ausdrücken Georg Jellineks zu sagen, durch Verfassungswandlung und nicht durch Verfassungsänderung gekennzeichnet.

Dass die Formen gewahrt bleiben, ist eine Auswirkung des Prinzips von der Herrschaft des Gesetzes. Man weiss, wonach man sich zu richten hat. Dies ist an und für sich von ausserordentlicher Bedeutung. Man steht durchweg auf rechtlicher Grundlage. Das Staatsrecht weist sämtlichen Staatsorganen ihren Platz an. Das Staatsrecht hat die Aufgabe, so hat es ein bekannter schwedischer Staatsrechtler und Politiker ausgedrückt, die Kräfte des staatlichen Lebens in bestimmte Stromrinnen zu kanalisieren, um dadurch Überschwemmung und Verwüstung zu verhüten. Will man ein zutreffendes Bild schwedischen staatlichen Lebens von heute gewinnen, so darf man daher nicht nur die Organe und Einrichtungen in ihrem Wirken studieren, sondern man muss auch die eigentlichen Formen, d. h. die geschriebene Verfassung, in sein Studium einbeziehen. Sonst würde dem Bilde nämlich die rechtliche Konstruktion fehlen, die doch das Gerüst des Ganzen ist. Wendet man nur die eine oder die andere der einleitend genannten Methoden an, so würde das Ergebnis schief sein.

Das Staatsrecht ist aber nicht bloss eine Formlehre. Unsere geschriebene Verfassung enthält auch gewisse der schon erwähnten grundlegenden Prinzipien, die einen charakteristischen Zug der schwedischen Demokratie ausmachen. So das Prinzip der Pressefreiheit und das Prinzip der Öffentlichkeit allgemeiner Akten. Andere der besagten Prinzipien sind zwar nicht ausdrücklich genannt, aber jedenfalls vorausgesetzt, wie die Norm von der Gleichheit aller vor dem Gesetz, das Prinzip der Rechtssicherheit u. a. m. Und man kann schliesslich mit einem gewissen Recht behaupten, dass unser Staatsrecht etwas mehr als die geschriebene Verfassung ist. Die Spielregeln des Parlamentarismus dürften in der Praxis so gefestigt sein, dass sie als ein integrierender Teil unserer Verfassung gelten können. Tatsächlich ist es so, dass der schwedische Verfassungstyp sich dem englischen genähert hat.

Zum Abschluss kann man die Frage stellen: Welche Garantien gibt es für den Fortbestand der Demokratie in diesem Lande? Das Staatsrecht selbst stellt an und für sich eine solche Garantie dar, doch keine Garantie, die jeder Belastung gewachsen wäre. Unsere Verfassung enthält mehrere spezielle Kontrollmittel, unter denen die Pressefreiheit vielleicht das wichtigste ist. Diese Kontrollmittel, die ein bedeutsames Moment modernen schwedischen staatlichen Lebens sind, werden in einem besonderen Abschnitt von Prof. Fahlbeck beleuchtet werden. Keine Kontrolle und kein Gesetz vermögen indessen in jeder Lage die handelnden Personen zu binden. Man schreibt keine Gesetze für Revolutionen. Die Verantwortung für den Fortbestand der Demokratie liegt deshalb letzten Endes bei den Staatsbürgern selbst und besonders bei den politischen Parteien.

Literatur:

Heckscher, G., Staten och organisationerna. 1946.

Herlitz, N., Svenska statsrättens grunder. 1948.

Håstad, E., Det moderna partiväsendets organisation. 2. Aufl., 1949.

— Partierna i regering och riksdag. 2. Aufl., 1949.

Lagerroth, F., 1809 års regeringsform. 1942.

Malmgren, R., Sveriges författning 1—2. 1941—48.

— Sveriges grundlagar. 5. Aufl., 1947.

Die konstitutionellen Kontrollorgane und die Garantien der Rechtssicherheit

Von Professor Dr. *Erik Fahlbeck*

Die öffentliche Tätigkeit in Schweden gliedert sich in staatliche Verwaltung und örtliche Selbstverwaltung. Je nach dem materiellen Inhalt kann sie ziviler, kirchlicher oder militärischer Art sein. Die vorliegende Darstellung betrifft allein die zivile öffentliche Tätigkeit.

Die Staatsorgane lassen sich nach dem Inhalt ihrer Tätigkeit einteilen in ausführende, gesetzgebende, besteuernde und richtende. Die örtliche Selbstverwaltung umfasst ausführende und besteuernde Tätigkeit, in einem gewissen bescheidenen Ausmass auch Normengebung (örtliche Gesetzgebung durch Polizeiverordnungen usw.). Organisation, Umfang und Wirken der örtlichen Selbstverwaltung (Stadt- und Gemeindeverwaltung) werden hier jedoch nicht behandelt.

Die Handhabung der Staatsgeschäfte trägt seit den ältesten bekannten Zeiten dualistische Züge: auf der einen Seite die vom König (Häuptling) ausgehende Regierungsgewalt mit der zugehörigen Beamtenhierarchie — auf der andern Seite die vom Volk ausgehende Gewalt, ausgeübt von der freibürtigen, sesshaften Bevölkerung des Landes auf Treffen, Thingen, Reichstagen. Es ist die alte germanische Teilung der Macht zwischen Zentralregierung (rex) und volksmässiger Selbstregierung im Verbande des Reiches oder kleinerer, örtlicher Einheiten (regnum).

Der moderne Parlamentarismus, der, wie u. a. aus der Darstellung von Doz. Nils Stjernquist hervorging, in Schweden seit dem zweiten Jahrzehnt unseres Jahrhunderts besteht, brachte das endgültige Primat der Selbstregierung des Volkes im Staatsleben. In der Regierungsform von 1809 dagegen, dem schwedischen Verfassungsgrundgesetz, das in seinen wesentlichen Stücken formell nach wie vor unverändert in Kraft ist, erkennt man noch deutlich die alte schwedische dualistische Staatsform mit regierender Königsgewalt und gesetzgebenden und besteuernden Ständen (Reichstagsgewalt).

Im Laufe des 19. Jahrhunderts wurde, wie sowohl die Darstellungen Prof. Lagerroths als Doz. Nils Stjernquists gezeigt haben, diese uralte Machtverteilung in der schwedischen Verfassung zerbrochen. Der moderne Parlamentarismus, bei dem die Regierung ausschliesslich von dem vom Volke gewählten Reichstag ausgeht und in diesem ihre Stütze hat, bedeutet einen Monismus im Staatsleben, und dies bedeutet wieder, dass die Regierung des Landes von der im Parlament herrschenden Partei getragen wird. Noch aber bestehen wie gesagt die Bestimmungen der Regierungsform, obwohl sie, z. B. hinsichtlich der Staatsratskontrolle, also der Kontrolle der von den Staatsräten, Ministern, in der Regierung getroffenen Massnahmen, heute nicht mehr die gleiche praktische Bedeutung haben wie früher, wenn auch die Prüfung der ministeriellen Geschäftsführung jährlich durch den Verfassungsausschuss des Reichstags gemäss den Vorschriften des Grundgesetzes erfolgt. Der Wechsel der Regierungen wird nicht mehr durch diese Kontrollen bestimmt, sondern lediglich durch etwaige Umschichtungen der parlamentarischen Mehrheit im Reichstag.

Dualismus kennzeichnete auch den Aufbau des schwedischen Zweikammerreichstags in der Form, die dieser in der noch geltenden Reichstagsordnung von 1866 bekam. Durch verschiedene Stimm- und Wahlrechtsreformen ist inzwischen jedoch der ursprüngliche Unterschied im Charakter der beiden Häuser wenn nicht völlig aufgehoben, so doch zu einem wesentlichen Teil ausgeglichen worden.

Die Regierungsgewalt wird in Schweden von der »Kunglig Majestät», d. h. dem König in und mit seinem Staatsrat (= Regierung), ausgeübt. Der König ist als konstitutioneller Monarch, mit durch eine besondere Erbfolgeordnung festgelegtem erblichem Anspruch auf den Thron, staatsrechtlich nicht verantwortlich, die konstitutionelle Verantwortung ruht vielmehr auf den Mitgliedern des Staatsrats für ihre Ratschläge bzw. die Unterlassung, dem formell alleinbeschliessenden Monarchen im Conseil zu raten. Der Staatsrat, die Regierung, soll bestehen aus »kundigen, erfahrenen, redlichen und allgemein geachteten Bürgern schwedischer Geburt und Staatsangehörigkeit rein evangelischen Bekenntnisses». Verwandte in gerade auf- und absteigender Linie, Geschwister oder Ehegatten dürfen nicht zugleich Minister sein. Diese Bestimmungen bieten an sich eine gewisse Garantie für öffentlichrechtliche Unparteilichkeit an höchstem Orte.

Die konstitutionelle Kontrolle besteht darin, dass der Verfassungsausschuss des Reichstags alljährlich durch Prüfung der bei den Sitzungen des Ministerrats geführten Protokolle nachsieht, ob die Minister »offensichtlich entgegen dem Grundgesetz des Reiches oder dem allgemeinen Gesetz» gehandelt oder »nicht den wahren Nutzen des Reiches beachtet» haben. Im ersteren Falle kann der betreffende Minister von dem Ausschuss durch den Justizsachwalter des Reichstags, »justitieombudsmannen» — über diesen unten mehr —, vor dem höchsten ausserordentlichen Gericht zur Anzeige gebracht werden, d. h. vor dem schwedischen Staatsgericht, das sich aus dem Präsidenten des Svea Hovrätt (des vornehmsten Berufungsgerichts) und mehreren anderen hohen Beamten zusammensetzt. Dieses altertümliche Gericht und das genannte Verfahren sind indessen seit fast hundert Jahren, 1854, nicht mehr bemüht worden.

Eine Ausstellung wegen Unverstandes im Amt, die sog. politische Verantwortlichkeit, kann dazu führen, dass der Reichstag beim König um die Verabschiedung des fraglichen Ministers nachsucht. Auch dieses Verfahren ist indessen ganz ausser Gebrauch gekommen. Die Prüfung durch den Verfassungsausschuss (das sog. Dechargememorial) führt aber doch alljährlich zu etlichen Ausstellungen, jedenfalls in Form von Vorbehalten seitens der oppositionellen Ausschussmitglieder, die bisweilen recht scharfe Angriffe gegen die Amtsführung des betreffenden Ministers darstellen. Man darf daher die Bedeutung dieser konstitutionellen Kontrolle nicht unterschätzen.

Ein anderes, rein parlamentarisches Kontrollmittel gegenüber der Regierung sind die Interpellationen und die sog. »einfachen Fragen», die, in der Regel von einem Mitglied der Opposition gestellt, die Regierung bzw. einen bestimmten Ressortminister zur Stellungnahme betreffs gewisser Fragen vor dem Plenum des Hauses herausfordern. Das schwedische Reichstagsrecht hat zwar kein Tagesordnungsinstitut im eigentlichen Sinne. Durch die Einrichtung der Anfragen hat aber der Reichstag die Handhabe zu laufender Kontrolle und etwaiger Kritik an der Führung der Regierungsgeschäfte. Auf aussenpolitischem Gebiet ist zudem die stetige Einflussnahme seitens des Reichstags durch die in den zwanziger Jahren erfolgte Schaffung eines besonderen, vom Reichstag gewählten auswärtigen Rates gewährleistet. Die Regierung hat sich in allen auswärtigen Angelegenheiten von grösserem Gewicht vor Erledigung derselben mit dem auswärtigen Rat ins Benehmen zu setzen. Traktate bedürfen der Zustimmung des Reichstags.

Die parlamentarische Staatsform als solche bedingt ja eine laufende Überwachung der Regierung durch das Parlament, andererseits jedoch kann eine starke Regierung, die sich auf eine Partei mit grosser Mehrheit im Reichstag stützt, eine sehr selbständige Politik führen. Zu erwähnen ist, dass die Minister Zutritt zum Reichstag haben und Mitglieder desselben sein können (nicht jedoch der Ausschüsse, abgesehen vom Ausschuss für Aussenpolitik), während der König auch nicht als Zuhörer gewöhnlichen Sitzungen der beiden Kammern des Reichstags beiwohnen darf.

Die Finanzgebarung der Regierung und der ihr nachgeordneten Organe *wird durch den Reichstag auf verschiedene Weise kontrolliert.* Der Reichstag hat das alleinige Recht der Bewilligung von Steuern und Geldmitteln, und seine Macht hat sich im Laufe eines Jahrhunderts Schritt für Schritt dahin entwickelt, dass der Reichstag nunmehr die Organisation der Verwaltung bis in Einzelheiten bestimmt. Die Selbstkontrolle bezüglich der rechten Verwendung der staatlichen Mittel und der Befolgung der vom Reichstag dafür aufgestellten Bedingungen liegt vor allem in den Händen der vom Reichstag jährlich dazu ausersehenen sog. Staatsrevisoren, denen sämtliche Reichsbehörden auf ihr Verlangen auskunftspflichtig sind. Auf Reisen durch das Land und bei Besuchen örtlicher Verwaltungsstellen suchen diese Staatsrevisoren einen direkten, persönlichen Überblick über die Geschäftsführung auch der staatlichen Verwaltungsstellen draussen im Lande zu gewinnen. Die Revisoren erstatten dem Reichstag alljährlich einen Tätigkeitsbericht, der regelmässig mehr oder weniger schwerwiegende Ausstellungen an der Verwendung von Staatsmitteln bzw. an der Verwaltung verschiedener Behörden enthält. Lässige Beamte können unter Anklage gestellt werden, und die Ausstellungen der Staatsrevisoren bedeuten, vorausgesetzt, dass der Reichstag, dessen Etatsausschuss in erster Linie sich mit ihnen zu beschäftigen hat, sich hinter dieselben stellt, dass die gerügten Mängel richtiggestellt werden müssen.

Der Reichstag selbst beschliesst über Reichsbank und Reichsschuldenverwaltung, welch letzteres Amt also die Verwaltung der Staatsschuld ausübt. Die Beamten dieser beiden Institute unterstehen nicht der Regierung, sondern dem Reichstag.

Durch seine Finanzgewalt übt der Reichstag im Grossen wie im Kleinen Kontrolle über die Regierung und die der Regierung unterstellte Verwaltung der Staatsmittel aus.

Die Kontrolle über die Gesetzgebung liegt zu einem Teil bereits in der Verfahrensweise bei Schaffung neuer Gesetze. Die Initiative zur Neuschaffung bzw. Abänderung von Gesetzen sowohl in Verfassungsfragen als betreffs anderer gemeinsamer Gesetzgebung kann entweder von der Regierung oder vom Reichstag ausgehen, im letzteren Fall durch Antrag, der von einem oder mehreren Abgeordneten in einem der beiden Häuser des Reichstags eingebracht wird. Wichtigere Gesetzesvorlagen werden regelmässig von Sachverständigenkomitees, die von der Regierung berufen werden, ausgearbeitet; die endgültige Vorlage wird dann auf Grund der Sachverständigenvorschläge von der Regierung dem Reichstag unterbreitet. Bei Erlass neuer oder Änderung allgemeiner Zivil- oder Strafgesetze sowie von Kirchengesetzen muss ausserdem die Stellungnahme des sog. Gesetzesrats eingeholt werden. Dieser setzt sich zusammen aus drei Mitgliedern des Obersten Gerichtshofes und einem Mitglied des Obersten Verwaltungsgerichts. Der Gesetzesrat prüft die Vorschläge vom juristisch-technischen Gesichtspunkt. Im Reichstag wird dann die Vorlage von dem zuständigen Ausschuss behandelt; zur Annahme einer Novelle bedarf es der Zustimmung beider Kammern des Reichstags sowie der Regierung. Ist diese einmütige Zustimmung nicht herbeizuführen, so kann das betreffende Gesetz in der laufenden Sitzungsperiode nicht verabschiedet werden. In Fragen der Kirchengesetzgebung muss ausserdem das besondere Organ der Staatskirche, die sog. Kirchenversammlung, die sich aus den Bischöfen sowie gewählten Repräsentanten der Geistlichen und Laien zusammensetzt, seine Zustimmung geben. Bei Verfassungsänderungen oder neuer Grundgesetzgebung schliesslich ist die Annahme durch zwei Reichstage erforderlich, und zwar muss der endgültigen Lesung Neuwahl zur Zweiten Kammer voraufgegangen sein.

Neue Gesetze treten in Kraft durch die Veröffentlichung in »Svensk Författningssamling», etwa dem deutschen Reichsgesetzblatt entsprechend.

Diese Prozedur schliesst ganz offenbar Garantien für eine gründliche Kontrolle auf dem Gebiete der Legislative in sich. Zwar hat die Regierung das Recht, von sich aus administrative Verordnungen zu erlassen, doch pflegt sie auch hier in wichtigeren Fragen vorher die Ansicht des Reichstags zu hören.

Das Institut des Referendums ist im schwedischen Staatsrecht schwach entwickelt. Das schwedische Referendum ist nämlich nur fakultativ und konsultativ, und seit seiner Einführung ist es nur ein einziges Mal angewandt worden, und zwar bezeichnenderweise in der Frage des Alkoholverbots.

Eine Prüfung der Gesetzgebung durch die Gerichte, wie sie sich durch die Praxis z. B. in USA und Norwegen herausgebildet hat, kennt das schwedische Staatsrecht nicht. Formale Hindernisse stehen einer solchen gerichtlichen Prüfung allerdings nicht entgegen, und in den lezten Jahren haben die Gerichte (der Oberste Gerichtshof) in gewissen Fällen die Verfassungsmässigkeit der

Gesetzgebung, in erster Linie auf dem Gebiet administrativer Verordnungen, geprüft.

Ein Kontrollorgan, das ein Charakteristikum des schwedischen Staatsrechts darstellt, sind ferner die vom Reichstag alle vier Jahre berufenen Justizsachwalter für die Justiz- und Zivil-Verwaltung bzw. Militärsachwalter für das Militärwesen: »justitieombudsmannen» und »militieombudsmannen». Der Schwerpunkt ihres Wirkens liegt in der Kontrolle des Gerichtswesens und der Verwaltung, doch sollen diese Bevollmächtigten des Reichstags auch auf Mängel in der Gesetzgebung hinweisen und Vorschläge zu deren Abstellung machen. Das Amt des Justizsachwalters ist ebenso alt wie die Regierungsform von 1809, während das Amt des Militärsachwalters 1915 eingerichtet wurde. Die beiden Sachwalter, die auf vier Jahre vom Reichstag gewählt werden, sind in ihrer Amtsführung dem Reichstag verantwortlich und können von diesem während ihrer Amtsperiode abgesetzt werden. Über ihre Tätigkeit im folgenden mehr.

Die Kontrolle über die Gerichtsbarkeit wird in erster Linie durch die Besetzung der ordentlichen Gerichte des Landes erzielt. Die Richter werden von der Regierung ernannt und können nur auf Grund eines ordentlichen Gerichtsverfahrens ihres Amtes enthoben werden; auch dürfen sie nicht, es sei denn infolge organisatorischer Veränderungen, ohne ihre Zustimmung befördert oder versetzt werden.

Der ordentliche Instanzenweg mit dem im Jahre 1789 eingeführten Obersten Gerichtshof als dritter und höchster Instanz für Zivil- und Strafsachen sowie dem 1909 geschaffenen Obersten Verwaltungsgericht (Reichsverwaltungsgericht) bietet natürlich an und für sich eine Kontrolle und Gewähr für unparteiische Rechtsprechung. Die Gerichtsverhandlungen in Zivil- und Strafsachen sind öffentlich, die Urteile und Erkenntnisse der beiden höchsten Gerichte werden in jährlich gedruckt erscheinenden Entscheidungssammlungen publiziert.

Für Amtsvergehen haben sich die Richter natürlich vor dem jeweils zuständigen Forum zu verantworten. Für die Mitglieder des Obersten Gerichtshofs und des Obersten Verwaltungsgerichts ist dieses das früher erwähnte Staatsgericht. Vor diesem

Gericht können die Richter am Obersten Gerichtshof (Justitieråd, Reichsgerichtsräte) und am Obersten Verwaltungsgericht (Regeringsråd, Reichverwaltungsgerichtsräte) vom »höchsten Bevollmächtigten des Königs», dem Justizkanzler, sowie vom Justizsachwalter oder Militärsachwalter des Reichstags zur Verantwortung gezogen werden. In diesem Falle hat jedoch der Reichstag nicht das Recht — wie bei Anklage gegen die Minister —, seine Sachwalter zu beauftragen, Anklage zu erheben, sondern diese handeln ausschliesslich auf eigene Verantwortung. Dafür kennt aber die Verfassung eine Art parlamentarischen Kontrollinstituts betreffs der Mitglieder der beiden genannten obersten Gerichte, das etwa der sog. politischen Verantwortlichkeit der Minister entspricht und darin besteht, dass ein besonderer, vom Reichstag alle vier Jahre gewählter Ausschuss, der sog. Opinionsausschuss, berechtigt ist, beim König darum nachzusuchen, dass diejenigen Mitglieder, die »sich nicht verdient gemacht haben, in ihrem wichtigen Amte belassen zu werden», ungeachtet dessen, dass sie sich keines Verbrechens schuldig gemacht haben, aus dem Amte entfernt würden. Auf Grund der erschwerenden Abstimmungsvorschriften in dem Opinionsausschuss hat indessen dieses Institut die damit beabsichtigte Kontrollfunktion, d. h. das Hinausvotieren der höchsten Richter des Landes, nie ganz zu erfüllen vermocht.

Was die kontrollierende Tätigkeit des Justiz- bzw. des Militärsachwalters in Bezug auf das Gerichtswesen betrifft, verweise ich auf das, was unten über die Tätigkeit dieser Kontrollorgane des Reichstags betreffs der sonstigen Verwaltung gesagt wird.

Die Verwaltungskontrolle. Die Tradition der schwedischen Staatsverwaltung reicht zurück bis in den Beginn des 16. Jahrhunderts. Im Laufe der Jahrhunderte haben sich die Prinzipien herauskristallisiert, die der schwedischen öffentlichen Verwaltung den berechtigten Ruf der Unparteilichkeit und Gerechtigkeit eingetragen haben.

Grundsätzlich sind die Verwaltungsbeamten, von einer Reihe von Amtschefs abgesehen, in gleicher Weise unabsetzbar wie die Richter. Die Praxis hat indessen, besonders im Verlauf der letzten fünfzig Jahre, dahin geführt, dass heute nur ein kleinerer Teil des Verwaltungspersonals, und zwar die mit einer königlichen Vollmacht ausgestatteten Beamten, eine derjenigen der Richter vergleichbare Rechtsstellung einnehmen. Die übrigen Verwaltungsbeamten werden entweder bis auf weiteres oder befristet oder durch ein Verwaltungsdokument (»Konstitutorial») angestellt, und das heisst, dass sie bei Dienstversehen auf administrativem Wege entlassen werden können. Das Personal der Verwaltung nimmt indessen nach wie vor eine im Verhältnis zur politischen Regierungsmacht sehr selbständige Stellung ein. Hierzu trägt bei, dass ein Ministerregiment im kontinentalen Sinne dem schwedischen Staatsrecht praktisch fremd ist: alle Regierungsbeschlüsse werden formell im Conseil, dem der König präsidiert, gefasst. Weiter wird die zentrale Verwaltung unter der Regierung von freistehenden, sog. zentralen Ämtern ausgeübt, die also administrativ nicht einem bestimmten Ressortminister unterstellt sind, sondern der Regierung als Ganzem. Diese zentralen Reichsämter verwalten ihre Ressorts in hohem Grade selbständig und die staatliche Lokalverwaltung empfängt ihre Direktiven und wird beaufsichtigt von diesen zentralen Behörden, also nur indirekt von der Regierung.

Das Objektivitätsprinzip, d. h. Rücksicht auf das gesetzlich Richtige, soll grundsätzlich die Verwaltungstätigkeit bestimmen. Hiermit hängt das Offizialprinzip zusammen, welches besagt, dass die Verwaltung ungeheissen notwendige Ermittlungen bezüglich anfallender Sachen durchführen soll. Als ein das Objektivitätsprinzip verstärkendes Komplement erscheint das in der schwedischen Verwaltung durchweg geltende Prinzip der Öffentlichkeit, das mit der Ausformung des schwedischen Pressefreiheitsrechts zusammenhängt und im folgenden ausführlicher behandelt werden wird.

Die schwedische Verwaltung arbeitet seit alters her in Formen, die der Rechtspflege entlehnt sind. So war die Zentralverwaltung in älterer Zeit durchweg gekennzeichnet durch kollegiale Behandlung der meisten Sachen zwischen Behörden- bzw. Amtschef und Abteilungschefs. Nunmehr werden jedoch die meisten laufenden Sachen von den betreffenden Chefs nach Vortrag durch untergeordnete Beamte gemäss den geführten Protokollen erledigt.

Nur wichtige Fragen und Disziplinarsachen werden nach wie vor kollegial von den zentralen Reichsämtern behandelt.

Die Staatsverwaltung ist der Regierung unterstellt; der Reichstag und seine Ausschüsse sind also nicht befugt, sich direkt mit ihrer Tätigkeit zu befassen. Doch kann, wie oben bemerkt, der Reichstag durch seine Finanz- und Revisionsgewalt eine prüfende Hand über die Verwaltung halten. Durch seine schon erwähnten Bevollmächtigten, die Sachwalter für Justiz bzw. Militär, verfügt ferner der schwedische (und nach seinem Vorbild auch der finnische) Reichstag über ein staatsrechtlich einzigartiges Kontrollinstitut. Der Justizsachwalter soll die Tätigkeit der Verwaltung im Grossen wie im Kleinen überwachen und, falls ein Beamter gefehlt hat, diesen entweder vor Gericht ziehen lassen oder den Missstand rügen, worauf nach Abstellung desselben weitere Schritte sich erübrigen. Entsprechend überwacht der Militärsachwalter die Amtsführung derjenigen Personen, die ihr Gehalt aus den für den Wehrmachtsetat bereitgestellten Mitteln beziehen. Die Sachwalter sind berechtigt, bei allen Sitzungen der Gerichte und Verwaltungsstellen anwesend zu sein, deren Protokolle und Akten einzusehen, Richtern und Beamten Erklärungen abzufordern sowie die notwendigen Inspektionsreisen zu unternehmen. Die Sachwalter erstatten dem Reichstag jährlich Tätigkeitsberichte, die gedruckt und vom Gesetzesausschuss des Reichstags geprüft werden. Die Sachwalter sind, ebenso wie andere Anklagevertreter, für ungerechtfertigte Anklagen verantwortlich.

Diesem dem schwedischen Recht eigentümlichen Kontrollinstitut ist eine hohe Bedeutung beizumessen. Jeder Staatsbürger ist nämlich berechtigt, die Sachwalter auf irgendwelche von Staatsbeamten begangene Übergriffe und Verfehlungen hinzuweisen, und nicht selten wird das Einschreiten der Sachwalter gegen Beamte durch Notizen in der Tagespresse veranlasst.

Neben dieser sozusagen parlamentarischen Kontrolle, durch »die zweite Staatsmacht» ausgeübt, erfolgt die öffentliche Staatskontrolle laufend dadurch, dass die übergeordneten Behörden die ihnen nachgeordneten Stellen durch ständige staatliche Revisionstätigkeit beaufsichtigen (nicht zu verwechseln mit der durch die Staatsrevisoren ausgeübten Kontrolle seitens des Reichstags), sowie durch ein *reich entwickeltes administratives Beschwerdewesen.* Ganz generell steht es nämlich einem jeden, der durch irgendeinen administrativen Beschluss berührt wird, frei, sich hierüber bei der übergeordneten Behörde zu beschweren, in letzter Instanz gewöhnlich bei dem oben erwähnten Obersten Verwaltungsgericht. Dagegen sind im allgemeinen die ordentlichen Gerichte nicht befugt, die Massnahmen der Verwaltungsbehörden zu überprüfen. Beamte jedoch, die sich vergangen haben, können vor ein ordentliches Gericht gezogen und wegen Dienstvergehens verurteilt werden, eventuell zu Schadensersatz.

Literatur:

Malmgren, Robert, Sveriges grundlagar, Stockholm 1947.
Herlitz, Nils, Svenska statsrättens grunder, Stockholm 1948.

Die Pressefreiheit

Von Professor Dr. *Erik Fahlbeck*

Wie in der vorstehenden Vorlesung angedeutet ist, nimmt *das schwedische Pressefreiheitsrecht* einen wichtigen Platz auf dem Felde der öffentlichen Kontrolle ein. Als während des zweiten Weltkrieges Regierung und Reichstag sich gezwungen sahen, zu einer dem Wesen unseres Pressefreiheitsrechtes fremden Gesetzgebung zu greifen, durch die eine Zensur möglich wurde (welche dann jedoch nicht ausgeübt zu werden brauchte), erklärte der Verfassungsausschuss, der diese Frage behandelte, u. a. folgendes: »Die Pressefreiheit ist für ein freies und selbständiges Volk ein unschätzbares und unveräusserliches Gut — im Schutze dieser Freiheit hat unsere schwedische Gesellschaftsform ihre jetzige Entwicklung erreicht. Jedes Streben, die öffentliche Meinung des Landes gleichzuschalten und uniform zu machen, ist daher zu bekämpfen.» Bei der Ausarbeitung der Pressefreiheitsverordnung von 1949, die ab 1950 an die Stelle des entsprechenden Grundgesetzes von 1812 tritt, äusserten die Gesetzgeber u. a.: »Es kann gesagt werden, dass das demokratische Gemeinwesen in einem Sinne auf Grund des freien Wortes funktioniert. Die Pressefreiheit wird hierdurch zum Kennzeichen einer freien Gesellschaftsordnung» — »die Bedeutung unserer Pressefreiheit für das Gesellschaftsleben kann schwerlich hoch genug veranschlagt werden». Diese Äusserungen über die schwedische Pressefreiheit im allgemeinen stehen im Einklang mit ähnlichen Aussprüchen anlässlich des Zustandekommens des bisherigen Pressefreiheitsgesetzes von 1809—1812, das also gleichaltrig mit dem Verfassungsgrundgesetz, der Regierungsform, ist.

Diese demokratisch abendländische Auffassung des Rechtes der Pressefreiheit steht in scharfem Gegensatz zu der Einstellung, die die absolutistischen Staatssysteme in dieser Frage einnehmen. In einem vielbeachteten Interview erklärte vor einiger Zeit einer der Mächtigen dieser Welt, Stalin, Zensur sei in der Sowjetpresse notwendig. »Die Zensur in der Sowjetunion», äusserte er, »hat das alleinige Ziel, die Allgemeinheit in allen Ländern vor Lügen über die Sowjetunion zu schützen.» Die Zensur liegt in Händen der kommunistischen Parteiführung, die also das Monopol des gedruckten Wortes hat. — Ein anderer, unlängst gestürzter Diktator proklamierte dasselbe. Und in den Leitsätzen des nationalsozialistischen Schriftleitergesetzes von 1933 heisst es: »Die Presse ist ein Mittel zur geistigen Beeinflussung der Nation — ein Mittel zu staatlicher und nationaler Erziehung. Sie ist also ihrem Wesen nach eine öffentliche Einrichtung.» Deshalb wurde die Reichskulturkammer gebildet, der alle Schriftleiter angehörten und in der sie letzten Endes der Kontrolle des Propagandaministers unterstanden. Dieser, Herr Göbbels, stellte fest, die Presse müsse sein »monoform im Willen und polyform in der Ausgestaltung des Willens».

Wie man sieht, steht diese Ideologie in direktem Gegensatz zur demokratisch abendländischen Auffassung vom Recht der freien Meinungsäusserung in Wort und Schrift. Das Zensursystem und was dazu gehört hat indessen die zeitliche Priorität.

Denn nicht die Pressefreiheit ist es, die uns zuerst in der jahrhundertelangen Geschichte des Druckschriftenrechts begegnet, sondern die Druckverbote in Form von Zensur, Überwachung, Beschlagnahme und Verboten von Druckschriften durch administrative Organe. Das Verbotssystem ist so alt wie das gedruckte Wort. Die Fürstengewalt wünschte oppositionelle Meinungen politischer Widersacher zu unterdrücken, die Kirche ketzerische Irrlehren, die Wissenschaft den Zweifel an traditionellen Wahrheiten und Dogmen. Das System herrschte ziemlich allgemein bis zum Ausgang des 18. Jahrhunderts. Und seine Renaissance fand es ja in den Diktaturen der Gegenwart.

Schweden bildete keine Ausnahme. Unsere ersten Pressefreiheitsbestimmungen waren König Gustav Wasas Erlass von 1539 über die Zensur politischer und religiöser irrlehriger Schriften. Das System wurde im Laufe der Jahrhunderte mit einem Censor librorum an der Spitze ausgebaut. In verschiedenen Variationen lebte es — abgesehen von einem kurzen Intervalle 1766—1772, siehe unten — bis zur Schaffung unserer jetzigen Verfassung im Jahre 1809 fort.

Die Quellen der Pressefreiheit entspringen ganz anderen Gedankengängen. »Lasst die Wahrheit frei mit der Lüge kämpfen, wer hätte je die Wahrheit in einem freien und offenen Kampfe unterliegen sehen?» schrieb vor 300 Jahren der Dichter des Paradise Lost, der damals 36-jährige John Milton in seiner flammenden Streitschrift Areopagitica (1644), die für unbeschränkte Pressefreiheit eintritt. England hob, als erstes Land der Welt, die Zensur im Jahre 1695 auf. Gleichzeitig verkündete die vordringende und immer mächtigere naturrechtliche Staatsanschauung, dass zu den natürlichen Rechten des Menschen auch Meinungs- und Pressefreiheit gehörten. Ihren ersten legislativen Ausdruck fanden diese Thesen in den bekannten amerikanischen Freiheitsurkunden, am frühesten in der Verfassung des Staates Virginia von 1766: »Die Freiheit der Presse ist eines der grossen Bollwerke der Freiheit; Einschränkung derselben bedeutet Despotismus.» Und die berühmte Erklärung über die Menschenrechte der Französischen Revolution von 1789 stellt fest: »Der freie Austausch von Gedanken und Meinungen ist eines der kostbarsten Rechte des Menschen. Jeder Bürger darf daher frei reden, schreiben und drucken, verantwortlich nur laut ausdrücklichem Gesetz.» Von hier breitete sich allmählich das Prinzip der Freiheit der Presse aus und fand in alle Verfassungen des Abendlandes Eingang.

Vorher bereits jedoch war die Pressefreiheit in Schweden gesetzlich verankert worden. Die schwedische Verordnung über Pressefreiheit von 1766 ist das erste *Grundgesetz* über Pressefreiheit in der Welt. Diese Gesetzgebung gründete sich, ebenso wie der britische Parlamentsbeschluss über die Aufhebung der Zensur von 1695, mehr auf praktisch politische Erwägungen als auf ideologisch naturrechtliche Spekulationen. Man betonte den Wert der »Aufklärung in allerlei nützlichen Dingen», der Kenntnis einer »weislich eingerichteten Regierungsform» und die

Bedeutung dessen, die Tätigkeit der Regierung und speziell der Verwaltung schriftlich erörtern zu können. Die Pressefreiheitsverordnung von 1766 war nur von kurzer Dauer (bis 1772), ihre Prinzipien aber erstanden aufs neue bei der Schaffung der jetzigen schwedischen Staatsform im Jahre 1809 und liegen heute noch dem geltenden schwedischen Pressefreiheitsrecht zugrunde.

Schwedische Pressefreiheit bedeutet das Recht eines jeden, »ohne von der öffentlichen Macht im voraus erhobene Hindernisse» Schriften herauszugeben und zu drucken, für den Inhalt derselben nur vor einem ordentlichen Gericht verantwortlich zu sein und gemäss den Bestimmungen des Pressefreiheitsgesetzes die Akten sämtlicher Reichsbehörden, sog. »allgemeine Akten», einzusehen und zu veröffentlichen, sowie zur Veröffentlichung in Druckschriften dem Autor oder der Redaktion derselben Angaben und Auskünfte jeder beliebigen Art zu übermitteln.

Das Recht der Pressefreiheit ist im schwedischen Staatsrecht grossenteils in Grundgesetzform verankert. Dies ist eine Eigentümlichkeit für die formelle Gestaltung der schwedischen Pressefreiheit. Teils sind ihre Hauptprinzipien in § 86 der Regierungsform festgelegt, teils haben wir als viertes schwedisches Grundgesetz eine besondere Pressefreiheitsverordnung. Das schwedische Pressefreiheitsgrundgesetz enthält nicht nur allgemeine Grundsätze, sondern regelt auch bis in Einzelheiten verschiedene pressefreiheitsrechtliche Institute (Bestimmungen z. B. über Buchdrucker und Buchdruckerei, über Vertrieb von Druckschriften durch den Buchhandel usw., über Genehmigung und Registrierung periodischer Druckschriften u. a. m.).

Aus der älteren Pressefreiheitsverordnung herausgenommen und durch gewöhnliches Zivilrecht geregelt sind nunmehr Fragen literarischen Eigentums, Einschränkungen des Rechts der Einsichtnahme in allgemeine Akten (1937) und Einzelheiten über die Verfahrensweise bei Pressefreiheitsprozessen.

Jede Form von Vorzensur oder Zensur ist also durch Grundgesetz verboten, und jeder Schwede sowie Ausländer (also auch Unmündige, zu Freiheitsstrafen Verurteilte usw.) hat das Recht, seine Gedanken zu veröffentlichen. Der Verfasser trägt in erster Linie die pressgesetzliche Verantwortung; bei Anonymität des

Autors, die durchaus zulässig ist, oder wenn er aus bestimmten Gründen nicht zur Verantwortung gezogen werden kann, geht diese auf den Verleger, danach auf den Buchdrucker und in letzter Hand auf den Verbreiter (Buchhändler) über. Für periodische Schriften, d. h. Zeitungen und Zeitschriften, haftet in erster Linie der verantwortliche Herausgeber, nach ihm der Besitzer der Schrift und sukzessiv nach diesem der Buchdrucker und der Verbreiter. Zu beachten ist, dass die Genehmigung zur Herausgabe einer periodischen Schrift nichts mit dem Inhalt derselben zu schaffen haben darf. Die amtliche Erlaubnis zur Herausgabe einer periodischen Druckschrift, die vom Justizminister erteilt wird, basiert ausschliesslich auf formalen Gründen und darf nur dann verweigert werden, wenn der verantwortliche Herausgeber nicht den Bestimmungen des Grundgesetzes genügt (schwedischer Staatsangehöriger in mündigem Alter und im Reichsgebiet wohnhaft) oder wenn der Titel der Schrift dem einer früheren so ähnlich ist, dass eine Verwechslung vorkommen kann.

Das Recht auf Anonymität ist durch verschiedene Garantien geschützt.

Die Verfolgung von durch Druckschriften begangenen Verbrechen (z. B. Aufforderung zum Hochverrat, Aufruhr, Schmähung einer öffentlichen Behörde, die Sittlichkeit verletzende Darstellungen oder Beleidigung) liegt bei administrativen Organen (Justizminister und Justizkanzler), abgeurteilt werden sie jedoch von ordentlichen Gerichten. Hierbei wirkt eine vom Volke gewählte Jury mit, die befugt ist, die Schuldfrage zu verneinen. Im Kriegsfall kann das Gericht auf Ersuchen derselben administrativen Organe das Erscheinen einer periodischen Schrift, deren Inhalt als für die Sicherheit des Reiches nachteilig erscheint, befristet, längstens auf 6 Monate, verbieten.

Seine vielleicht eigenartigste und jedenfalls für die öffentliche Kontrolle wesentlichste Ausformung findet das schwedische Pressefreiheitsrecht in der Bestimmung über die Publizität »allgemeiner Akten«. Unter diesen versteht man, wie bereits angedeutet, bei staatlichen oder kommunalen Behörden eingegangene, dort befindliche oder angelegte Akten jeder Art. Diese sind grundsätzlich öffentlich, und das Publikum kann sie also an Ort und

Stelle einsehen oder gegen Gebühr eine Abschrift erhalten. Wird einem die Einsichtnahme in solche Akten verwehrt, so hat man das Recht, bei einer übergeordneten Behörde darüber Beschwerde zu führen, im allgemeinen in letzter Instanz bei dem Obersten Verwaltungsgericht.

Seine grösste Bedeutung hat dieses für das schwedische Pressefreiheitsrecht kennzeichnende Institut einmal für den einzelnen Staatsbürger, der auf diese Weise eine Kontrolle über die Behandlung ihn selbst betreffender Angelegenheiten durch die Behörden ausüben kann, zum andern für die Presse und damit für die Allgemeinheit, die so das Tun und Lassen der Gerichte und Verwaltungsorgane in verschiedener Hinsicht verfolgen kann. Welchen Wert dieses Institut als Kontrolle der öffentlichen Tätigkeit besitzt, dürfte auf der Hand liegen. Die am Eingang dieses Abschnitts zitierten Auslassungen von seiten der Gesetzgeber bestätigen auch die historische Tatsache, dass die Pressefreiheit in Schweden die ruhige Entwicklung der demokratischen Gesellschaftsordnung während fast 150 Jahren in hohem Grade gefördert hat.

Das Recht zur Einsichtnahme und zur Veröffentlichung allgemeiner Akten kann jedoch aus leicht einzusehenden Gründen nicht uneingeschränkt sein. Die Pressefreiheitsverordnung sieht vor, dass Einschränkungen dieses Rechts verfügt werden können, soweit es die Rücksicht auf die Sicherheit des Reiches, aussenpolitische Verhältnisse, Verhütung von Verbrechen, legitime wirtschaftliche Interessen von Staat, Kommunen und Privaten oder den Schutz des Privatlebens erfordert. Diese Einschränkungen sind in der erwähnten gemeinsamen Gesetzgebung von König und Reichstag im Jahre 1937 eingehend festgelegt worden.

Als allgemeine Garantien für den Bestand der Pressefreiheit sind anzusehen teils, letzten Endes, die konstitutionelle Verantwortlichkeit der Minister, teils die Funktionen des Justizkanzlers, des Justiz- und des Militärsachwalters nebst besonderen oder allgemeinen Bestimmungen in deren Instruktionen, über die Unantastbarkeit der Pressefreiheit zu wachen und etwaige pressefreiheitsfeindliche Massnahmen seitens der Beamtenschaft zu monieren. Eine wertvolle Garantie für die Pressefreiheit, namentlich für das Recht, seine Gedanken im Druck zu veröffentlichen, liegt ferner in den oben erwähnten Verfahrensvorschriften für Pressedelikte. Schliesslich mag noch auf den bedeutsamen Umstand hingewiesen werden, dass alle wichtigeren Bestimmungen, welche die Freiheit der Presse angehen, von alters her Grundgesetzcharakter haben.

* *
*

Als *eine allgemeine Charakteristik* der schwedischen öffentlichen Kontrolle sei abschliessend und zusammenfassend festgestellt, dass diese, wie aus dem Obigen hervorgehen dürfte, zweifacher Art ist: einmal *rechtliche* Kontrolle, ausgeübt durch vorgesetzte Dienststellen, Gerichte, den Reichstag und dessen Kontrollorgane — zum andern die von der *öffentlichen Meinung* ausgeübte Kontrolle, die sich vor allem in der durch das Pressegesetz verbrieften Freiheit der Presse manifestiert.

Die Eckpfeiler der schwedischen Demokratie sind also einerseits das *Recht zur Teilnahme an der Bildung des Staatswillens* (durch allgemeine Wahlen, geschützt durch Strafbestimmungen für Störung der Wahlfreiheit, Bruch des Wahlgeheimnisses, Angriffe auf die gewählten Vertrauensmänner des Volkes), andererseits die *Kontrolle der Formen für die Ausübung des Staatswillens.* Zu dem System gehören völlig unabhängige, nach objektiven Normen arbeitende Gerichte sowie *die reich entwickelte örtliche Selbstregierung.* Letztere (die Kommunalverwaltung) blieb ausserhalb des Rahmens dieser Darstellung. Die Bedeutung des kommunalen Lebens ist aber ausserordentlich. So kommt ein nicht geringer Teil der Reichstagsabgeordneten aus den örtlichen Selbstverwaltungsorganen. Eine gesunde und zielbewusste Kommunalverwaltung ist überall das Gegengewicht gegen das sozusagen in der Natur der Sache liegende Streben der Staatsgewalt nach Zentralisation und Gleichschaltung.

Schliesslich und letzten Endes liegt, in Schweden wie anderwärts, die sicherste Gewähr für ein gesundes, das Recht achtendes staatliches Leben und die Kontrolle desselben in der staatsbürgerlichen Reife, Erziehung und Verantwortungsfreudigkeit des Volkes. Unverändert gilt voll und ganz, was vor drei Generationen von den Schöpfern der schwedischen Verfassung anlässlich des Zustandekommen derselben im Anfang des 19. Jahrhunderts festgestellt wurde: Am wichtigsten für den Bestand einer Staatsform sind nicht »die sorgfältig abgewogenen Verhältnisse konstitutioneller Mächte» oder allerlei staatsrechtliche Formvorschriften, sondern die Kraft eines freien Gemeinsinns, wahren Staatsbürgergeistes, der aus dem Recht der freien und unbeschnittenen Meinungsäusserung und Teilnahme an den Angelegenheiten der Nation erwächst und dieses seinerseits beeinflusst.

Literatur:

Fahlbeck—Jägerskiöld—Sundberg, Medborgarrätt, Stockholm 1947. (Neue Auflage betr. Presserecht 1950.)

Eek, Hilding, Nya tryckfrihetsförordningen, Stockholm 1948.

Recht und Wirtschaftspolitik

Von Professor Dr *Carsten Welinder*

Seit Ausbruch des Krieges befindet sich die wirtschaftliche und soziale Struktur Schwedens im Umbruch. Der Geldwert hat sich verschlechtert, Preise und Steuern sind gestiegen, die Einkommensverteilung ist weitgehend ausgeglichen — vor allem durch eine immer mehr progressive Besteuerung — und die staatliche Planung des Wirtschaftslebens ist mehr und mehr ausgedehnt worden. Auf dem Gebiete des Rechts spiegelt sich diese Entwicklung ganz natürlich in der Entstehung einer grossen Anzahl neuer Gesetze wider.

Ich habe nicht die Absicht, hier zu versuchen, eine Übersicht über das Ergebnis dieser Gesetzgebung zu geben. Meine Aufgabe ist sowohl schwieriger als auch bescheidener, nämlich zu versuchen, die Wirtschaftspolitik der letzten Jahre von einigen mehr allgemein rechtswissenschaftlichen Gesichtspunkten aus zu betrachten.

Die Schwierigkeit dieser Aufgabe beruht nicht nur darauf, dass sie eigentlich eine Einsicht in die allgemeine Rechtslehre und Rechtsgeschichte verlangt, die ausserhalb meines Gebietes liegt, sondern auch darauf, dass es schwer ist, bei der grossen Zersplitterung innerhalb der Wirtschaftspolitik diese unter einem einheitlichen rechtlichen Aspekt zu sehen. Deshalb mag es mir gestattet sein, dass mein Vortrag in gewisser Hinsicht eine etwas causierende Form erhält — was meine Aufgabe wesentlich erleichtert, da ein Causeur seit alters her sich das Recht nehmen darf, sich auch über solche Dinge zu äussern, von denen er nichts versteht.

Im allgemeinen kann wohl gesagt werden, dass Juristen konservativ zu sein pflegen; ganz im Gegensatz zu z. B. Architekten. Diese müssen z. B. konstatieren, dass die gegenwärtige Bebauung der Städte weder sozialen noch verkehrstechnischen oder militärischen Forderungen entspräche und dass die herrschenden Verhältnisse auf dem Gebiete des Eigentumsrechts einem rationellen Umbau unserer Städte im Wege stünden. Ebenso natürlich ist es, dass der Volkswirtschaftler mit Hilfe der Planwirtschaft die wirtschaftliche Entwicklung dirigieren will.

Der Jurist sieht dagegen eine wesentliche Aufgabe in der Erhaltung der Rechtssicherheit. Er geht von gewissen Rechten aus, deren Schutz seiner Ansicht nach Aufgabe der Rechtsordnung ist. Ich glaube nicht, dass dies im allgemeinen darauf beruht, dass der Jurist sich als Diener des Kapitals oder irgend einer anderen Interessentengruppe betrachtet. In der Regel will er sicher einem objektiven Gemeinnutz dienen, auch wenn es ihm klar ist, dass dieser Begriff bei näherer Analyse sehr schwer zu bestimmen ist.

Zum Teil beruht die konservative Einstellung des Juristen auf Reminiszenzen vom Naturrecht. Dieses ging, wie bekannt, davon aus, dass von der Natur gegebene Rechte existierten, wie das Recht auf den Ertrag aus eigener Arbeit oder mit andern Worten Eigentumsrecht, was zu schützen Aufgabe der Rechtsordnung sei. Aber auch wenn man einsieht, dass Rechte erst durch das positive Recht konstituiert werden, will man gern eine Kontinuität in der Rechtsordnung sehen. Man will diese als eine harmonische Einheit sehen, die auf gewissen leitenden Prinzipien aufgebaut ist, und nicht als eine zufällige Sammlung in ihrem Geiste miteinander streitender Bestimmungen.

Es ist klar, wenn eine Gesellschaft sich im Umbruch befindet, wenn Rechtsauffassung gegen Rechtsauffassung steht, so dass man in vielen Fällen nicht von einem allgemeinen Rechtsbewusstsein sprechen kann, so entsteht leicht die Auffassung, dass die Rechtsprinzipien ausgeschaltet sind und dass die Gesetzgebung nur von machtpolitischen Gesichtspunkten bestimmt wird. Der Jurist weiss jedoch, dass es kein uraltes Rechtsgebäude ist, das jetzt daran ist untergraben zu werden, sondern das Rechtssystem hat sich ständig in Veränderung befunden, wenn auch Veränderungen nunmehr rascher geschehen als früher. Als Beispiel können wir einen Begriff wählen, der heute besonders umstritten ist, nämlich das private Eigentumsrecht.

Während des 17. Jahrhunderts und des grössten Teiles des 18. Jahrhunderts war das Eigentumsrecht in Schweden stark begrenzt. Dies gilt vor allem vom Grundeigentum, das damals von grösserer Bedeutung war als heute. Man erkannte nur dem Adel volles Eigentumsrecht auf seinen Grund und Boden zu, während der Staat gemäss der römischen Doktrin eine Oberhoheit, dominium imperium, über den bäuerlichen Grundbesitz hatte und der Bauer nur ein untergeordnetes Eigentumsrecht oder dominium utile hatte. Der Staat behielt sich Regalien vor wie Forst-, Bergwerks- und Wasserregalien, der Anleihezins war gesetzlich geregelt, viele Preise waren kontrolliert, eine Anzahl staatlicher oder staatlich geschützter Monopole existierten usw. In der Tat zeigte das damals herrschende wirtschaftliche System mit seiner Regulierung der Ein- und Ausfuhr, Subventionierungen usw. eine so grosse Ähnlichkeit mit der heutigen Zeit, dass man sagen kann, dass wir unter einem neumerkantilistischen System leben. Der grösste Unterschied ist vielleicht der, dass der Verwaltungsapparat damals unvergleichlich geringeren Effekt hatte als heute, weshalb die Wirtschaftsplanung in Wirklichkeit nicht so drückend war, wie es auf dem Papier aussah. Man pflegte zu sagen, dass die Regierung Dollfuss in Österreich Diktatur war, gemildert durch Schlamperei. Und dasselbe kann von dem Merkantilismus in Schweden gesagt werden.

Während der letzten Hälfte des 18. Jahrh. kam der wirtschaftliche Liberalismus auf, wenngleich er erst in der Mitte des 19. Jahrh. ganz durchschlug. Sein Eigentumsbegriff war der des Naturrechts. Man sah also das private Eigentumsrecht als ein von der Natur gegebenes Recht an. Vorher wurde die Abhängigkeit des Eigentumsrechts von der Gesetzgebung stärker betont. Gemäss dem klassischen Liberalismus führte dies jedoch zu Willkür. Der klassische Liberalismus sah in der Integrität des privaten Eigentumsrechts einen Schutz für die persönliche Freiheit und Integrität gegenüber staatlichem Machtmissbrauch — eine noch ganz moderne Fragestellung.

Es ist doch klar, dass eine solche Veränderung in der Auffassung des Eigentumsrechts nicht nur das Resultat theoretischer Spekulationen war, sondern vor allem durch die wirtschaftliche Entwicklung bedingt war. So viel kann man ruhig sagen, ohne einseitig der materialistischen Geschichtsauffassung zu verfallen. Eine Reihe von Erfindungen wie der mechanische Webstuhl und Spinnmaschine, Dampfmaschine, Eisenbahn und Dampfschiff wurden gemacht. Hierdurch wurde die industrielle Revolution eingeleitet. Eine neue Unternehmerschicht wuchs heran, die in dem herrschenden System von Zunftverordnungen, Monopolrechten, Ein- und Ausfuhrverboten usw. ein Hindernis für die industrielle Entwicklung sah und daher forderte, dass es beseitigt werden sollte.

Auf dem Gebiet der schwedischen Rechtsordnung sehen wir eine steigende Wertschätzung des freien Eigentumsrechtes z. B. in der »Steuerkaufverordnung» von 1789, wodurch die staatlichen Pächter das Recht erhielten, ihre Grundstücke frei zu kaufen. Es gab auch schon früher zeitweise die Möglichkeit, dies zu tun, aber da der »Steuerkauf» nur bedeutete, dass der staatliche Pachtzins gegen eine ebensogrosse Grundsteuer ausgetauscht wurde, hatte das Recht hierauf keinen grösseren Wert, ehe nicht das Bauernland von den Einschränkungen im freien Verfügungsrecht befreit worden war.

Durch »die Erklärung von 1789 über die Freiheiten und Rechte des Bauernstandes» wurde definitiv festgelegt, dass das Eigentumsrecht der »Steuerbauern» nicht weniger vollständig war als das des Adels. Später wurde Grundeigentum vom Geburtsrecht und von Grundsteuern befreit. Im § 16 der Staatsverfassung (Regeringsformen) wurde ein Verbot gegen Konfiskation und Expropriation ohne eine den schwedischen Verordnungen und Gesetzen entsprechende Untersuchung und Urteil erlassen. Innerhalb der Rechtswissenschaft ist es wie bekannt Tradition, das Privatrecht als einen der dominierenden Teile zu betrachten, während dem Gebiet des öffentlichen Rechts viel geringere Bedeutung zuerkannt wird. Diese Tradition dürfte nicht ohne Zusammenhang sein mit der starken Betonung, die der Liberalismus auf das private Eigentumsrecht, das Recht des Einzelnen auf freies Verhandeln usw. legt.

Der wirtschaftliche Liberalismus dominierte nur während einiger Jahrzehnte. Für gewöhnlich begnügt man sich, dies mit dem Hinweis darauf zu erklären, dass der Industrialismus einen Ausbau der sozialen Gesetzgebung notwendig machte, dass der allgemeine Preisfall von 1870 an Zölle veranlasste usw. Aber bereits in dem Eigentumsbegriff des Liberalismus lag ein Widerspruch. Dies beruhte auf der Arbeitswertlehre, nach welcher ein jeder Recht auf den Ertrag aus seiner eigenen Arbeit hatte. Doch das Eigentumsrecht, das auf diese Weise motiviert werden konnte, entsprach nicht der herrschenden Eigentumsverteilung. Die Marxisten hatten daher die Möglichkeit, in ihrer Kritik des Eigentumsrechts von den eigenen Prämissen des wirtschaftlichen Liberalismus auszugehen. Gleichzeitig betonten die verschiedenen politischen Anschauungen, die auf das private Eigentumsrecht hielten, immer stärker dessen soziale Funktionen: »Eigentum verpflichtet».

Es war jedoch nicht nur die politische Auffassung, die verschoben wurde. Auch das Eigentumsrecht hat in gewisser Hinsicht seinen Charakter geändert. Bei einer grösseren Aktiengesellschaft hat in der Regel die Mehrzahl der Aktionäre weder Möglichkeit noch Lust, sich näher für die Leitung des Unternehmens zu interessieren, sondern diese liegt realiter in den Händen von Funktionären, die oft keinerlei Anteil an dem Unternehmen haben. Das Eigentumsrecht ist in diesem Falle »anonym» geworden.

Die Beschränkungen des Eigentumsrechts gehen in der Hauptsache nach vier verschiedenen Linien: Ausgedehntes Recht auf Expropriation, verschärfte Besteuerung, Inflation, sowie verstärkte öffentliche Regulierung.

Das Gesetz von 1917 über *Expropriation* befasst sich nur mit Grundeigentum und sieht volle Entschädigung vor. Eine Bestimmung, die in der Regel sehr generös gedeutet wird. Während des Krieges sind eine Reihe neuer Bestimmungen hinzugekommen in bezug auf öffentliches Verfügungsrecht, Beschränkung des privaten Verfügungsrechts u. dergl. Diese berücksichtigen auch bewegliches Eigentum, die Voraussetzungen für Enteignung sind oft allgemeiner formuliert als im Gesetz von 1917, die Entschädigung soll nur angemessen sein und von einer Verwaltungsbehörde bestimmt werden anstatt vom Gericht. Das Gesetz von 1917 geht davon aus, dass das Eigentumsrecht nicht nur von wirtschaftlichem Wert ist, sondern dass es ein Band zwischen dem Eigentümer und dem Eigentum geben kann, das nur zerrissen werden sollte, wenn ein wesentliches öffentliches Interesse es erforderlich macht.[1] In späteren Verordnungen ist diese Forderung etwas gemildert worden. Betrachten wir z. B. das allgemeine Verfügungsgesetz, so wird dort davon gesprochen, dass der Staat das Recht hat, über Güter zu verfügen, die wichtig sind für die Bevölkerung, die Produktion, die Verteidigung oder irgend einen anderen Zweck, der für die Allgemeinheit von Bedeutung ist. Die Regierung kann z. B. einem Unternehmer auferlegen, seine Fabrik entweder dem Staat zu übergeben, ihm das Nutzniessungsrecht zu überlassen oder eine bestimmte Ware zu fabrizieren. Auch wenn die Anwendung des Verfügungsgesetzes in der Praxis sehr begrenzt ist, ist diese Formulierung so allgemein gehalten, dass sie bei Bedarf dazu benutzt werden könnte, jede beliebige Sozialisierungsmassnahme durchzuführen. Dass dieses Gesetz beinahe vier Jahre nach dem Kriege noch nicht aufgehoben worden ist, ist durch die herrschende wirtschaftliche Lage motiviert. Gleichzeitig zeigt dies jedoch, dass die gegenwärtige Wirtschaftspolitik dazu neigt, Beschränkungen des Eigentumsrechts, die infolge der besonderen Verhältnisse während des Krieges eingeführt wurden, beizubehalten.

Das gewaltige Anwachsen der *Besteuerung* hat die Frage des Unterschieds zwischen Besteuerung und Konfiskation aktualisiert. Vom Standpunkt des Eigentumsrechts aus kann man vielleicht

---

[1] Mit diesem sog. ideellen Wert hat man im Wassergesetz Kap. 9, § 48 und im Bergwerksgesetz § 37 begründet, dass Entschädigung mit 50 % über den vollen Wert hinaus geleistet wird — eine Regel, die früher auch bei Expropriation galt. Im übrigen hat das Bergwerksgesetz von 1938 jedoch eine Einschränkung des Eigentumsrechts veranlasst dadurch, dass der Anteil der Grundeigentümer durch einen Anteil der Krone ersetzt worden ist.

sagen, dass die Konfiskation eine direkte Verletzung desselben, eine Aufhebung sei, während die Besteuerung nur eine Begrenzung des Nutzens herbeiführe, den man aus dem Eigentumsrecht ziehe. Aber schon die heutige hohe Erbschaftssteuer zeigt, dass diese Unterscheidung nicht konsequent durchgeführt werden kann.

Aus staatsrechtlichen Gesichtspunkten hat man in Schweden hervorgehoben, Aufgabe der Besteuerung wäre, die staatlichen Ausgaben für gemeinsame Bedürfnisse zu decken, während eine Steuer, die dazu nicht erforderlich ist, sondern nur einen Ausgleich der Einkommensverteilung beabsichtigt, nicht eine Besteuerung, sondern eine Konfiskation ist. Es ist jedoch nicht möglich, einen solchen Gedankengang praktisch durchzuführen.

Gegenwärtig überbalanziert der Staat sein Budget als Massnahme im Kampf gegen die Inflation. Dass dieser Überschuss für die Deckung der Ausgaben des Betriebsbudgets nicht erforderlich ist, bedeutet nicht, dass er keine Anwendung findet, da er zur Bestreitung von Kapitalausgaben gebraucht wird, die sonst durch Anleihen gedeckt werden müssten. Auch wenn der Budgetüberschuss auf mehrere Milliarden anwachsen sollte, könnte dies formell immer mit der Notwendigkeit der Amortisation der Staatsschulden motiviert werden. Die Annahme, dass die Urheber unseres Grundgesetzes unter Steuern nur solche Steuern verstanden, die zur Deckung von Betriebsausgaben im Gegensatz zu Kapitalausgaben erforderlich waren, ist unbillig, schon aus dem Grunde, weil diese Unterscheidung damals noch gar nicht aktuell war.

Will man versuchen, den Unterschied zwischen Besteuerung und Konfiskation zu erklären, muss man eher von der Steuerverteilung ausgehen. Es gehörte früher zu den Bestrebungen der Finanzwissenschaft, im Prinzip die Frage der gerechten Steuerverteilung zu lösen. Eine gerechte Steuerverteilung setzt eine gerechte Einkommensverteilung voraus. Ehe auf die Einkommensverteilung die Steuerverteilung angewendet werden konnte, die man für gerecht hielt, mussten also solche Einkommen weggesteuert werden, die als unberechtigt angesehen wurden. Welche dies waren, war natürlich eine politische Frage, aber für gewöhnlich wies man auf Kriegsgewinne, Gewinne aus Wertsteigerungen bei Grundeigentum sowie hin und wieder auf grosse Erbschaften hin. Die Besteuerung, die derartige Einkommen beseitigen sollte, bezeichnet man als konfiskatorisch. Konfiskatorische Besteuerung ist also ein für die Finanzwissenschaft wohlbekannter Begriff.

Für gewöhnlich wird die hohe Nachlassbesteuerung als eine Verletzung des Eigentumsrechts betrachtet. Dies ist auch ganz natürlich im Hinblick auf den hohen Steuersatz — Maximum 50 % —, wozu noch maximal 35 % Erbschaftssteuer kommen. Es ist jedoch nicht notwendig, anzunehmen, dass das Recht auf Privateigentum auch das volle Recht voraussetzt, dies Eigentum nach dem Tode des Eigentümers weiterzuführen. John Stuart Mill z. B. widersetzte sich einer progressiven Besteuerung, die man nun für selbstverständlich hält, da er diese als eine Bestrafung von Unternehmungslust, Fleiss und Sparsamkeit betrachtete. Dagegen, so meinte er, sollte man in der Absicht, dieselben Startmöglichkeiten für alle zu schaffen, die grossen Erbschaften durch eine hohe Erbschaftssteuer einziehen.

Als teilweise konfiskatorisch kann am ehesten die gegenwärtige Vermögensbesteuerung angesehen werden. Auf den Teil eines Vermögens, der 300 000 Kr. übersteigt, wird eine Steuer von 1,8 % gelegt, was zusammen mit der Einkommensteuer bedeuten kann, dass mehr als der Ertrag daraus an Steuern abgeht, so dass der Steuerpflichtige ein grösseres Einkommen behalten würde, wenn er auf diesen Teil seines Vermögens verzichtete.

In Schweden ist eine einmalige Steuer auf Vermögen diskutiert worden. Bereits der Name zeigt, dass man diese Steuer als einen Eingriff in das Eigentumsrecht betrachtet, der nur durch aussergewöhnliche Umstände motiviert werden kann. Ein Reichstag hat jedoch keine offizielle Möglichkeit zu verhindern, dass ein späterer Reichstag die Frage wieder aufnimmt. In Finnland haben wir zwei solcher »einmaligen» Steuern kurz hintereinander gehabt. Dass eine entsprechende Steuer nicht auch in Schweden eingeführt wurde, beruhte weniger auf prinzipiellen Bedenken als auf der unzuverlässigen Vermögensveranschlagung sowie darauf, dass das Einkommen aus grösseren Vermögen bereits so hart besteuert ist, dass es sich für den Staat kaum lohnt, diese Vermögen einzuziehen.

Ist es möglich, juristische Gesichtspunkte gegenüber einer *Inflation* anzulegen? Eine solche bedeutet eine Geldwertverschlechterung. Solche sind ebenso alt wie die Geschichte des Geldes. Aber erst mit der Einführung von Geldscheinen — die ersten Scheine in Europa wurden in Schweden 1661 herausgegeben — konnte eine Inflation in grösserem Stile durchgeführt werden. Populär kann gesagt werden, dass die Geldscheine die Anweisungen auf die im Lande vorhandene Warenmenge seien. Wird die Anzahl der Anweisungen vermehrt, sinkt ihr Wert auf dieselbe Weise wie Forderungsbeweise gegenüber einer Person an Wert verlieren können, wenn zu viele ausgestellt werden. Solange wir an der Goldwährung festhielten, war die Goldknappheit eine wenn auch nicht besonders starke Garantie dafür, dass auch der Geldbestand knapp gehalten würde. Seitdem man die Goldwährung verlassen hat, hat das Banksystem in der Tat unbegrenzte Möglichkeiten, Kaufkraft zu produzieren; entweder direkt für den Bedarf des Staates, indem dieser bei der Zentralbank leiht, oder — was augenblicklich für Schweden von grösserer Aktualität ist — um dem Wirtschaftsleben die Kaufkraft zu verschaffen, die es braucht, um Realinvestitionen und Lohnsteigerungen zu finanzieren. Die formellen Hindernisse in Form von Begrenzung des Notenausgaberechts u. ä., die gegen eine unbegrenzte Kreditexpansion errichtet werden können, erweisen sich in der Regel als wirkungslos, wenn sie am meisten gebraucht werden.

Die Leichtigkeit, mit der die Geldmenge vermehrt werden kann, bedeutet eine ständige Bedrohung des Wertes der Obligationen, Bankguthaben und übrigen Geldforderungen. Vom Standpunkte der tatsächlichen Rechtssicherheit aus wäre es daher äusserst wünschenswert, wenn man irgendeine Form von wertbeständigeren Forderungen schaffen könnte. Eine solche Form hatten wir früher in den Zinsen und Löhnen, die in natura, z. B. Getreide, bezahlt wurden oder deren Wert jedenfalls in natura festgesetzt war. Internationale Anleihen werden oft geschützt mit Hilfe einer sog. Goldklausel oder indem man sie in der Währung eines andern Landes, die man für sicherer hält, ausstellt. Theoretisch ist es natürlich auch möglich, eine Schuldverschreibung in dem

Geldwert eines bestimmten Jahres auszustellen und Kapital und Zinsen nach den Veränderungen im Lebenshaltungskostenindex zu korrigieren. Eine allgemeine Anwendung dieser Methode würde jedoch grosse Schwierigkeiten mit sich führen. In der gegenwärtigen Lage würde das z. B. bedeuten, dass Grundstücksbesitzer, die keine Kompensation für den Fall des Geldwertes erhalten haben, mit erhöhten Zinskosten belastet werden.

Die strukturelle Veränderung, die der Geldwert durchgemacht hat, seitdem er vom Golde freigemacht wurde, tritt auch in der Zinspolitik hervor. Solange der Goldmünzfuss herrschte, der freie Beweglichkeit des Kapitals innerhalb verschiedener Länder ermöglichte, war es einem Lande nicht möglich, einen beträchtlich niedrigeren Zinsfuss zu halten als die übrigen Länder, da das Kapital sich in einem solchen Falle nach dem Ausland gezogen hätte. Nun hat die Zentralbank z. B. durch den Kauf von Obligationen praktisch gesehen die Möglichkeit, einen beliebig niedrigen Zinsfuss zu halten — natürlich unter der Voraussetzung, dass sie die Folgen hiervon in Form einer gesteigerten Inflationsgefahr auf sich nehmen will. Während der zwanziger Jahre waren 5 % ein normaler Zins. Das Abgehen von der Goldwährung verursachte eine solche Zinssenkung, dass man den 5 %igen Zins kaum anderswo als in Gesetzbüchern und Rechenbüchern findet.

Es würde zu weit führen, näher auf diese Frage einzugehen. Zusammenfassend kann gesagt werden, dass das Eigentumsrecht Gefahr läuft, seinen reellen Inhalt zu verlieren, wenn auch der äussere Rahmen bestehen bleibt. Es ist offenbar, dass eine grosse Disproportion vorliegt zwischen der Arbeit, die qualifizierte Juristen anwenden, um z. B. den richtigen Schadensersatz zu berechnen, und den Verschiebungen im tatsächlichen Eigentumsrecht, die stattfinden können infolge einer Zinsänderung, einer Erhöhung der Besteuerung, einer Anspannung der Preiskontrolle, einem Ein- oder Ausfuhrverbot usw.

Man kann nicht von der Ansicht loskommen, dass z. B. das Verbot in § 16 der Verfassung gegen Eigentumsberaubung in einer solchen Lage unzulänglich wirkt — man siebt Mücken, aber verschluckt Kamele. Ein ausgedehnterer Schutz im Grundgesetz für die Rechte des Einzelnen würde jedoch — abgesehen davon, dass das Interesse dafür verschieden gross ist in den verschiedenen Parteien — auf grosse Schwierigkeiten stossen.

Der einzige Fall, wo man in Schweden die Frage der staatlichen Entschädigungspflicht bei wirtschaftspolitischen Massnahmen diskutiert hat, war im Zusammenhang mit der Errichtung von Staatsmonopolen. Als das Tabaksmonopol eingeführt wurde, wurde festgestellt, dass keine rechtliche Verpflichtung für den Staat vorlag, Unternehmern und Angestellten eine Entschädigung zu geben, dass aber natürlich billigerweise starke Gründe dafür sprachen. Dieselbe Auffassung wurde ausgesprochen, als andere Monopole wie Kaffee- und Ölmonopol zur Diskussion standen. Man kann sich aber nicht gut denken, dass der Staat diejenigen Verluste ersetzt, die aus einem Einfuhrverbot oder einer Senkung der Zinsen entstehen.

Dies veranlasst, dass die privaten Unternehmer in eine neue Lage kommen. Kann man davon ausgehen, dass ein guter Beschäftigungsgrad und steigende Preise auch in Zukunft das Normale bleiben, dann werden die rein privatwirtschaftlichen Risiken vielleicht geringer als früher, als die Konjunkturen häufiger wechselten. Stattdessen müssen die Unternehmer aber mit grösserer politischer Unsicherheit rechnen, ihr Einkommen wird abhängig von der Wirtschaftspolitik, die der Staat zu führen gedenkt, und sie müssen versuchen, die politische Konjunktur vorauszusehen. Je mehr die freie Preisbildung auf dem Warenmarkt, Lohnmarkt, Kreditmarkt usw. durch staatliche Planung ersetzt wird, von desto grösserer Bedeutung ist es, über die politische Macht zu verfügen und desto härter wird der politische Kampf.

Es ist natürlich nicht die Aufgabe des Juristen als solchen, einen Masstab an die Verschiebungen in der Rechtsordnung, die hier berührt wurden, anzulegen. Seine Aufgabe ist bescheidener, da sie nur die eines Technikers ist. Einige haben die Aufgabe, den neuen Bestimmungen gesetzliche Form zu geben, während andere — zuweilen nicht ohne grosse Mühe — das Resultat hiervon zu deuten versuchen.

Die Betonung eines Gesichtspunktes liegt jedoch für den Juristen nahe auf der Hand: Respekt vor dem Gesetz ist ein für einen Staat unumgänglich notwendiges Kapital, das verbraucht werden kann. Ein Durchschnittsbürger hält es für seine moralische Pflicht, dem Gesetz zu gehorchen, ungeachtet ob er es für vernünftig hält oder nicht. So ist es nicht immer gewesen, sondern es hat Zeiten gegeben, wo der persönliche Individualismus stärker war als heute, und es gibt Länder wie z. B. U. S. A., wo die staatlichen Gesetze und überhaupt die staatlichen Behörden und Funktionen mit weniger Respekt betrachtet werden als es in Schweden der Fall ist.

Aber das Kapital, das in dem Respekt vor der Rechtsordnung besteht, kann verschwendet werden. Es gibt Polizeiverordnungen wie z. B. das Verbot, nach Einbruch der Dunkelheit ohne Licht Rad zu fahren, von deren prinzipieller Richtigkeit man überzeugt sein kann, ohne sich deshalb minderwertig zu fühlen, wenn man einmal dagegen verstösst. Viele Menschen neigen heute dazu, die Rationierungsbestimmungen in derselben Weise zu klassifizieren oder sogar noch geringer einzuschätzen, da man mit Recht oder Unrecht ihre Notwendigkeit in Frage stellt. Noch mehr aufgelockert ist die Steuermoral. Die Besteuerung wird nun bewusst dazu benutzt, die Einkommens- und Eigentumsverteilung auszugleichen. Der Staat tritt als der edle Räuber Rinaldo Rinaldini auf, der von Reichen raubte und den Armen gab. Es ist nicht sehr wahrscheinlich, dass seine Opfer diese Form von Wohltätigkeit billigten. Ebensowenig kann man erwarten, dass diejenigen, die von konfiskatorischen Steuern betroffen werden, sich immer gerecht behandelt fühlen. Und man kann verstehen — auch wenn man es missbilligt —, dass die Steuerhinterziehung für viele eine natürliche Verteidigungsmassnahme zu sein scheint. Gesetze, die direkt darauf hinzielen, einer Bevölkerungsgruppe Eigentum zu entziehen zugunsten einer andern, verlieren leicht die Stütze, die in einem allgemeinen Rechtsbewusstsein liegt. Dies bedeutet eine Gefahr für den Staat, der jeder Jurist innerhalb seines Arbeitsgebietes versuchen muss entgegen zu wirken. Aber die Verantwortung liegt in letzter Hand bei denjenigen, die die politische Macht haben.

Die Selbstverwaltung auf dem Gebiete des Arbeitsmarktes

Von Professor Dr. *Folke Schmidt*

Ein für die modernen westlichen Demokratien gemeinsamer Zug ist die Selbstverwaltung auf dem Gebiete des Arbeitsmarktes. Arbeitgeber und Arbeitnehmer arbeiten über ihre Organisationen zusammen und regeln die Arbeitsbedingungen ohne Eingreifen der Staatsmacht. Die Verhältnisse sind in dieser Hinsicht im wesentlichen gleichartig in den skandinavischen Ländern, in England und in den Vereinigten Staaten. Trotz vieler Unterschiede in Tradition und sozialer Auffassung ist das Problem der Regelung des Arbeitsmarktes in allen diesen Ländern nach gleichen Grundsätzen gelöst.

Innerhalb des auf der freien Konkurrenz zwischen den einzelnen Individuen gegründeten liberalen Staatswesens gab es keine Selbstverwaltung auf dem Arbeitsmarkt, wenn man damit meint, dass die Arbeitsverhältnisse durch freie Abreden zwischen zwei gleichberechtigten Partnern geordnet werden. Zwar hatte man das patriarchalische System, nach welchem der Arbeitnehmer ein Diener seines Herrn war, fallen gelassen. Der Arbeitnehmer wurde als eine Person betrachtet, der es zustand, frei die Arbeitsbedingungen mit dem Arbeitgeber zu vereinbaren. Ohne Unterstützung einer fachlichen Vereinigung konnte jedoch der Arbeitnehmer auf die Gestaltung der Arbeitsbedingungen keinen Einfluss nehmen. Der Arbeitgeber als Unternehmensleiter bestimmte die Arbeitsbedingungen, denen der Arbeiter sich zu fügen hatte, wenn er nicht anderwärts Arbeit suchen wollte.

Das Aufkommen der Gewerkschaftsbewegung innerhalb der Arbeitnehmerschaft wurde von dem Staate mit Missbilligung betrachtet. Die führenden Männer der französischen Revolution hielten alle Zusammenschlüsse von Erwerbstätigen für unvereinbar mit der Idee der Freiheit. Durch ein Dekret vom Jahre 1791 verbot die französische gesetzgebende Versammlung jede Vereinigung von Mitbürgern, die dem gleichen Stand angehörten oder den gleichen Beruf ausübten. Erst durch ein Gesetz vom Jahre 1864 wurde der Arbeitnehmerschaft das Recht, Vereinigungen zu bilden, zuerkannt. In England galt nach dem Common Law Streik oder anderes organisiertes Zusammenwirken zwischen Arbeitnehmern als strafbare Verschwörung, ein Rechtsgrundsatz, der mit gewissen Änderungen bis zur Annahme des Trade Union Act im Jahre 1871 bestand. In den Vereinigten Staaten hatte die Gewerkschaftsbewegung mit einem starken Widerstand von seiten der Gerichte zu kämpfen, der erst durch das Zustandekommen des Norris—LaGuardia Act von 1932 gebrochen wurde. In Schweden hatten die Gewerkschaften eine relativ freie Stellung. Als Auswirkung einer gewerkschaftsfeindlichen Einstellung kann jedoch ein Gesetz vom 1899 bezeichnet werden; danach wurde der Versuch, jemand zur Teilnahme an einer Arbeitseinstellung zu zwingen oder an der Rückkehr zur Arbeit oder an der Annahme angebotener Arbeit zu hindern, unter Strafe gestellt.

Auch dem diktatorisch gelenkten Staat ist der Gedanke, den Parteien auf dem Arbeitsmarkt die selbständige Regelung der Arbeitsbedingungen zu überlassen, fremd. Der Nationalsozialismus zerschlug das vorher in Deutschland so starke Gewerkschaftswesen. Im Italien Mussolinis wurden die Gewerkschaften unter die direkte Kontrolle und Leitung des Staates gestellt. Bezeichnend ist, dass die oberste Leitung einer Gewerkschaft von der Regierung ausersehen werden sollte. Auch in Russland sind die Gewerkschaften ohne wirklichen Einfluss.

In Ländern mit ungebrochener demokratischer Tradition hat sich das Gewerkschaftswesen wie eine Volksbewegung entwickelt. Durch einen zähen Kampf mit den Arbeitgebern haben sich die Gewerkschaften schliesslich immer grösseren Einfluss erkämpft. Die Kampfmittel waren stets Streik, Blockade und andere wirtschaftliche Kampfmassnahmen. Die erste Aufgabe war, die Anerkennung des Vereinigungsrechtes seitens der Arbeitgeber zu gewinnen. Der Arbeitgeber sollte nicht bei der Wahl von Arbeitern die in der Gewerkschaft organisierten übergehen. Der nächste Schritt war, mit dem Arbeitgeber über die Arbeitsbedingungen zu verhandeln. Das Resultat dieser Verhandlungen erhielt die Form von direkten Vereinbarungen mit den Gewerkschaften. Ursprünglich hatten die Kollektivabreden den Charakter von Friedensdokumenten. Die Arbeiter versprachen, die Kampfmassnahmen einzustellen und wieder an die Arbeit zu gehen unter der Voraussetzung, dass der Arbeitgeber gewisse Arbeitsbedingungen einhielt.

Die feindliche Einstellung der Staatsmacht gegen das Gewerkschaftswesen der Arbeiter verwandelte sich allmählich in eine wohlwollende Neutralität. Bisweilen konnten die Gewerkschaftsleiter in ihren Organisationsbestrebungen mit einer direkten Unterstützung von seiten der Machthabenden rechnen. Der englische Trade Union Act vom Jahre 1871, der später durch eine Reihe anderer Gesetze ergänzt wurde, bedeutete, dass die Gewerkschaften mit rechtlichen Ansprüchen wegen ihrer Tätigkeit auf dem Arbeitsmarkt nicht mehr angegriffen werden konnten. Die Folge hiervon war, dass auch der Kollektivvertrag nicht mehr als rechtlich bindend betrachtet werden konnte. Der amerikanische Norris—LaGuardia Act vom Jahre 1932 beschränkte die Befugnis der föderalen Gerichte, durch Verbote, sogenannte injunctions, gegen verschiedene Formen der Gewerkschaftstätigkeit in Arbeitskonflikte einzugreifen. Durch den Wagner Act von 1935 wurden die Gewerkschaften eine von der Staatsmacht begünstigte Institution. Der umstrittene Taft Hartley Act von 1947 bedeutete einen gewissen Rückschlag. Die Absicht war, laut den Befürwortern des Gesetzentwurfs, das Gleichgewicht zwischen Arbeitgebern und Arbeitern wiederherzustellen. Von Schweden ist zu bemerken, dass die Spezialgesetzgebung von 1899 betreffend Strafbarkeit des Versuchs, jemand zur Teilnahme an einer Arbeitsniederlegung zu zwingen, 1914 geändert wurde. Als das Gesetz 1938 schliesslich aufgehoben wurde, hatte es schon lange aufgehört, praktische Bedeutung zu haben. Durch Gesetz vom Jahre 1936 wurde das Vereinigungsrecht geschützt, ein Gesetzgebungsakt, der praktische Bedeutung vor allem für die Angestellten hatte, die zu jener Zeit mit dem Ausbau ihrer Fachorganisationen noch sehr im Rückstand waren.

Der Arbeitsmarkt kann nicht gänzlich ohne staatliche Aufsicht bleiben. Die Gesetzgebung muss stets den Rahmen angeben, innerhalb dessen die fachlichen Organisationen ihre Selbstverwaltung ausüben dürfen. Jedes Land muss die Lösung suchen, die durch geschichtliche Tradition sowie durch politische und soziale Bewertungsmasstäbe bedingt ist. Meine Aufgabe soll sein, darzustellen, welche Lösung dieses Problem in Schweden gefunden hat. Die Wirksamkeit des Staates erstreckt sich auf drei Gebiete, nämlich erstens: unparteiische Mittler in Arbeitskonflikten zur Verfügung zu stellen; zweitens: die Rechtswirkungen der Tarifverträge zu regeln und zu bestimmen, in welchem Umfang wirtschaftliche Kampfmassnahmen als zulässig angesehen werden sollen, und drittens: den Arbeitnehmern einen gewissen Mindeststandard zu sichern.

Die erste gesetzliche Massnahme zur Regelung der Tätigkeit der Fachorganisationen war in Schweden eine Gesetzgebung über Schlichtung von Arbeitsstreitigkeiten. Das erste Gesetz erging 1906. Heute gilt das Gesetz vom Jahre 1920 über Schlichtung von Arbeitsstreitigkeiten. Der Staat bestellt besondere Mittler für Arbeitsstreitigkeiten, sogenannte Schlichter. Ursprünglich hatten die Schlichter sich auch mit Streitigkeiten zu befassen, bei denen es sich um Verstösse gegen den Tarifvertrag oder um unerlaubte Kampfmassnahmen während der Geltungsdauer eines Tarifvertrages handelte. Jetzt geht die Tätigkeit des Schlichters praktisch gesehen nur darauf, bei Verhandlungen über den Abschluss eines Tarifvertrages zu vermitteln. Die Verhandlungen, die vom Schlichter anberaumt werden, haben in erster Linie den Zweck, eine Verständigung zwischen den Parteien in Übereinstimmung mit den von diesen im Lauf der Verhandlungen gemachten Angeboten und Vorschlägen zuwege zu bringen. Die Schlichtung von Arbeitsstreitigkeiten beruht gänzlich auf dem Willen der Parteien zur Verständigung. Der Schlichter kann die Parteien nicht zu einem

Übereinkommen zwingen. Er kann nur anheimstellen, entgegenzukommen oder nachzugeben, oder er kann Vorschläge zur Lösung der Streitfragen machen. Der Schlichter ist somit kein Schiedsrichter. Es steht den Parteien frei, seine Vorschläge zu verwerfen und zu Kampfmassnahmen zu greifen. Es kann nicht einmal die Rede davon sein zu versuchen, auf dem Wege der Überredung die Parteien zu bewegen, eine bestimmte, vom Standpunkt der Allgemeinheit wünschenswerte Lohnpolitik zu verfolgen. Vom Standpunkt des Schlichters ist es gleichgültig, welchen Inhalt der Tarifvertrag erhält; er hat nur darauf hinzuwirken, dass ein Abschluss auf friedlichem Wege erfolgt.

Was die rechtliche Wirkung des Tarifvertrages angeht, hat Schweden einen Weg gewählt, der im Gegensatz zu dem Englands steht. Nach englischem Recht ist der Kollektivvertrag nur ein Friedensdokument von rein tatsächlicher Bedeutung: ein gentlemen's agreement. Nach schwedischem Recht wie auch nach nordischem Recht überhaupt ist der Tarifvertrag als ein rechtlich verbindlicher Vertrag anzusehen. Aufgabe des Gesetzgebers war es, näher zu bestimmen, welche Rechtswirkungen diesem besonderen Vertragstyp zukommen sollten. 1928 erging das bis heute geltende Gesetz über Tarifverträge. Gleichzeitig wurde ein für das ganze Land gemeinschaftliches Arbeitsgericht eingerichtet. Der Zweck war, zu sachkundigen und schnellen Entscheidungen in Streitigkeiten über Tarifverträge zu kommen.

Die rechtliche Konstruktion des Tarifvertrages war sehr umstritten. So ist die Ansicht vertreten worden, dass die Fachvereinigung ein Vertreter der einzelnen Arbeitnehmer sei. Die Rechtswirkungen würden dann nach allgemeinen Vollmachtsregeln zu beurteilen sein. Der Tarifvertrag würde die Mitglieder, aber nicht den Verband verpflichten. Gedankengänge dieser Art (Vertretungstheorie) kann man im modernen amerikanischen Recht während der Zeit vor Annahme des Taft Hartley Acts 1947 finden.

Ein anderer Ausweg ist, den Tarifvertrag als gleichwertig mit anderen Rechtshandlungen, die von einer juristischen Person vorgenommen werden, zu betrachten (Verbandstheorie). Der Tarifvertrag bindet die Gewerkschaft, dagegen nicht deren Mitglieder. Auf diesem Gedankengang beruhte die deutsche Tarifvertragsverordnung, welche in den Jahren 1918 bis 1934 galt. Die Verbandstheorie wurde jedoch in der Richtung modifiziert, dass den Bestimmungen des Tarifvertrages über die Arbeitsbedingungen Normativcharakter beigelegt wurde, was bedeutete, dass sie mit zwingender Wirkung über die Arbeitsverträge der Mitglieder bestimmten. Die nach dem Taft Hartley Act geltenden Grundsätze entsprechen denen der Verbandstheorie. Nach diesem Gesetz darf ein Arbeiter nicht deswegen, weil er die Ausführung bestimmter Arbeit verweigert oder seinen Arbeitsplatz verlässt, Zwangsmassnahmen ausgesetzt werden. Zum Beispiel kann Schadensersatzanspruch wegen Bruch des Tarifvertrages oder wegen der Ergreifung unzulässiger Kampfmassnahmen nicht gegen den einzelnen Arbeiter gerichtet werden.

Das schwedische Tarifvertragsgesetz folgt einer kombinierenden Linie. Der Tarifvertrag verpflichtet sowohl die Gewerkschaft wie auch deren einzelne Mitglieder (Kombinationstheorie).

Die Wahl zwischen diesen verschiedenen Alternativen wird teilweise von politischen Erwägungen bestimmt. Dass der amerikanische Taft Hartley Act dem Verbandsprinzip folgt, hängt damit zusammen, dass man den einzelnen Arbeiter unabhängig von der Gewerkschaft machen wollte. Die Absicht war in erster Linie, die Stellung der Gewerkschaften zu schwächen. Der schwedischen Lösung hinwiederum dürfte die Überlegung zugrunde liegen, dass die Achtung vor dem Tarifvertrag nicht durch eine Sonderaktion einzelner Gewerkschaftsmitglieder erschüttert werden dürfe. Auch die einzelnen Arbeiter sollen daher für unerlaubte Kampfmassnahmen verantwortlich sein.

Das schwedische Tarifvertragsgesetz enthält besondere Bestimmungen betreffend die Verantwortlichkeit für einen Vertragsbruch oder einen Verstoss gegen das Gesetz. Als ein allgemeines Prinzip gilt, dass Bruch des Tarifvertrages oder Verstoss gegen das Tarifvertragsgesetz nicht mit Geldstrafen oder anderen strafrechtlichen Folgen verknüpft sind. Die gewöhnliche Folge ist Schadensersatzpflicht. Das Tarifvertragsgesetz bestimmt die Schadensersatzpflicht nach anderen Regeln als sonst im Schuldrecht gelten. Der Schadensersatz ist nicht begrenzt auf wirtschaftlichen Schaden, sondern Ersatz kann auch zugebilligt werden für ein ideelles Interesse, zum Beispiel das Interesse der Partei an der Aufrechterhaltung des Vertrages. Es steht dem Arbeitsgericht frei, den Schadensersatz auf einen Betrag festzusetzen, der geringer ist als dem erlittenen Schaden entspricht. Dabei hat das Gericht Rücksicht zu nehmen auf Geringfügigkeit der Schuld des Schadensstifters, Verhalten des Geschädigten bei der Entstehung des Streites und Höhe des Schadens. Allgemeiner Grundsatz ist weiter, dass der einzelne Arbeitnehmer nicht zu höherem Schadensersatz als zweihundert Kronen verurteilt werden darf. Die Möglichkeiten, den Schadensersatz herabzusetzen, sind in der Praxis fleissig benutzt worden. So hat das Arbeitsgericht bei Schadensersatzklagen gegen einzelne Arbeiter darauf Rücksicht genommen, ob der Arbeiter jung und unerfahren war oder ob der Arbeitgeber unbeherrscht aufgetreten ist oder sich geweigert hat, auf Verhandlungen über den Streit einzugehen.

Der Grundsatz, dass der Schadensersatz wegen der geringfügigen Schuld des Schadensstifters ermässigt werden kann, bedingte, dass man auch in einem anderen Punkt von den gewöhnlichen Schadensersatzregeln abweichen musste. Man kann nicht den Grundsatz anwenden, dass mehrere Schadensstifter, die gemeinsam einen Schaden verursacht haben, im Verhältnis zum Geschädigten diesem solidarisch für den Schaden haften sollen, denn nach dieser Regel kann man ja nicht im voraus beurteilen, was schliesslich auf jeden einzelnen der mehreren Schadensstifter entfallen wird. Das Gericht muss daher die Schadensersatzpflicht zwischen den Haftenden im Verhältnis zur Schuld eines jeden am Schaden verteilen.

Der wichtigste Punkt im Tarifvertragsgesetz ist die Friedenspflicht während der Vertragsdauer. Das Gesetz verbietet den Parteien, während der Zeit der Gültigkeit des Vertrages Lockout oder Streik, Blockade, Boykott oder andere Kampfmassnahmen dieser Art zu ergreifen. Die Friedenspflicht ist jedoch keine absolute. Das Tarifvertragsgesetz greift gegen Sympathiemassnahmen nur dann ein, wenn jemand unterstützt wird, der unerlaubte Kampfmassnahmen durchführt. Ein Sympathiestreik oder ein Sympathielockout ist somit zulässig, auch wenn der, der zu Sympathiemassnahmen greift, durch einen laufenden Tarifvertrag gebunden ist. Anlass dazu, dass das Gesetz den Parteien freigelassen hat, ihren Vertrag durch eine Sympathiemassnahme zu brechen, war die Einstellung bei den Parteien des Arbeitsmarktes. Die organisierten Arbeitgeber hatten ein besonderes Interesse daran, Handlungsfreiheit zu haben, da sie den Sympathielockout als ihre wichtigste Waffe im Arbeitskampf betrachteten.

Weiter ist zu beachten, dass die Friedenspflicht nicht gilt bei Streit um eine Frage, die man im Tarifvertrag ungeregelt gelassen hat. Haben die Parteien in einem Tarifvertrag die Frage, welche Lohnsätze für gewisse Arbeitsaufgaben gelten sollen, offen gelassen, steht es jeder Seite frei, Kampfmassnahmen zu ergreifen, um die Gegenseite zum Nachgeben zu zwingen. Dieser Umstand hängt damit zusammen, dass das schwedische Recht keinen Weg anweist, wie die Parteien den Inhalt des Vertrages gestalten sollen. Ein Verbot gegen Kampfmassnahmen in diesem Falle würde voraussetzen, dass man einem staatlichen Organ überträgt, über die Entlohnungsbedingungen zu bestimmen.

In mehreren Ländern hat man durch Gesetzgebung genau geregelt, welche Arten von Kampfmassnahmen bei einem Konflikt zulässig sein sollen. Man hat zum Beispiel verboten, dass in gewissen Formen Druck (intimidation) ausgeübt wird oder dass eine Kampfmassnahme gegen eine Person, die ausserhalb des Konfliktes steht, gerichtet wird. Der amerikanische Taft Hartley Act enthält eingehende Bestimmungen dieser Art. In Schweden fehlt es jedoch praktisch an einer Gesetzgebung auf diesem Gebiet. Wie ich später anführen werde, ist diese Frage statt dessen von den Partnern selbst durch das sogenannte Generalabkommen vom Jahre 1938 geregelt; dabei handelt es sich um eine Abmachung zwischen der schwedischen Landesorganisation, dem zentralen Verband aller schwedischen Gewerkschaften, und dem Schwedischen Arbeitgeberverband.

Nach der modernen Auffassung vom Gemeinwesen hat der Staat die Schuldigkeit, den Mitbürgern einen gewissen Mindeststandard zu sichern, auch hinsichtlich der Arbeitsverhältnisse.

Deutschland ist in dieser Hinsicht führend gewesen, besonders auf dem Gebiet der Sozialversicherung. Hier haben wir das dritte Gebiet für das Eingreifen des Staates. In Schweden gingen die ersten Massnahmen dahin, den Arbeitern Schutz gegen Unfall und Gesundheitsgefährdung bei der Arbeit zu sichern. Auf den übrigen Gebieten ging die Entwicklung langsamer. Es dauerte bis 1916, ehe wir eine obligatorische Unfallversicherung bekamen. Nach dem ersten Weltkrieg wurde die Frage nach Begrenzung der Arbeitszeit akut und in der Industrie wurde im Jahre 1918 der Achtstundentag durchgeführt. Seitdem nach den Wahlen 1932 die Sozialdemokratische Arbeiterpartei die herrschende politische Partei geworden ist, hat sich der Takt der Reformarbeit beschleunigt. Das Sozialversicherungswesen ist ausgebaut worden, und die Arbeitszeitregelung ist auf praktisch alle Arbeitsgebiete ausgedehnt worden. Die Entwicklung in Schweden war gekennzeichnet von einem intimen Zusammenarbeiten zwischen dem fachlichen Hauptorgan der Arbeiterbewegung, der Landesorganisation, und deren politischem Hauptorgan, der Sozialdemokratischen Arbeiterpartei. Konnten die Arbeiterführer ein Ziel nicht auf fachlichem Wege erreichen, suchte man Stütze beim Gesetzgeber. Ein Exempel hierfür ist die gesetzliche Regelung der Urlaubszeit. Die Tarifverträge galten in Schweden von jeher vor allem der Höhe des Lohns und der Akkordsätze, und die Frage nach einem bezahlten Urlaub trat daher zurück. Es erwies sich als leichter, auf dem Wege der Gesetzgebung zum Ziele zu kommen. 1938 wurde das erste Gesetz betreffend Urlaub eingeführt, welches nun durch das Urlaubsgesetz vom Jahre 1945 abgelöst ist. Nach dem Urlaubsgesetz hat jeder Arbeitnehmer Anspruch auf einen Tag Urlaub für jeden Monat, während dessen er mindestens sechzehn Tage gearbeitet hat. Der Arbeitnehmer, der ein Jahr hindurch volle Beschäftigung gehabt hat, erhält daher im nächsten Jahr zwölf Arbeitstage Urlaub mit vollem Lohn.

Ich habe in kurzen Zügen den allgemeinen rechtlichen Rahmen gezeichnet. Ein weitgestrecktes Gebiet ist der Selbstverwaltung der Partner des Arbeitsmarktes überlassen. Die Gesetzgebung in Schweden hat nicht die Löhne geregelt, sondern die Festsetzung der Löhne beruht gänzlich auf freiem Übereinkommen. Den Parteien steht es frei, zu wirtschaftlichen Kampfmassnahmen zu greifen, wenn es gilt, einen neuen Tarifvertrag aufzustellen. Es steht nichts im Wege, Kampfmassnahmen auch gegen einen Dritten, der nicht am Konflikt beteiligt ist, zu richten. Die Gesetzgebung berührt auch nicht die Arbeitsleitung oder die Unternehmensleitung. Das schwedische Recht baut hier nach wie vor auf dem liberalen Prinzip, dass der Arbeitgeber allein über sein Unternehmen bestimmt und dass er das Recht hat, Arbeiter nach freiem Ermessen zu beurlauben und zu entlassen. Ich will versuchen darzustellen, wie die Partner des Arbeitsmarktes ihr weitreichendes Recht zur Selbstverwaltung ausgeübt haben. Erst mögen jedoch einige Angaben über die auf dem schwedischen Arbeitsmarkt wirksamen Organisationen eingeflochten werden.

Schweden hat ein reich entwickeltes Organisationswesen. Nicht ohne Grund spricht man vom »Organisations-Schweden». Die schwedische Landesorganisation, die ein Zusammenschluss der Arbeiter-Gewerkschaften für ganz Schweden ist, hat ungefähr 1.100.00 Mitglieder. Daneben stehen die Angestellten-Verbände, zusammengeschlossen in der Centralorganisation der Angestellten, die ungefähr 200.000 Mitglieder rechnet. Legt man hierzu gewisse freistehende Organisationen, kommt die Zahl der organisierten Arbeitnehmer auf ungefähr anderthalb Millionen. Dies bedeutet, da Schweden eine Bevölkerung von etwa sieben Millionen hat, dass nahezu jeder vierte Schwede ein organisierter Arbeitnehmer ist. Wahrscheinlich gibt es kein anderes Land, in dem die Arbeitnehmer-Organisationen eine entsprechende Ausdehnung haben. Auch auf Seiten der Arbeitgeber ist das Organisationswesen gut entwickelt. Der Hauptteil der industriellen Arbeitgeber ist im Schwedischen Arbeitgeber-Verband organisiert, der einen Zusammenschluss einer Reihe von Branchenverbänden darstellt. Die im Schwedischen Arbeitgeber-Verband organisierten Arbeitgeber beschäftigen etwa 500.000 Arbeitnehmer. Ausser dem Schwedischen Arbeitgeber-Verband gibt es gewisse selbständige Arbeitgeberverbände, wie Schwedens Reederverband und die Vereinigung landwirtschaftlicher Arbeitgeber Schwedens. Nur eine geringe Anzahl grösserer privater Arbeitgeber hat vorgezogen, ausserhalb der Arbeitgeberorganisationen zu bleiben.

Für die Mehrzahl der Arbeitsgebiete, in denen die Arbeitnehmer organisiert sind, ist der Tarifvertrag die übliche Form für die Regelung der Arbeitsbedingungen geworden. Einzelverträge kommen in der Hauptsache nur für die höher qualifizierten Angestellten vor. Innerhalb der staatlichen und kommunalen Verwaltung kommen jedoch öffentlichrechtliche Anstellungsformen zur Anwendung. Handarbeiter bei den staatlichen und kommunalen Werken haben allerdings Tarifverträge nach dem Muster, welches für sonstige Arbeiter gilt.

Schweden ist nicht von offenen Konflikten auf dem Arbeitsmarkt verschont geblieben. Seit ungefähr 1935 ist die Entwicklung jedoch ruhig verlaufen. Zum Teil beruht dies darauf, dass Schweden von einer anhaltenden Hochkonjunktur begünstigt war, nur für einige Jahre durch die Schwierigkeiten unterbrochen, welche durch die Absperrung im letzten Weltkrieg veranlasst waren. Die Schwierigkeiten der Kriegsjahre wurden teilweise durch Zusammenarbeit zwischen den Hauptorganisationen auf dem Arbeitsmarkt gelöst. Die Landesorganisation und der Schwedische Arbeitgeber-Verband trafen Vereinbarungen über gewisse Krisenzuschläge, die einen Ausgleich für die steigenden Lebenshaltungskosten bezweckten. Diese Vereinbarungen wurden normgebend für die verschiedenen Tarifverträge. In der Zeit gleich nach dem zweiten Weltkrieg kamen wieder einige Arbeitskonflikte vor, die zu offenem Kampf führten. So hatten wir 1946 einen langdauernden Streik der Metallarbeiter-Gewerkschaft, der die gesamte eisenverarbeitende Industrie lahmlegte. Jetzt sind ruhigere Zeiten auf dem Arbeitsmarkt eingetreten. In der gegenwärtigen Lage mit Warenknappheit und Tendenzen zu Preissteigerungen zeigt die Gewerkschaftsleitung aus eigenem Antrieb eine starke Zurückhaltung in Lohnfragen in der Erkenntnis, dass eine Lohnerhöhung neue Preissteigerungen mit sich führen würde, die am schwersten die Lohnempfänger träfen. Als ein Glied in dem Streben nach einer allgemeinen Stabilisierung richtete die Landesorganisation im Herbst 1948 an die einzelnen Gewerkschaften eine Mahnung, die geltenden Verträge zu unveränderten Bedingungen zu prolongieren. Dieser Parole sind die Gewerkschaften auch gefolgt. Der Arbeitsfrieden war damit für 1949 gesichert.

Die Zusammenarbeit zwischen den Partnern des Arbeitsmarktes hat sich auf immer weitere Gebiete erstreckt. Das Motiv war teilweise der beiderseitige Wunsch bei Arbeigebern und Gewerkschaftlern, Eingriffe des Staates zu vermeiden, welche dahin führen könnten, dass die Organisationen ihrer Handlungsfreiheit beraubt würden. Ein beachtenswertes Dokument ist das Hauptabkommen vom Jahre 1938. Das Hauptabkommen enthält eine Anzahl Bestimmungen, welche die Anwendung von wirtschaftlichen Kampfmassnahmen begrenzen. In erster Linie bezwecken diese zu verhindern, dass ein unbeteiligter Dritter in den Konflikt hineingezogen wird. Zu wesentlichen Teilen sind die einzelnen Kapitel des Hauptabkommens über die Begrenzung von wirtschaftlichen Kampfmassnahmen einem Gesetzentwurf entnommen, der 1936 dem Reichstag vorgelegt war, aber aus verschiedenen Anlässen nicht angenommen wurde. Das Hauptabkommen regelt auch das Verfahren, wenn Arbeiter entlassen werden oder mit der Arbeit aussetzen sollen, und modifiziert das Recht des Arbeitgebers, in diesen Fragen allein zu bestimmen. Der Arbeitgeber verpflichtet sich, Verhandlungen mit der Gewerkschaft aufzunehmen, wenn Arbeiter entlassen werden oder beurlaubt werden sollen. Können die Parteien zu keiner Einigung kommen, kann die Streitfrage an einen besonderen Ausschuss verwiesen werden, eine zentrale Institution, deren Mitglieder je zur Hälfte vom Schwedischen Arbeitgeber-Verband und der Landesorganisation ausersehen sind. Der Ausschuss ist nicht befugt, Entscheidungen mit rechtlich bindender Wirkung zu treffen. Sein Beschluss ist nicht mit einem Schiedsurteil zu vergleichen. Der von der Mehrzahl im Ausschuss gebilligte Beschluss soll den beteiligten Organisationen in Form einer Empfehlung für die Lösung der Streitfrage mitgeteilt werden.

Von grosser Bedeutung ist das Abkommen zwischen dem Schwedischen Arbeitgeber-Verband und der Landesorganisation vom Jahre 1946 über Betriebsausschüsse, das bezweckt, den Arbeitern einen erweiterten Einfluss auf die Führung des einzelnen Unternehmens zu geben, um so industrielle Demokratie durchzuführen. Vorbilder fand man in erster Linie in den englischen Produktionskomitees vom zweiten Weltkrieg, aber auch in der Betriebsräte-Gesetzgebung in Deutschland und Österreich aus der Zeit gleich nach dem ersten Weltkrieg. Auch auf diesem Gebiet waren die Beteiligten der Ansicht, dass der Weg der Vereinbarung einer gesetzlichen Regelung vorzuziehen sei. Die Gewerkschaftsführer haben hervorgehoben, dass die Arbeiter auf den Arbeitsplätzen nicht reif seien, unmittelbar neue Aufgaben zu übernehmen, sondern dass dazu Schulung und Erfahrung erforderlich seien. Es ist besser, dass die wirtschaftliche Demokratie allmählich unter Zusammenarbeit mit dem Arbeitgeber heranwächst, als dass sie durch einen Gesetzgebungsakt erzwungen wird. Das Abkommen über die Betriebsausschüsse setzt nicht voraus, dass die Veränderungen an einem bestimmten Tag durchgeführt sein sollen, sondern lässt eine Anpassung an die Verhältnisse in jedem einzelnen Fall zu. Der Betriebsausschuss stellt ein Organ für gemeinsame Beratung und Information dar und hat kein Beschlussrecht. Der Zweck ist in erster Hand, durch eine Zusammenarbeit die Produktion des Unternehmens zu erhöhen. Weiter hat der Betriebsausschuss auch Fragen betreffend verstärkte Garantie für die Aufrechterhaltung und Sicherheit des Arbeitsverhältnisses, Unfallschutz, Gesundheitsfürsorge und Massnahmen zur Erhöhung der Arbeitsfreude zu behandeln. Das Abkommen über Betriebsausschüsse enthält Vorschriften über gemeinsame Überlegungen, falls Arbeiter entlassen werden sollen oder aussetzen müssen; diese sollen die einschlägigen Bestimmungen des Hauptabkommens ersetzen. Der Betriebsausschuss soll nicht an die Stelle der normalen fachlichen Organe treten. Das Abkommen besagt ausdrücklich, dass der Betriebsausschuss nicht befugt ist, sich mit Differenzen zu befassen, die die Eingehung, Verlängerung, Kündigung, Auslegung oder Anwendung eines Kollektivvertrags betreffen oder überhaupt solche Streitigkeiten über die Regelung der Arbeitsbedingungen angehen, die normalerweise in den Tätigkeitsbereich der fachlichen Organisationen fallen. Die Einrichtung der Betriebsausschüsse ist im Aufbau begriffen. Es bleibt abzuwarten, inwieweit die Arbeiter auf diesem Wege ein

Mitbestimmungsrecht bei der Führung der Unternehmen gewinnen können.

Das schwedische System bedeutet, dass den Parteien eine erhebliche Freiheit gelassen ist, ihre Beziehungen zueinander selbst zu regeln. Am wichtigsten ist, dass die Parteien frei sind in der Festsetzung der Löhne. Die Eingriffe in den Arbeitsmarkt sind in Schweden geringer gewesen als in anderen demokratischen Ländern. So hat man in den Vereinigten Staaten seit 1938 im Fair Labor Standards Act ein allgemeines Gesetz über Mindestlöhne, welches praktische Bedeutung vor allem innerhalb der Gebiete hat, auf denen die Gewerkschaftsbewegung sich noch nicht durchgesetzt hat. In England hat man sogenannte Wages Councils, staatliche Lohnausschüsse, welche die Befugnis haben, Mindestlöhne für niedrig bezahlte Tätigkeiten festzusetzen. Massnahmen dieser Art sind in Schweden, wo das Organisationswesen nahezu alle Arbeitsgebiete umfasst, nicht nötig gewesen. In mehreren anderen Ländern hat man ein besonderes Eingreifen im Fall drohender Grosskonflikte als erforderlich angesehen. So hat in Dänemark der Reichstag von Fall zu Fall durch Schiedsgerichtsgesetze bei verschiedenen Gelegenheiten drohende Grosskonflikte zwangsweise zur Lösung gebracht. In den Vereinigten Staaten gilt nach dem Taft Hartley Act, dass der Präsident zum Eingreifen befugt ist und die Anwendung von Kampfmassnahmen temporär verbieten kann, wenn es sich um Konflikte handelt, die eine ganze Industrie angehen oder einen wesentlichen Teil einer Industrie oder von Gefahr für die Allgemeinheit sind.

Die herrschende schwedische Auffassung war in den Entwicklungsjahren der Gewerkschaftsbewegung ausgesprochen liberal. Die Staatsmacht betrachtete die offenen Konflikte auf dem Arbeitsmarkt als einen Streit zwischen zwei kämpfenden Gruppen, der die übrigen Staatsbürger nicht direkt anging. Als die Arbeiter im Jahre 1909 als Antwort auf eine drohende Massenaussperrung zum Generalstreik schritten, spielte sich dieser Streit ohne irgendwelches Eingreifen von seiten des Staates ab. Das wirtschaftliche Bild hat sich jedoch während der letzten Jahre geändert. Seitdem es dahin gekommen ist, dass das Organisationswesen nahezu sämtliche Lohnempfänger umfasst, dürfte eine Kraftprobe in Form eines Generalstreiks einen ganz anderen Charakter bekommen, als es 1909 der Fall war. Auch aus anderen Ursachen hat sich die Ansicht über offene Konflikte auf dem Arbeitsmarkt geändert. Mit dem gegenwärtigen System der Wirtschaftslenkung ist auch die Lohnpolitik ein Glied der Staatspolitik geworden. Besonders die Preispolitik setzt eine gewisse Relation zwischen der Erhöhung der Löhne und der Steigerung der Produktionsresultate voraus. Eine Forderung nach wirtschaftlichem Ausgleich zwischen den verschiedenen Bevölkerungsgruppen hat sich gleichfalls geltend gemacht. Die verschiedenen Interessentengruppen bewachen einander. Man ist nicht geneigt zuzulassen, dass eine Interessentengruppe sich mit Hilfe ihrer Organisation erheblich grössere wirtschaftliche Vorteile verschafft als den übrigen Gruppen zufallen.

Das schwedische System mit vollständiger Freiheit in der Lohnfestsetzung setzt ein starkes Gefühl von Verantwortlichkeit gegenüber der Allgemeinheit bei denen voraus, die die Organisationen innerhalb des Arbeitsmarktes leiten. Die Gewerkschaftsleitung wird vor die Aufgabe gestellt, ihre Lohnforderungen der allgemeinen wirtschaftlichen Politik anzupassen. Insoweit die Leitung einer solchen Linie folgt, kann sie allerdings nicht vermeiden, in ein gewisses Gegensatzverhältnis zu solchen Gewerkschaftsmitgliedern zu kommen, welche die Macht der Organisation ausnutzen wollen. Die wirtschaftliche Demokratie auf dem Arbeitsplatz kann Gegensätze zwischen den Führern und Mitgliedern der Gewerkschaft herbeiführen. Die Gewerkschaftsführer haben nach zwei Fronten zu kämpfen. Gegenüber dem Unternehmer soll er für die Forderung nach erweitertem Mitbestimmungsrecht in verschiedenen Angelegenheiten eintreten. Gegenüber den Mitgliedern hat er die Aufgabe, die Massnahmen, die im Interesse des Unternehmens ergriffen werden, zu motivieren und zu verteidigen. Eine wesentliche Voraussetzung dafür, dass das schwedische System fortbestehen kann, ist, dass die Gewerkschaftsmitglieder ihr Vertrauen zu ihren Führern bewahren. Diese Frage steht in engem Zusammenhang mit dem Problem der Rekrutierung der Gewerkschaftsleitung. Die freien demokratischen Formen auf dem Arbeitsmarkt beruhen letzten Endes auf einer Demokratie innerhalb der Gewerkschaftsbewegung.

Literatur:

Bergström, Svante, Kollektivavtalslagen, 2. Aufl., 1948.

Fackföreningsrörelsen och näringslivet, Landsorganisationens 15-mannakommitté, 1941.

Robbins, James J., The government of labor relations in Sweden, 1942.

Schmidt, Folke und Heineman, Henry, Enforcement of collective bargaining agreements in Swedish law, The University of Chicago Law Review 1947, S. 184—199.

Schmidt, Folke, Föreläsningar i arbetsrätt, I, Kollektiv arbetsrätt, 1946.

Westerståhl, Jörgen, Svensk fackföreningsrörelse, 1945.

Wistrand, Lode, Kollektivavtalslagen, 3. Aufl., 1948.

Die nordische Rechtsüberlieferung — ihre Eigenart und ihre Belastungsproben in Finnland

Von Professor Dr. *Bo Palmgren*, Helsingfors

Die juristische Fakultät hat mich beauftragt, Ihnen im Rahmen dieses Kursus eine Übersicht über die Quellen des schwedischen Rechts zu geben. Es sollte sich dabei vornehmlich um einen rechtshistorischen Überblick handeln, worin ich Ihnen den Ursprung der schwedischen Rechtsordnung — ihre Urquellen — sowie die Zuflüsse schildern sollte, die dem Strom im Laufe der Jahrhunderte seine Richtung und Kraft gegeben haben.

Es wird Sie vielleicht ein wenig verwundern, wenn ich Ihnen nun erzähle, dass ich erstens nicht aus Schweden bin, mein Heimatland vielmehr Finnland ist, und dass ich zweitens eigentlich nicht Rechtshistoriker bin, sondern zu Hause in Finnland über das heute geltende finnländische Straf- und Prozessrecht lese. — Weshalb nun aber ist die vorliegende Aufgabe mir anvertraut worden?

Drei Gründe lassen sich hierfür nennen — und diese können zugleich den äusseren Rahmen für meine Darstellung abgeben.

Der erste dieser Gründe ist, dass ich während des laufenden Unterrichtsjahres auf Grund eines besonderen Stipendiums als sogenannter nordischer Gastdozent an der hiesigen Universität lese. Die schwedische Rechtsordnung ist ein Zweig des nordischen Rechts — sie hat in vielleicht höherem Masse als die Rechtsordnung irgendeines anderen nordischen Landes die Züge bewahrt, die für nordisches Recht und nordische Rechtsauffassung charakteristisch waren. Ein nordischer Jurist, der an einer schwedischen Universität arbeitet, fühlt sich daher auf festem Boden, wenn er sich mit dem schwedischen Recht und dessen Quellen beschäftigt.

Der zweite Grund ist der, dass Finnland und Schweden auf dem Gebiete des Rechtswesens einander sehr nahestehen. Man kann ohne Übertreibung sagen, dass Schweden und Finnland innerhalb des nordischen Rechtsgebiets eine besondere, ostnordische Gruppe mit im grossen ganzen gemeinsamen Rechtsüberlieferungen bilden. Die gemeinschaftliche Überlieferung spiegelt sich noch heute in starker Übereinstimmung auf vielen Gebieten des Rechts- und Gesellschaftslebens wider.

Die Vereinigung von Schweden und Finnland wurde bereits durch den ersten Kreuzzug um die Mitte des 12. Jahrhunderts eingeleitet und im Laufe des folgenden Jahrhunderts nach und nach vollzogen. Schliesslich errang Finnland in staatsrechtlicher Hinsicht völlige Gleichberechtigung mit den übrigen Teilen des schwedischen Reiches. In einem Briefe vom 15. Februar 1362 erklärte König Håkan Magnusson, Finnland dürfe ebenso wie die anderen Gerichtsbezirke Vertreter zu den Königswahlen entsenden. Und als sich die Volksvertretung des Reiches zu einem aus vier Ständen zusammengesetzten Reichstag entwickelte, hatte Finnland seine Vertreter in den vier Ständen nach genau denselben Prinzipien wie die übrigen Reichsteile. Schwedens Gesetz und Recht war lange Jahrhunderte hindurch auch Finnlands Gesetz und Recht. Finnland ist weit länger mit Schweden vereinigt gewesen als der Teil Schwedens, in welchem wir uns jetzt befinden — Schonen fiel erst in der zweiten Hälfte des 17. Jahrhunderts an Schweden, nachdem es früher zu Dänemark gehört hatte. Mit guten Gründen kann man daher sagen, dass die Geschichte der Rechtsquellen in wesentlichen Teilen für Schweden und Finnland eine und dieselbe ist.

Das gemeinsame Reich Schweden-Finnland wurde durch russische Eroberungen während dreier Kriege im 18. Jahrhundert dezimiert und schliesslich durch den Krieg mit Russland 1808—1809 auseinandergerissen. Finnland kam unter russische Oberhoheit, vermochte aber seine eigene Rechtsordnung und seine eigenen Gesellschaftseinrichtungen zu bewahren. Als Finnland im Jahre 1917 selbständig wurde, konnte das neue Reich als ein natürliches Mitglied der nordischen Rechtsgemeinschaft dastehen.

All dies bringt es mit sich, dass auch ein finnländischer Jurist etwas über die Rechtsquellen Schwedens zu sagen hat. Wenn er von den Rechtsquellen Schwedens spricht, so spricht er zugleich von den Rechtsquellen seines eigenen Landes.

Noch einen dritten Grund gibt es, der die Fakultät bewogen hat, die vorliegende Aufgabe mir anzuvertrauen. Obwohl ich in Finnland als Hochschullehrer das geltende Recht vertrete, ist mein Aufenthalt hier in Lund durch rechtshistorische Forschungen veranlasst. In dieser Stadt wirkte während des 18. Jahrhunderts der berühmte Jurist *David Nehrman-Ehrenstråle*, dessen Leben und Werk Gegenstand meiner augenblicklichen Studien sind. David Nehrman kann als der eigentliche Begründer der modernen schwedischen Rechtswissenschaft gelten. Seine teils gedruckten, teils ungedruckten systematischen Arbeiten in schwedischer Sprache umspannen fast alle Gebiete sowohl des privaten als des öffentlichen Rechts. Für unser heutiges Thema war Nehrmans Wirken von hoher Bedeutung. Zu einer Zeit, wo sich in Schweden und besonders hier in Lund — durch Vorbild und Wirken des Philosophen *Andreas Rydelius* — auf verschiedenen Gebieten des kulturellen Lebens eine nationale Erweckung geltend machte, war Nehrman derjenige, der auf dem Felde des Rechtswesens zum Sprecher der neuen Richtung und ihrer Bestrebungen, die nationale Eigenart hervorzuheben, wurde. Es handelte sich dabei nicht um einen engstirnigen Nationalismus, sondern eher um eine Bemühung, fremden Gelehrtenstolz und wirklichkeitsfremde Scholastik fernzuhalten, die reisende Landsleute bisweilen von ihren ausländischen Studienfahrten mit nach Hause brachten. Man wollte sich in aller Schlichtheit an einer Wissenschaft und einer Rechtsordnung genügen lassen, die volkstümlicher und leichter fasslich waren.

Das Latein begann um diese Zeit an unseren Universitäten als Vorlesungssprache hinter dem Schwedischen zurückzutreten. Und auf den Gebieten des Rechtswesens und der Rechtswissenschaft sah sich Nehrman veranlasst, den Kampf mit denjenigen aufzunehmen, die, um mit ihrer eigenen Gelehrsamkeit glänzen zu können, Normen des römischen Rechts und ausländische Autoren bei der Lösung von Rechtsfragen ins Feld führten, wo die Antwort billigerweise aus dem heimischen Recht hätte geschöpft werden sollen. Nehrman bewegte sich damit auf einer Linie, die man den Gerichten von Zeit zu Zeit durch ausdrückliche Vorschriften hatte einschärfen müssen — auf ausländisches Recht darf man sich nicht berufen, ausländische Sprache nicht gebrauchen. Nehrmans bedeutendster Schüler — der später so berühmte Historiker *Sven Lagerbring* — promovierte 1730 bei Nehrman mit einer Dissertation, die zuerst im Protokoll der Fakultät »de usu juris romani in jurisprudentia patria» genannt wird, dann aber unter dem Titel »de abusu juris romani etc.» gedruckt wurde. Hier macht sich ein typischer Zug Nehrmans bemerkbar, der häufig bei ihm wiederkehrt. Den Einfluss des römischen Rechts betrachtete er mit einem Unwillen, der nur von seinem noch stärker ausgedrückten Unwillen gegenüber dem Einfluss des kanonischen Rechts übertroffen wurde. Auf diese Weise trägt Nehrman dazu bei, die Konturen meiner Darstellung schärfer hervortreten zu lassen, denn in ihrem Verlauf werde ich verschiedentlich auf die fremden Elemente hinweisen müssen, die von Zeit zu Zeit den Weg zu uns fanden und wirklich dann und wann in bedeutendem Masse unsere Rechtsentwicklung beeinflusst haben, die aber vielleicht noch häufiger zurückgedrängt worden sind, so dass unsere nordische Rechtsordnung ihre Eigenart hat bewahren können. Obgleich das deutsche Recht und das nordische Recht ursprünglich verwandte Zweige des altgermanischen Rechts waren, sind sie doch später wesentlich verschiedene Wege gegangen, und zwar infolge der tiefgreifenden Aufnahme des römischen Rechts, die im deutschen Reich erfolgte. Das römische Recht hat nie mit voller Kraft bis in den Norden hinaufdringen können, weshalb die Rechtssysteme der nordischen Länder unmittelbarer auf dem eigenen älteren Recht fussen. Man kann auch sagen, dass Schweden und Finnland bedeutend weniger von kontinentalen Einflüssen berührt worden sind als Dänemark und Norwegen.

Es ist vielleicht so, dass man Gefahr läuft, pathetisch und hochtrabend zu werden, wenn man etwas bei den Rechtsnormen und Rechtsideen verweilt, die jahrhundertelang in der eigenen Rechtsordnung fortgelebt haben — Rechtsgrundsätzen, die man selbst wertschätzt und die der eigenen Rechtsordnung ihre besonderen Züge gegeben haben, die bewirken, dass man an ihr festhalten will wie an einem kostbaren Erbteil. Die Gefahr einer allzu romantischen und idealisierten Rechtsauffassung liegt hier nahe. Aber ich weiss, dass Sie, meine Hörer, aus einem Lande kommen, das der harten Wirklichkeit des Lebens, ja dem Tode Auge in Auge gegenübergestanden hat und das sich jetzt ohne Illusionen anschickt, für erträgliche Lebensbedingungen und eine neue Zukunft mit einer voraussetzungslosen Einstellung zu den Problemen des Gemeinschaftslebens zu arbeiten. Und ich verstehe, dass Sie von mir keine romantische und idealisierte Schilderung zu hören wünschen, sondern eine sachliche Darstellung von Tatsachen und eine wirklichkeitsbetonte Beurteilung des Stoffes. Wenn man in einem für den Augenblick glücklicheren Lande erzählt, wie zufrieden man mit seiner eigenen vortrefflichen Rechtsordnung und seinen guten demokratischen Institutionen ist, so ist dies vielleicht nur dazu angetan, die selbständig denkenden Zuhörer misstrauisch und skeptisch zu machen. Ich möchte daher mit einigen Worten die Ausgangspunkte beleuchten, von denen aus ich selbst diese Rechtsordnung betrachte.

Mein Heimatland Finnland führte während des 19. Jahrhunderts nach der Loslösung von Schweden im Verband des grossen russischen Reiches ein ruhiges und friedliches Dasein und konnte seine eigenen Angelegenheiten verhältnismässig selbständig handhaben. Die eigene nordische Rechtsordnung war das Rückgrat des Gemeinwesens, das sich in günstigen und recht idyllischen Formen entwickelte. Man lebte in der Epoche, die später »die gute alte Zeit« genannt worden ist. Die vaterländische Romantik erwachte und blühte in dem Geiste, der besonders bei unseren beiden Nationaldichtern zum Ausdruck gekommen ist — dem klassisch klaren und herberen Runeberg und dem weicheren, milden Topelius — Finnlands Goethe und Schiller. Bei beiden trat eine stark ausgeprägte Verehrung von Recht und Gesetz sowie eine Wertschätzung der eigenen gesellschaftlichen Einrichtungen hervor, und durch ihr Vorbild und Wirken verbreitete sich diese Einstellung in grossen Teilen der Bevölkerung Finnlands.

Gegen Ende des 19. Jahrhunderts begann sich eine ernste Russifizierungspolitik geltend zu machen. Das eigentliche Kampfsignal war das sog. Februarmanifest, das vor 50 Jahren erlassen wurde — am 15. Februar 1899. Durch dieses Manifest dekretierte der Zar, dass Finnlands Wehrpflichtverhältnisse in einer Weise geregelt werden sollten, die zu den Grundgesetzen Finnlands im Widerspruch stand und sich über das Beschlussrecht der eigenen Volksvertretung des Landes hinwegsetzte. Es folgten dann ein paar Jahrzehnte des Kampfes, während welcher Zeit Finnlands Volk und besonders seine Juristen mit der Waffe des Gesetzes kämpfen mussten, um die Unabhängigkeit des Landes und seine von den Vätern ererbte Rechtsordnung zu wahren. Es war ein Kampf, der moralischen Mut und oft bedeutende persönliche Opfer erforderte. Viele hochstehende Männer wurden des Landes verwiesen — ich nenne als ein einziges Beispiel den grossen Juristen Freiherrn *Rabbe Axel Wrede*, den ich zu meinen Vorgängern im Amt zählen darf.[1] Er war sowohl Gelehrter als Staatsmann — als Schüler Adolf Wachs verband er dessen systematische Klarheit mit einem ausgeprägten Gefühl für das eigene heimische Recht. Durch seine grosse systematische Darstellung des finnländischen Zivilprozessrechts hat er den Grund für die wissenschaftliche Arbeit der Prozessrechtler Finnlands und in gewissem Grade auch Schwedens gelegt. Und es ist bemerkenswert, dass ein bedeutender Teil der wissenschaftlichen Arbeit Wredes in der Zeit des Exils geleistet wurde. In den Jahren der Russifizierungspolitik, in Finnland die Jahre des Unheils genannt, mussten zahlreiche Richter und Beamte aus dem Dienst ausscheiden, da sie sich weigerten, rechtswidrige russische Verordnungen zu befolgen. Und viele wanderten für ihre Weigerung ins Gefängnis. Das vielleicht hervorstechendste Ereignis war, als fast alle Mitglieder und Beamten des Oberlandesgerichts Wiborg

---

[1] Hier ist zu erwähnen: *Wrede*, Das Zivilprozessrecht Schwedens und Finnlands, im Werke »Das Zivilprozessrecht der Kulturstaaten», II, Mannheim, Berlin und Leipzig 1924.

in das Petersburger Kresty-Gefängnis geführt wurden, um dort lange Strafen abzubüssen, zu denen sie durch ein russisches Gericht verurteilt worden waren.

In meiner Kindheit und Jugendzeit waren diese Ereignisse im allgemeinen Bewusstsein noch so lebendig, dass sie auf die heranwachsende Generation unbedingt einen tiefen Eindruck machen mussten. Als 1917 Finnland selbständig wurde, was freilich nicht ohne die für uns günstige Entwicklung des Weltgeschehens hatte zustande kommen können, konnte uns dies als eine Frucht des langen und zähen Rechtskampfes erscheinen, den das Land geführt hatte. Dieser Rechtskampf hatte das Land reif gemacht, in dem günstigen Augenblick die Freiheit entgegenzunehmen. Hier hatte die nordische Rechtsordnung wirklich unter widrigen äusseren Umständen ihre Stärke und ihre Fähigkeit bewiesen, ein ganzes Volk durch Prüfungen hindurchzutragen, die ein Volk ohne diese starke geistige Kraftquelle vielleicht zerbrochen hätten.

Wer von dem Rechtskampf Finnlands gehört und gelesen und auf diese Weise einen konkreten Begriff vom Wert der nordischen Rechtsordnung bekommen hat, kann den Glauben an diese Rechtsordnung nie ganz verlieren. Er betrachtet mit Unwillen alle Erscheinungen, die dazu angetan sind, diese Rechtsordnung zu untergraben, und er ist bestrebt, nach Kräften dazu beizutragen, diese Rechtsordnung aufzubauen und zu vertiefen. Sie müssen daher entschuldigen, wenn ich in meiner Ausgangslage dem nordischen Recht und der nordischen Rechtsauffassung gegenüber ausgeprägt günstig eingestellt bin. Aber ich werde versuchen, nicht einseitig zu sein, sondern auch die Kritik zu Wort kommen zu lassen.

Die Zeit der Selbständigkeit — vom Jahre 1917 ab — brachte für Finnland mancherlei Ereignisse mit sich, die zum Teil geeignet waren, die idealisierende und mehr romantische Auffassung vom Rechtsleben in gewissem Umfang zu revidieren. Der politische Kampf der verschiedenen Parteien und Gesellschaftsgruppen gegeneinander zeigte, dass die menschliche Eigensucht oft stärker war als das Gefühl für Gerechtigkeit — und das sogar in dem Lande, dessen eigene Selbständigkeit vor kurzem erst in einem ehrenvollen Rechtskampf gegen eine anscheinend unüberwindliche Übermacht errungen worden war. Es war vielleicht auch so, dass die geistigen und politischen Führer des Volkes sich jetzt nach anderen Prinzipien rekrutierten als früher und dass manche von denen, die jetzt in den Vordergrund traten, nicht das gleiche lebhafte Verständnis besassen für die Werte, die in der ererbten Rechtsordnung verborgen waren. Oft sah es so aus, als solle es der krassen Wirklichkeit gelingen, manche Illusionen und manche Rechtstraditionen zu zerschlagen. Aber der Winterkrieg gegen Russland 1939—1940 wurde wieder zu einem solchen Kampfe, der das Volk zur Einigkeit zusammenschweisste, und mit dem Schwerte wurde jetzt der Rechtskampf fortgeführt, den das Volk früher ohne andere Waffen als Gesetz und Recht hatte austragen müssen. Und nun erwiesen sich die eigene Gesellschaftsordnung und die eigene Rechtsordnung wieder als eine starke moralische Kraftquelle.

Die späteren Kriegsjahre und das wechselnde Waffenglück brachten dann Situationen mit sich, wo das Recht sozusagen zwischen den Schilden geklemmt war. Der Kampf zwischen Recht und Macht wurde für uns wieder zu einer handgreiflichen Realität, wo wir oft erlebten, dass das Recht bisweilen, wenigstens für den Augenblick, der Macht und dem Eigennutz weichen musste. Trotz aller Belastungen aber hat sich die Rechtsordnung als ungeheuer zählebig erwiesen — und dies bewirkt, dass man den Glauben nicht aufgeben kann und will, dass ein guter Kern in dem Ganzen stecken muss.

Wenn ich nun heute und in der Hauptsache morgen versuche, Ihnen in einem schnellen Überblick die wesentlichen Werte vor Augen zu führen, welche die gemeinsamen Rechtsquellen Schwedens und Finnlands der heute lebenden Generation als Erbe übermittelt haben, so geschieht dies in grosser Bewunderung für vieles von dem, was unser älteres Recht uns zu schenken hatte, sowie in dem Bewusstsein, dass diese Rechtsordnung tatsächlich unter schweren Prüfungen jahrhundertelang Finnlands stärkste Schutzwehr für seine abendländische Kultur dargestellt hat. Zugleich bin ich mir jedoch auch völlig bewusst, dass der wahre Wert dieses Erbteils im wesentlichen davon abhängig ist, wie es von den Erben gehütet wird. Ich bin mir bewusst, dass die nordischen

Juristen zielstrebig am Werke sind, um die Rechtsordnungen ihrer Länder zu festigen und zu verbessern, unter Wahrung der guten Überlieferungen und Rechtsgrundsätze, die das nordische Recht zu bieten vermag. Aber ich gebe mich keinen Illusionen hin, dass etwa die jetzt herrschende, moderne demokratische Staatsform in den nordischen Ländern allein eine wirklich sichere Gewähr dafür darstellt, dass die hohen Rechtstraditionen auch in Zukunft hochgehalten werden.

Das Kernstück des nordischen Rechts ist das Bestreben, die Volksfreiheit und den Menschenwert zu gewährleisten. Das Gefühl des Staatsbürgers für Freiheit und Eigenwert ist in vergangenen Jahrhunderten wesentlich so zu seinem Recht gekommen, dass dem Individuum und den einzelnen sozialen Gruppen Rechte zuerkannt wurden, die ihnen niemand streitig machen konnte. Wesentliche Abschnitte der Grundgesetze jener Zeit — die Königsgelübde und die Standesprivilegien — waren Rechtsnormen, durch die der König als der Träger der Rechtsordnung des Gemeinwesens sich verpflichtete, die Rechte der Staatsbürger und der verschiedenen Staatsbürgergruppen zu schützen und zu achten. Das Reich wurde hierdurch in manchen Beziehungen zu einem Gemeinwesen der Stände und Privilegien, das den einzelnen Ständen ein Gefühl der Freiheit und Unabhängigkeit gab und dem einzelnen Staatsbürger das Gefühl schenkte, eine eigene Rechtssphäre zu haben, in der niemand ihm zu nahe treten durfte. Das schwedische Gemeinwesen war im besten Sinne demokratisch, indem es auf der Grundauffassung aufgebaut war, dass jede einzelne Gruppe von Staatsbürgern im politischen Leben selbst zu Worte kommen und keine Gesellschaftsgruppe über die anderen herrschen dürfe. Da die Volksvertretung des Reiches in vier Stände gegliedert war, bestand ein natürliches Gleichgewicht der Kräfte im Staatswesen, das vielleicht mit eine der Ursachen dafür gewesen ist, dass die Volksfreiheit Jahrhunderte hindurch so gut hat gewahrt werden können. Betreffend die Entwicklung des staatlichen Lebens verweise ich besonders auf die Vorlesung Professor Lagerroths.

Dieses Gemeinwesen der Stände und Privilegien ist manchem harten Urteil der Nachwelt ausgesetzt worden. Es überlebte sich selbst, weil es sich nicht fügsam genug der raschen Gesellschaftsentwicklung anzupassen vermochte, welche die technischen Erfindungen, die Industrialisierung und viele damit zusammenhängende Erscheinungen im Laufe des 18. und 19. Jahrhunderts mit sich brachten. Die Gliederung des Gemeinwesens nach Gesellschaftsgruppen erfuhr eine tiefgreifende Wandlung. Die Standesgruppierung, die bereits im Mittelalter feste Gestalt gewonnen hatte, entsprach im 19. Jahrhundert nicht mehr den tatsächlichen Verhältnissen. Gewisse Gesellschaftsgruppen waren weit über Gebühr vertreten, während andere Gesellschaftsgruppen keinerlei Zutritt zur Volksvertretung hatten, obwohl sie zahlenmässig einen sehr grossen Teil der Bevölkerung ausmachten, deren politisches Interesse und politische Reife dank der zunehmenden Volksbildung stark gewachsen waren. Die alte Ständeversammlung war nunmehr auch technisch ein allzu schwerfälliger Apparat geworden, als dass sie den Forderungen nach einem relativ schnellen Arbeitstempo hätte entsprechen können, die man an die Volksvertretung eines modernen Staatswesens stellen kann. Der Mohr hatte seine Schuldigkeit getan, der Mohr konnte gehen.

Die Einführung des allgemeinen und gleichen Wahlrechts schaffte wenigstens in der Theorie die Standes- und Klassenunterschiede ab und bahnte den Weg für die Beseitigung vieler sozialer Ungerechtigkeiten und Übelstände. In Finnland, wo die in vier Stände gegliederte Volksvertretung erst im Jahre 1907 durch einen Einkammerreichstag ersetzt wurde, begrüsste man die Repräsentationsreform in allen Schichten des Volkes mit Begeisterung und grossen Hoffnungen. Während des Kampfes um die innere Unabhängigkeit des Landes, der damals im Gange war, fand man es höchst glücklich und wünschenswert, dass alle Bürger des Landes direkt und persönlich am politischen Leben teilhaben durften. In Schweden war die Reform der Volksvertretung (1866)nicht ebenso radikal oder unter ebenso dramatischen Formen erfolgt, doch war auch sie ein allgemein gebilligter Übergang von einem veralteten System zu einem zeitgemässeren.

Die Illusionen und Hoffnungen, die man an die Reform geknüpft hatte, haben sich — wenigstens in Finnland — nicht in jeder Hinsicht erfüllt. Schaut man nach, wie die moderne Demokratie funktioniert, so findet man zwar, dass das politische Mitbestimmungsrecht nunmehr auf weit grössere Bevölkerungsschichten ausgedehnt ist als früher, dass die Machtverteilung im Staatswesen sich bedeutend verlagert hat und dass heute wenigstens formell niemand mehr davon ausgeschlossen ist, in den Angelegenheiten des Gemeinwesens ein Wort mitzureden. Ein kritischer Betrachter jedoch wird Veranlassung finden, auf Stimmen zu hören, die sagen, viele Einzelpersonen und viele Gruppen von Staatsbürgern hätten das Gefühl, dass ihre Freiheit und ihre eigene Rechtssphäre erheblich beschnitten worden seien, und zwar dadurch, dass die moderne Demokratie kein Gleichgewicht der Kräfte kennt, wodurch die Minorität vor Übergriffen seitens der Majorität geschützt werden könnte. Tatsächlich braucht Diktatur nicht allein zu bedeuten, dass eine Person oder ein begrenzter Kreis von Personen unumschränkt über ein Reich herrscht, — Diktatur kann auch darin bestehen, dass die Mehrheit unumschränkt über die Minderheit herrscht.

Der Wert der Freiheitsideen in einem Gemeinwesen muss zu einem wesentlichen Teil danach beurteilt werden, inwieweit einzelne Bürger und Gruppen von Bürgern des Landes gegen Übergriffe seitens der jeweiligen Machthaber geschützt sind. Soll man von wahrer Freiheit und Demokratie sprechen können, so genügt es nicht, dass diejenigen Staatsbürger, die zu den herrschenden Gesellschaftsgruppen gehören, versichern, sie fühlten sich frei und zufrieden. Erst wenn auch die Minderheit sich frei und zufrieden fühlt, ist die wahre Demokratie verwirklicht.

Die moderne Demokratie erfordert vor allem ein hohes Rechtsgefühl derjenigen Gesellschaftsgruppen, die auf Grund ihrer mathematischen Grösse das Bestimmungsrecht haben. Es genügt jedoch nicht, die Freiheit der Minderheit allein auf das Rechtsbewusstsein und den guten Willen der Majorität zu gründen. Teils kann die Rücksichtnahme im kritischen Augenblick versagen und dem Eigennutz weichen. Zum andern können die verschiedenen Gesellschaftsgruppen, die sich in der Minderheit befinden, nie ein Gefühl echter Freiheit haben, wenn sie wissen, dass ihr Recht von dem guten Willen der Mehrheit abhängig ist und nicht ein Recht darstellt, das sie ohne weiteres und unbedingt selbst geltend machen und durchsetzen können.

Für die nordischen Völker ist das allgemeine und gleiche Wahlrecht heute die einzig natürliche Grundlage der Staatsform. Sollen aber die nordischen Freiheits- und Rechtsgrundsätze in Zukunft bewahrt und lebendig erhalten werden können, so ist es notwendig, in diesem Rahmen die Gesellschaftsverfassung mit ausreichenden Freiheits- und Sicherheitsgarantien für einzelne Individuen und einzelne Staatsbürgergruppen auszubauen. Hier kann das moderne Gemeinwesen an die besten unter den Traditionen und Rechtsideen anknüpfen, welche die Geschichte der vergangenen Jahrhunderte aufzuweisen hat, von denen indessen allzuviel in dem Grossreinemachen bei dem Übergang von der alten Demokratie zur neuen niedergerissen worden zu sein scheint.

Demokratie und Volksfreiheit bedeuten nicht nur Volksherrschaft und Freiheit für die Mehrheit des Volkes. Diese Worte bedeuten auch Gedankenfreiheit und Handlungsfreiheit für diejenigen, die eine andere Meinung hegen oder ihre Lebensführung anders einzurichten wünschen als die Mehrzahl. Es bedarf der Achtung für die Überzeugung anderer, der Achtung für den Menschenwert anderer und der Achtung für die eigene Rechtssphäre, mit der sich jeder Mensch umgeben können muss, um sich frei und unabhängig zu fühlen. Jedem Menschen muss die Möglichkeit gegeben werden, sein Leben so zu gestalten, dass er sich nicht zu stark durch das Gemeinwesen gebunden und von diesem abhängig fühlt — weder psychisch noch physisch oder wirtschaftlich.

Unter diesen Voraussetzungen und mit diesen Vorbehalten gehe ich dazu über, einen Blick auf die Geschichte der schwedischen Rechtsquellen zu werfen — eine Geschichte, in der Freiheit und Gleichheit vor dem Gesetz den roten Faden bilden. Diesen Rückblick muss ich auf meine zweite Vorlesung verschieben, da ich mich so lange bei allgemeinen Gesichtspunkten aufgehalten habe. Vielleicht bin ich bei diesen allgemeinen Ausführungen ein wenig zu weitschweifig gewesen, doch bin ich persönlich der Meinung, dass eine historische Aufzählung blosser

Tatsachen aus der Vergangenheit ziemlich wertlos ist, wenn man die Ereignisse nicht in einer gewissen Perspektive sieht und eine Brücke zu schlagen sucht von der Rechtsgeschichte zum heute geltenden Recht und darüber hinaus zum künftigen Recht.

Die Quellen des schwedischen Rechts

Von Professor Dr. *Bo Palmgren*, Helsingfors

Wie ich in der ersten Vorlesung sagte, gehören Schwedens und Finnlands Recht zum nordischen Rechtsgebiet, und ebenso erwähnte ich, dass das ältere nordische Recht einen Zweig am Baume des altgermanischen Rechts darstellt. Zu der Zeit, als unsere ältesten Gesetze schriftlich fixiert wurden, war die Reichseinheit noch nicht völlig durchgeführt. Zwar hatte das Reich schon damals einen gemeinsamen König, der als der vornehmste Träger der Rechtsordnung des Reiches galt. Das uralte schwedische Wort für Fürst, »*drott*», das in der weiblichen Form »*drottning*» (Königin) heute noch fortlebt, kommt von demselben Stamm wie das deutsche Wort »Recht» und das französische »droit». Jede Provinz, jede Landschaft aber hatte ihr eigenes Gesetz (»lag») und ihren eigenen »Lagmann», also eigentlich Gesetzesmann, der nicht nur Richter, sondern auch vornehmster Urheber und Wahrer des Rechts war.

Die Landschaftsrechte, die während des 13. und im Anfang des 14. Jahrhunderts aufgezeichnet wurden, geben nicht in allen Stücken das ursprüngliche volkstümliche germanische Recht als solches wieder. Doch lassen sich die älteren Elemente in der Regel mühelos von den später hinzugekommenen Teilen unterscheiden, so dass man ein verhältnismässig klares Bild von dem Zustand des Rechtswesens vor dem Auftreten der neuen Strömungen zu gewinnen vermag. Man hat gesagt, dass der ältere Kern der schwedischen Landschaftsrechte die zuverlässigste Quelle sei für die Kenntnis des Rechtswesens der altgermanischen

Völker. Die neuen Elemente, die schon in den Landschaftsrechten in Erscheinung treten, sind im wesentlichen von zweierlei Art. *Einmal* macht sich eine Erscheinung bemerkbar, die auf der entsprechenden Entwicklungsstufe bei den meisten germanischen Volksstämmen aktuell gewesen ist. Das war das Anwachsen der Königsmacht und die damit verbundene Gesetzgebung betreffend das Recht und die Pflicht des Königs, den Landfrieden zu erhalten. Diese Entwicklung führte u. a. zu einer besonderen Strafgesetzgebung — der sog. *Eidschwurgesetzgebung* —, die gewisse Formen schwererer Verbrechen als Verletzung des Königsfriedens brandmarkte, den der König und die Grossen des Reiches geschworen hatten, im Reiche zu wahren. Auf prozessrechtlichem Gebiet wurde gleichzeitig eine neue Prozessordnung für schwere Verbrechen geschaffen. Man versuchte damit das formelle Beweisverfahren des altgermanischen Prozesses durch ein Untersuchungsverfahren zu ersetzen, das besser geeignet war, die Wahrheit an den Tag zu bringen. *Zum andern* macht sich der Einfluss des Christentums bemerkbar, der teils in den kirchenrechtlichen Abschnitten zum Ausdruck kam, die den ersten Platz unter den verschiedenen Teilen der Landschaftsrechte erhielten, teils auch in der Formulierung gewisser Rechtsnormen und Wendungen in den übrigen Gesetzesteilen.

In der königlichen Gesetzgebung sind möglicherweise hier und dort gewisse Gedankenelemente aufzuspüren, die indirekt dem römischen Recht entstammen, das die Kanzler und andere rechtskundige Vertraute des Königs in ihrer Jugend vielleicht in Paris oder Bologna studiert hatten. In der kirchlichen Gesetzgebung war selbstverständlich ein bedeutender Einfluss des kanonischen Rechts festzustellen und damit vielleicht in gewissen Fällen eine indirekte Einwirkung biblischer Rechtsnormen, vor allem der Gesetze Moses. Doch war der fremde Einschlag in keiner Weise stark oder gar übermächtig, sondern die neuen Rechtsnormen wurden den heimischen Rechtsverhältnissen und Lebensformen angepasst. Die Landschaftsrechte stellen sich deshalb insgesamt als eine volksnahe Gesetzgebung dar, von freien Männern geschaffen und beschlossen im Zeichen der Freiheit und der Gleichheit. Die Sprache war einfach und klar — zahlreiche

Überreste aus der Zeit vor der schriftlichen Aufzeichnung erinnern an eine Epoche, wo das Gesetz dadurch fortlebte, dass es beim Thing vom *lagman* vorgesprochen wurde, weshalb es der besseren Einprägsamkeit halber in Versen abgefasst war. Die Rechtsfragen wurden auf eine konkrete und durchweg leichtverständliche Weise behandelt.

Die Landschaftsrechte umfassten sowohl bürgerliches wie öffentliches Recht — letzteres war hauptsächlich in den Abschnitten vom König und von der Kirche konzentriert. Die Landschaftsrechte waren für die Landbevölkerung und ihre besonderen Verhältnisse abgefasst. Soweit Städte gegründet wurden, bekamen diese ihre eigenen Stadtrechte.

Die Landschaftsrechte sind durch mehrere ältere und jüngere Handschriften auf uns gekommen. Zu einem Teil handelt es sich dabei lediglich um Rechtsbücher — d. h. Aufzeichnungen rechtskundiger Männer, welche die seit alters geltenden Rechtsvorschriften festhielten. Zu einem anderen Teil haben wir es bei den Landschaftsrechten mit eigentlichen Gesetzen im modernen Sinne zu tun — deren Text also vom König im Einvernehmen mit der Bevölkerung der betreffenden Landschaft bestätigt worden ist. Auf der Basis der erhaltenen Handschriften sind die verschiedenen Landschaftsrechte und Stadtrechte später mehrfach im Druck herausgegeben worden. Gewisse von diesen Gesetzen sind im Laufe der Zeit ins Lateinische, einige von ihnen später auch in moderne fremde Sprachen übertragen worden. Zwei der Landschaftsrechte — Älteres Westgötalag und Uplandslag — erschienen 1935 in deutscher Übersetzung in der Sammlung »Germanenrechte», von dem hervorragenden deutschen Rechtshistoriker *Claudius von Schwerin* herausgegeben. Ich empfehle Ihnen wärmstens, das Vorwort v. Schwerins bei Gelegenheit einmal durchzulesen. Er gibt dort eine Übersicht über die schwedischen Landschaftsrechte, stellt ihre Bedeutung für die germanische Rechtsforschung fest und gibt sein Urteil über Form und Gehalt derselben ab.

Die alten Landschaftsrechte zu lesen, ist eine ebenso lehrreiche wie ergötzliche Beschäftigung. Man kommt nicht aus dem Staunen darüber heraus, wie hoch das Rechtsleben damals bereits entwickelt war, welch detaillierte und wohldurchdachte Regeln für verschiedene Bezirke des menschlichen Zusammenlebens hier gegeben wurden. Von zahlreichen Rechtsvorschriften der Landschaftsrechte führt eine direkte, nie abgerissene Verbindung zu Rechtsnormen des heute geltenden Rechts.

Altes und Neues mischen sich auf seltsame Weise in den Landschaftsrechten. Die Ausdrucksweise der Gesetze zeigt in vielen Fällen, dass die betreffenden Rechtsnormen ursprünglich zur Zeit des Heidentums formuliert worden waren — zu der Zeit also, wo man zwischen Freien und Unfreien unterschied —; jetzt aber waren die Unfreien durch das Christentum freigemacht worden. Manche Züge rühren aus der Zeit her, wo die Sippe die zentrale Einheit des Gesellschaftslebens bildete und wo z. B. Schuld und Sühne eine Angelegenheit der Sippen des Täters und des Verletzten waren. Indessen trat die Rolle des Individuums bereits stärker hervor. So liest man in den Strafbestimmungen für Eidschwurverbrechen im Uplandslag folgendes: »Nun kann keiner eines andern Gut verwirken, nicht der Vater des Sohnes, nicht der Bruder des Bruders und keiner eines andern.» Der Wert dieser Norm wird klar ersichtlich, wenn wir uns erinnern, dass die Gesetzgebung in Kontinentaleuropa lange — in Frankreich z. B. bis zur französischen Revolution — die Strafe für politische Verbrechen auf die Angehörigen des Täters ausdehnte.

In den Landschaftsrechten kommt auch ein starkes soziales Gefühl zum Wort, erwachsen aus einer glücklichen Verschmelzung heimischer volkhafter und freiheitlicher Gesinnung mit den neuen Impulsen, die das Christentum ins Land brachte. So steht am Schluss des handelsrechtlichen Abschnitts im Uplandslag zu lesen: »Nun kann gebrechliches oder armes Volk zwischen Dörfern oder zwischen Bauern herumgeführt werden. Da ist jeder Bauer schuldig, es eine Nacht zu unterhalten. Zu welcher Tageszeit es kommen kann, da darf es keiner die gleiche Nacht von sich wegschicken. Gott kann die nicht vergessen, die gerne Arme hausen und hofen. Christus war Gast unter den Menschen auf Erden, er gebe uns das Himmelreich für unsere Gastfreundschaft.»

Hier und dort findet auch der volkstümliche Humor Eingang

in die alten Gesetze. Das Ältere Westgötalag schliesst mit den Worten: »Mag nun der Teufel sich erzürnen.»

Die Einzelrechte der verschiedenen Landschaften und Städte wurden um die Mitte des 14. Jahrhunderts durch ein für das gesamte flache Land gemeinsames Landrecht und ein für sämtliche Städte des Reiches gemeinsames Stadtrecht abgelöst. Nach dem König, unter dessen Regierungszeit diese Rechte zusammengestellt wurden, heissen sie *Magnus Erikssons Landrecht* und *Magnus Erikssons Stadtrecht.* Das Landrecht wurde ein Jahrhundert später umgearbeitet und in seiner neuen Fassung von dem König bestätigt, nach welchem es später *König Kristoffers Landrecht* genannt wurde. Dieses Landrecht und Magnus Erikssons Stadtrecht waren jahrhundertelang die hauptsächlichen Rechtsquellen Schwedens und Finnlands, bis sie durch das Gesetzbuch von 1734 ersetzt wurden. Das Landrecht wie das Stadtrecht erschienen während des 17. und im Anfang des 18. Jahrhunderts mehrfach im Druck. Landrecht und Stadtrecht kamen auch wenigstens teilweise in den damaligen schwedischen Besitzungen im Baltikum zur Anwendung, wo Deutsch die Gerichtssprache war. Beide wurden in die deutsche Sprache übersetzt — sie wurden 1709 in Frankfurt und Leipzig gedruckt und waren »in Georg Matthias Nöllers, Buchhändlers in Riga, Buchladen zu finden». In Estland und in den östlichsten Teilen Finnlands, die schon 1721 an Russland gefallen waren, blieben diese alten Gesetze noch eine Zeitlang in Kraft, nachdem sie im Mutterland bereits durch das Gesetzbuch von 1734 abgelöst worden waren.

Betrachtet man die verschiedenen Rechtsvorschriften im Landrecht und Stadtrecht, so findet man, dass es sich in der Hauptsache um eine Zusammenfassung von Regeln handelt, die früher in den einzelnen Landschaften gegolten hatten. Die gemeinsamen Gesetzeswerke waren nicht eigentlich Produkte neuschöpferischer Gesetzgebung, sondern vielmehr die Früchte kodifizierender Arbeit. Selbstverständlich stellen sie sich, in ihrer Gesamtheit betrachtet, als eine neue Stufe der Entwicklung dar, indem zahlreiche alte Regeln fortfielen, während man die Regeln, die auch unter den veränderten gesellschaftlichen Verhältnissen passten, beibehielt und ausserdem den neuen Elementen einen bedeutenderen Platz einräumte. Doch sind diese Gesetzeswerke nicht abgeschliffen und homogen — immer noch erkennt man leicht, dass verschiedene Rechtsnormen aus weit verschiedenen Epochen stammen. Insgesamt haben die Landrechte und das allgemeine Stadtrecht die gleiche Struktur wie die Landschaftsrechte und die älteren Stadtrechte. Die älteren volkstümlichen und altgermanischen Rechtsregeln bilden nach wie vor den Kern. Die königliche Gesetzgebung tritt dadurch etwas stärker hervor, dass im Laufe der Jahre hinzugetretene Einzelgesetze jetzt an passenden Stellen in das Gesamtwerk eingefügt sind. Aber diese königliche Gesetzgebung ist auch Eigentum des Volkes — die fraglichen Gesetze sind in der Regel auf Herrentagen und Treffen unter Zustimmung seitens der Vertreter der Bevölkerung erlassen worden. Die kirchliche Gesetzgebung fehlt in den neuen Gesetzeswerken, da keine Einigkeit zwischen Kirche und Staat über den Inhalt der vorgeschlagenen kirchenrechtlichen Abschnitte erzielt werden konnte. Die kirchliche Gesetzgebung entwickelte sich jetzt vielmehr neben dem allgemeinen Recht und nahm wesentliche Elemente aus dem kanonischen Recht in sich auf.

Zu den denkwürdigsten Rechtsquellen des späteren Mittelalters bis weit in die Neuzeit hinein gehörten *die Königsgelübde*, die ich gestern bereits kurz erwähnte. Wenigstens seit Beginn des 14. Jahrhunderts war es üblich, dass derjenige, der zum König gewählt werden sollte, anlässlich der Wahl ein Gelübde ablegte, anfangs an die Grossen des Reiches gerichtet, worin er sich verpflichtete, nach Recht und Gesetz seine Aufgaben als Träger der Rechtsordnung zu erfüllen sowie die Freiheiten und Rechte der Bürger des Reiches zu schützen und zu achten. Das nächstliegende Vorbild der Königsgelübde waren die sogenannten Handgelöbnisse der dänischen Könige, von denen die ersten bereits im ausgehenden 13. Jahrhundert auftraten. Die dänischen Handgelöbnisse und die schwedischen Königsgelübde weisen eine nicht zu verkennende Verwandtschaft mit den entsprechenden Freiheitsbriefen in England auf, die auch dort von jedem neuen König ausgefertigt wurden und von denen die Magna Charta der berühmteste ist. Anfänglich handelte es sich bei diesen Königsgelübden vielleicht mehr um eine Art von Vergleichsbrief — der

Preis für die Einigung konkurrierender Gruppen von Grossen des Reiches, in der Tat aber entwickelten sie sich zu einem Institut, durch welches in glücklicher Weise die Überlieferungen alter germanischer Bürgerfreiheit in die Neuzeit hinübergetragen wurden. Die verbrieften Rechte und Freiheiten, wie sie Ende des 18. Jahrhunderts zuerst in den Vereinigten Staaten von Nordamerika und dann in Frankreich während der französischen Revolution aufkamen, waren für uns hier oben eigentlich nichts Neues. Die wesentlichsten einschlägigen Rechtsnormen hatten seit alters her ihren gegebenen Platz in unseren Grundgesetzen, und diesen ihren Platz hatten sie vielleicht in erster Linie gerade durch die mittelalterlichen Königsgelübde errungen.

Grösste Bedeutung erlangte besonders *das Statut über die Königswahl*, das Magnus Eriksson im Jahre *1335* erliess und das in dem Abschnitt über Rechte und Pflichten des Königs in einer Handschrift des Södermannalag vorliegt. Das Königswahlstatut wurde später in die betreffenden Abschnitte der Landrechte übernommen, deren Vorschriften über den Königseid zu einem der wertvollsten Teile der Grundgesetze des Reiches wurden. Der Königseid, wie er in dem Statut von 1335 gefasst ist, enthielt unter anderm zum ersten Mal in klaren und unzweideutigen Worten in schwedischer Sprache die für alle menschliche Freiheit grundlegende Norm, dass niemand, ob arm oder reich, seines Lebens, seiner Freiheit oder seines Eigentums beraubt werden dürfe, soweit er nicht von einem Gericht auf Grund der Gesetze des Landes — oder, wie es damals hiess, der Landschaft, in welcher die Tat begangen wurde — verurteilt worden war. Das ist die Norm, die die Juristen späterer Zeiten »nulla poena sine lege» genannt haben. Diese Grundsätze kehren — auch in bewusst altertümlichen Wendungen — in dem berühmten § 16 des vornehmsten Grundgesetzes Schwedens, der Regierungsform von 1809, wieder.

Das ausgehende Mittelalter heisst in der nordischen Geschichte die Unionszeit. Es wurden damals viele Versuche unternommen, die nordischen Länder zu einer äusseren Einheit zusammenzuschweissen. Zeitweilig waren diese Bestrebungen von Erfolg gekrönt, dann wieder loderte die Bruderfehde erneut auf, und schliesslich — kann man sagen — wurde der ganze Unionsgedanke unter den Versuchen der Unionskönige, die Freiheitsbestrebungen in Schweden zu unterdrücken, in Blut ertränkt. Wer die Rechtsgeschichte des skandinavischen Nordens studiert, wird in den verschiedenen *Unionsurkunden* Dokumente finden, die von dem ausgeprägten Gefühl für die Rechtsordnung des eigenen Landes zeugen, sowie von dem Streben, das heimische Rechtswesen gegen äussere Einflüsse auch aus den nahverwandten Nachbarländern zu schützen. Oft begegnen in den Unionsurkunden Artikel, in denen es heisst, dass der gemeinsame Unionskönig in Dänemark an dänisches Recht, in Norwegen an norwegisches und in Schweden an schwedisches Recht gebunden sein solle und dass er nicht aus dem einen Reich Normen in das andere verpflanzen dürfe, die dort nicht seit alters Recht und Gesetz gewesen seien.

Durch die Reformation wurde der Einfluss der katholischen Kirche und des kanonischen Rechts ausgeschaltet. Merkwürdigerweise aber fällt in die Zeit nach der Reformation die vielleicht bedeutsamste fremde Beeinflussung, die sich jemals in unserm Recht geltend gemacht hat. In der zweiten Hälfte des 16. Jahrhunderts gewann eine streng kirchliche Richtung die Oberhand, die ihre moralischen und rechtlichen Vorstellungen direkt der Bibel entnahm. Zum zweiten Male machte sich *das Gesetz Moses* geltend, und jetzt in einer direkteren und handgreiflicheren Form als früher. Teils kamen in der eigenen heimischen Strafgesetzgebung neue strenge Strafbestimmungen hinzu, die deutlich den alttestamentlichen Einfluss verraten. Teils ging man so weit, dass man in den ersten gedruckten Auflagen der Gesetze im Anfang des 17. Jahrhunderts auch ausgewählte Stücke aus der Bibel abdruckte, und zwar sollten die darin enthaltenen Gebote von den Gerichten als Gottes Gesetz neben dem schwedischen Gesetz angewandt werden. Vieles von der Grausamkeit und Härte, wodurch die Strafrechtspflege des 17. Jahrhunderts zum Teil das Gepräge erhielt, leitete sich aus dem Aberglauben und den übertriebenen religiösen Vorstellungen her, die auf diesem Wege in das allgemeine Bewusstsein eingedrungen waren. Rechtsvorschriften, die vor ein paar Jahrtausenden für ein fremdes Volk in einem fernen Teil der Erde erlassen worden waren, sollten nun hier in Schweden Anwendung finden. Es gibt Urteile aus jener Zeit, wo die Urteilsbegründung ausdrücklich auf einen bestimmten Bibelvers Bezug nimmt. Ein Gegengewicht, das aber nicht immer ausreichte, bestand im Begnadigungsrecht des Königs, das häufig in Anspruch genommen und später auch zu einem sogenannten Leuterationsrecht (Milderungsrecht) für die Obergerichte ausgedehnt wurde.

Der fremde Einfluss beschränkte sich glücklicherweise auf gewisse Teile der Rechtsordnung — in der Hauptsache betraf er einzelne Partien des Strafrechts. Die übrigen Teile des Strafrechts sowie die anderen Teile der Rechtsordnung überhaupt lebten und entwickelten sich durch Gesetzgebung und Praxis in dem Geiste fort, welcher der früheren heimischen Rechtsordnung das Gepräge gegeben hatte. Namentlich das öffentliche Recht entwickelte sich so, dass es den vielgestaltigeren und mit der Zeit immer komplizierter werdenden Gesellschaftsverhältnissen entsprach. Die in meiner vorigen Vorlesung erwähnten *Standesprivilegien* wurden jetzt immer detaillierter und beherrschten bedeutende Teile des Gemeinwesens. Der Grundgedanke dieser Standesprivilegien war nicht etwa der, dass unter den Angehörigen der einzelnen Gesellschaftsgruppen Unterschiede hinsichtlich ihrer Menschenwürde beständen. Vielmehr lag die Idee zugrunde, wie ich früher schon andeutete, dass den einzelnen Staatsbürgern und Staatsbürgergruppen jeweils eigene Tätigkeitsbereiche zugewiesen werden sollten, innerhalb welcher sie eine gesicherte Stellung einnahmen und ein Vorrecht zu wirken hatten; dies, weil man annahm, dass ihr Beitrag zum Gemeinwohl dadurch grösser und für die gemeinsamen Belange wertvoller werde. Wenn auch menschliche Eigensucht bisweilen ungebührlichen Nutzen aus dieser Organisationsform des Gemeinwesens zu ziehen wusste und diese sich schliesslich selbst überlebte, muss man doch sagen, dass diese Gesellschaftsverfassung sich jahrhundertelang als lebenstüchtig erwiesen hat und eine Achtung vor der Freiheit und der Menschenwürde in sich zu tragen vermochte, auf die jede moderne Demokratie stolz sein könnte.

Im 17. Jahrhundert machten sich *gewisse Einflüsse seitens des römischen Rechts* geltend — und zwar vielleicht in höherem Grade als je zuvor. Da Schweden sowohl politisch als religiös völlig unabhängig war, sind die Ursachen hierfür anderweitig zu suchen. Einerseits war es wohl so, dass der Wirkungskreis des römischen Rechts durch dessen Rezeption im deutschen Reich nähergerückt war. Die jungen Männer aus Schweden, die eine Zeitlang an deutschen Universitäten studierten, traten dort vielleicht in näheren Kontakt mit dem römischen Recht als früher. Zum andern, und vor allem, war es wohl so, dass dank der Erfindung der Buchdruckerkunst auch juristische Werke jetzt vom Kontinent ihren Weg nach Skandinavien fanden und hier von unseren eigenen Rechtsgelehrten und der studierenden Jugend in weit grösserem Umfang gelesen wurden, als dies möglich gewesen war, solange alle Gelehrsamkeit lediglich durch Handschriften verbreitet werden konnte. Das Fehlen einer eigenen juristischen Literatur, von den Gesetzestexten selbst abgesehen, brachte es mit sich, dass man gern bei fremden Autoren Rat suchte, die im Geiste des römischen Rechts dachten und schrieben. Im Prozesswesen vermochte sich diese fremde Gelehrsamkeit infolge des Umstands auszuwirken, dass das Verfahren, besonders in den oberen Instanzen, sich von der rein mündlichen Verhandlung fort zu einer mehr schriftlichen Verfahrensweise entwickelte, so dass sich für die Parteien immer häufiger die Notwendigkeit ergab, rechtskundige Anwälte zu bemühen. Für das Richteramt war zwar ein akademisches Examen noch keine notwendige Voraussetzung, doch hatten die Bewerber für die richterliche Laufbahn in immer grösserem Umfang Universitätsstudien betrieben. Und viele Anwälte sowie manche Richter erlagen der menschlichen Versuchung, ihr Geschick und Wissen dadurch an den Tag zu legen, dass sie feine lateinische Wörter gebrauchten und in ihrer Darstellung sich auf ausländische Rechtsnormen oder Autoritäten beriefen.

Ich erwähnte in meiner früheren Vorlesung, dass der Gesetzgeber gegen diese Tendenzen einschritt und erneut die alten *Verbote* einschärfte, *ausländisches Recht anzuziehen* und fremde Sprachen zu gebrauchen. Auch die Anwälte wurden angewiesen, in ihre Argumentation keine fremden Gesetze oder sonstige Momente hineinzumischen, die nur Verwirrung zu stiften geeignet waren. In der Rechtswissenschaft führte dann *David Nehrman* — wie ich erwähnte — besonders den Kampf gegen die ausländischen Einflüsse. Und unsere Rechtsordnung blieb damit von einer Rezeption des römischen Rechts verschont, die vielleicht ganz unmerklich hätte erfolgen können, wäre man nicht auf der Hut gewesen.

Während der zweiten Hälfte des 17. Jahrhunderts wurden die Arbeiten zu einer durchgreifenden Kodifikation unserer Gesetzgebung eingeleitet. Das Landrecht und das Stadtrecht begannen zu veralten, und viele einzelne gesetzgeberische Massnahmen waren in den vergangenen Jahrhunderten hinzugekommen. In mehr als fünfzigjähriger beharrlicher Arbeit wurden die verschiedenen Abschnitte des Rechts immer wieder durchgegangen, so dass der eine Vorschlag nach dem andern abgefasst, geprüft und verbessert wurde. Schliesslich wurde das neue Gesetzeswerk von den Reichstagen der Jahre 1731 und 1734 behandelt und angenommen. Hinter dem neuen Werk — *dem Gesetzbuch von 1734* —, einer für jene Zeit monumentalen Schöpfung, stand ein einiges Volk und der gesamte Juristenstand des Reiches. Unter den im Druck erschienenen Vorarbeiten zum Gesetzbuch von 1734 finden sich Denkschriften aus verschiedenen Teilen des Reiches — viele davon aus Finnland und einige aus den schwedischen Besitzungen in den Ostseeländern, in deutscher Sprache abgefasst.

Das neue Gesetzbuch war natürlich weit moderner und vollständiger als die Landrechte und das Stadtrecht. Gleich diesen aber stellt es seiner eigentlichen Natur nach eine Kodifikation, nicht eine Neuschöpfung dar. Die konkrete und volkstümliche Art, die Rechtsfragen zu behandeln, sowie die einfache und schöne Sprache sind auch in dem neuen Werk erhalten geblieben. Theorien, Definitionen und Begriffsbildung sind dem Gesetz fremd. In manchen Dingen lässt sich noch klar erkennen, aus welchen verschiedenen Zeiten die einzelnen Rechtsregeln stammen. So kann man z. B. im Strafrecht deutlich sehen, welche Strafbestimmungen aus dem altgermanischen Recht herrühren, welche der Eidschwurgesetzgebung angehören, welche auf alttestamentlichen Vorstellungen des mosaischen Gesetzes fussen und welche die Früchte der neueren Rechtsentwicklung sind.

Es würde zu weit führen, hier näher auf die Bestimmungen des Gesetzbuchs von 1734 einzugehen. Ich möchte aber erwähnen, dass das Werk auch in einer deutschen Übersetzung vorliegt. Eine deutschsprachige Ausgabe wurde nämlich für notwendig erachtet, da das Gesetzbuch in den Gebieten Anwendung finden sollte, die Schweden damals noch in Norddeutschland innehatte.

In Schweden und Finnland war das Gesetzbuch von 1734 bis in die jüngste Vergangenheit die Hauptrechtsquelle, doch sind die meisten seiner Abschnitte allmählich durch neue Gesetzgebung ersetzt worden, die zu wesentlichen Teilen in den alten Rahmen eingefügt worden ist. Das öffentliche Recht wurde in dem Gesetzbuch von 1734 ganz beiseite gelassen und ist durch besondere Gesetzgebung geregelt; hierzu kann ich auf die Vorlesung von Professor Lagerroth verweisen.

Die Rechtsentwicklung während des 19. und 20. Jahrhunderts, wie sie sich im heute geltenden Recht widerspiegelt, dürfte durch andere Vorlesungen im Rahmen dieses Kursus gebührend dargestellt werden, so dass ich meine Aufgabe hiermit als erledigt betrachten kann.

Ich möchte mit einer Beobachtung schliessen, die man betreffs der Art unserer Rechtsquellen machen kann. Schweden nimmt gewissermassen eine Zwischenstellung ein zwischen dem englischen System und dem System, das in den meisten Ländern des europäischen Kontinents gegolten hat. In Schweden spielt das geschriebene, kodifizierte Recht jedoch eine unvergleichlich grössere Rolle als in England. Gibt es geschriebene Gesetze und Verordnungen, so kann jedermann oft recht leicht die Regel finden, die in einer konkreten Rechtsfrage gelten soll. Präjudikate sind oft für nicht rechtskundige Leute schwerer aufzuspüren. In dieser Hinsicht hat die schwedische Rechtsordnung auf ihre Weise der Rechtsgewissheit besser dienen können als die englische. Andererseits aber ist das geschriebene Recht Schwedens — wenigstens bis in die allerjüngste Zeit — nicht so mit Systematik und Theorien durchsetzt gewesen, wie viele der Gesetzeswerke, die auf dem Festlande unter dem Einfluss des römischen Rechts und der Denkweise der römischen Juristen entstanden sind. Hierdurch ist die schwedische Rechtsordnung weniger empfänglich für doktrinäre und begriffsjuristische Konstruktionen gewesen als die Rechtsordnung vieler kontinentaleuropäischer Länder. In Schweden — wie übrigens auch in Deutschland —ist in diesem Jahrhundert starke Kritik gegenüber begriffsjuristischen und wirklichkeitsfremden Konstruktionen laut geworden — doch brauchte sich diese Kritik hier nicht gegen die heimische Rechtsordnung und Rechtsauffassung zu wenden, sondern eher gegen diejenigen unter unseren Rechtsgelehrten und sonstigen Juristen, die ihre Gedankenwelt unter allzustarken Eindrücken seitens ausländischer Vorbilder aufgebaut hatten.

Literatur:

Amira, Karl von, Grundriss des germanischen Rechts, 3. Aufl., Strassburg 1913, insbesondere §§ 21—23.

— Nordgermanisches Obligationenrecht, 1: Altschwedisches Obligationenrecht, Leipzig 1882.

Almquist, Jan Eric, Svensk juridisk litteraturhistoria, Stockholm 1946.

Collin, H. S. & Schlyter, C. J., Samling af Sveriges gamla lagar (Corpus iuris sueo-gotorum antiqui), I—XIII, Stockholm och Lund 1827—77.

Des Reichs Schweden Stadt-Recht, Frankfurt und Leipzig 1709.

Des Schwedischen Reiches Gesetz genehmigt und angenommen auf dem Reichstage im Jahr 1734, Stockholm 1807.

Hjejle, Bernt, Nordisk Retsfællesskab, København 1946.

Holmbäck, Åke & Wessén, Elias, Svenska landskapslagar, tolkade och förklarade för nutidens svenskar, I—V, Uppsala 1933—46.

Lehmann, Karl, Der Königsfriede der Nordgermanen, Berlin und Leipzig 1886.

Minnesskrift ägnad 1734 års lag av jurister i Sverige och Finland, I—IV, Stockholm 1934.

Munktell, Henrik, Det svenska rättsarvet, Stockholm 1944.

Schwedisches Land-Recht, Frankfurt und Leipzig 1709.

Schwerin, Claudius von, Die altgermanische Hundertschaft, Breslau 1907.

— Zur altschwedischen Eidhilfe, Heidelberg 1919.

— Germanenrechte, VII, Schwedische Rechte: Älteres Westgötalag, Upplandslag, Weimar 1935.

Westman, Karl Gustaf, De svenska rättskällornas historia, Uppsala 1912.

Einige Prinzipien des schwedischen Vertragsrechts

Von Professor Dr. *Fritjof Lejman*

Das schwedische Gesetzbuch von 1734, das grösstenteils durch zwei Jahrhunderte seine Geltung behielt — gewisse Bestimmungen desselben sind unverändert auch heute noch in Kraft —, enthält keine allgemeinen Regeln betreffend Rechtsgeschäfte und Verträge. Dies erklärt sich durch den kasuistischen Charakter jener alten Kodifikation. Derartige allgemeine Normen gab in Schweden erstmalig das Gesetz über Verträge (schwed. *Avtal*) und andere vermögensrechtliche Rechtsgeschäfte vom Jahre 1914. Dieses Gesetz ist eine Frucht der Zusammenarbeit auf dem Gebiete der Gesetzgebung, die in den letzten Jahrzehnten vor allem zwischen Schweden, Norwegen und Dänemark stattgefunden hat. Es ist nicht sehr umfassend; es enthält nur etwa 40 Paragraphen mit Bestimmungen teils über Vertragsabschlüsse, teils über Vollmachten und teils über Ungültigkeit. Ausserhalb dieses Gesetzes gibt es auch Bestimmungen über Wirkung und Ungültigkeit von Rechtsgeschäften im Rahmen der Regelung des jeweils einschlägigen, besonderen Rechtsgebiets (ausnahmsweise auch freistehende derartige Bestimmungen). So haben wir z. B. Bestimmungen über die Wirkung vermögensrechtlicher Handlungen von Unmündigen in dem Gesetz über Vormundschaft vom Jahre 1924. Übrigens gibt es auch ein besonderes Gesetz über die Wirkung von Verträgen, die unter dem Einfluss gestörter Geistestätigkeit abgeschlossen worden sind, ebenfalls von 1924. Ferner enthält das Gesetz über Versicherungsverträge von 1927 besondere Bestimmungen über den Abschluss von Versicherungsverträgen.

Ein Kommentar zum Gesetz über Verträge und andere Rechtsgeschäfte erschien 1916, verfasst von einem der Schöpfer dieses Gesetzes, dem berühmten schwedischen Juristen und Mitglied des Obersten Gerichtshofes Schwedens Tore Almén. Nach Alméns frühem Tode 1919 hat sein Kollege Rudolf Eklund die weiteren Neuauflagen besorgt. Es sei hier auch auf die Darstellung über Rechtsgeschäfte verwiesen, die von Seth und Karlgren in dem Sammelwerk »Die Zivilgesetze der Gegenwart» gegeben haben.

Ein allgemeiner Grundsatz des schwedischen Vermögensrechts dürfte sein, dass es grössere Rücksicht auf den Empfänger einer Willenserklärung als auf den Abgeber derselben nimmt. Man schützt soweit möglich den Empfänger, seine Gutgläubigkeit selbstverständlich vorausgesetzt. Seinen Grund hat dieses Prinzip in der Rücksicht auf die Rechtssicherheit und die Forderungen des Geschäftslebens. Dies kommt bereits in § 1 des erwähnten Gesetzes zum Ausdruck, der bestimmt, dass ein Angebot zwecks Abschluss eines Vertrages bindend, d. h. während eines befristeten Zeitraums unwiderruflich ist, sobald der Empfänger des Angebots von diesem Kenntnis erhalten hat; er soll sich darauf verlassen können, dass das Angebot gilt, während er die Annahme oder Ablehnung erwägt. Vielleicht noch deutlicher drückt sich das besagte Prinzip des schwedischen Vermögensrechts in den Regeln über die Ungültigkeit der Rechtsgeschäfte aus. Was die Wirkung von Unmündigkeit, Geisteskrankheit oder sonstigen Mängeln der Geschäftsfähigkeit anlangt, geht wohl das schwedische Recht gleich dem kontinentalen davon aus, dass das Rechtsschutzbedürfnis des Unmündigen, Geisteskranken usw. von solcher Bedeutung ist, dass andere schutzwürdige Interessen zurückstehen müssen. Anders verhält es sich mit den Wirkungen eines *Willensmangels*; hier nimmt man in höchstem Masse Rücksicht auf die Interessen eines gutgläubigen Kontrahenten. So ist z. B. im Falle eines Irrtums bei Abschluss eines Rechtsgeschäftes der Irrende in der Regel an den Inhalt des Rechtsgeschäftes gebunden, falls nicht der Gegner den Irrtum erkannt hat oder füglich erkennen musste. Das Gesetz hat damit, kann man sagen, die kontinentale

Willenstheorie abgelehnt und statt ihrer die sog. Vertrauenstheorie akzeptiert. Man kann vielleicht sagen, dass diese der Erklärungstheorie in der deutschen Doktrin nahesteht. Besonders zu bemerken ist, dass das schwedische Recht auch die Ansicht zurückweist, der Gegenpartei sei nach Massgabe des negativen Vertragsinteresses Ersatz zuzubilligen; man vertritt die Ansicht, dass eine solche Lösung infolge Beweisschwierigkeiten von geringem praktischen Wert sei.

In Übereinstimmung mit der Vertrauenstheorie steht ferner, dass man, wenn es den Inhalt eines Rechtsgeschäftes durch Auslegung festzustellen gilt, nach schwedischem Recht in der Regel davon auszugehen hat, was der Kontrahent in dasselbe hineinzulegen berechtigt sein durfte. Man kann dies eine objektive Auslegungsmethode nennen.

Hiermit steht auch im Einklang, dass die schwedische Vollmachtslehre auf dem Gedanken aufbaut, dass ein Dritter, der sich mit einem Bevollmächtigten einlässt, insoweit auf dessen schriftliche Urkunde oder sonstige Vollmacht mit selbständiger Existenz vertrauen kann, als er bei Gutgläubigkeit seinerseits nicht davon berührt wird, wenn der Bevollmächtigte über den Auftrag seines Vollmachtgebers hinausgegangen ist.

Im Gegensatz hierzu ist hervorzuheben, dass die Vertrauenstheorie ausserhalb des Vermögensrechts nicht herrscht. Das Familienrecht hat sie nicht, und was das Testamentsrecht betrifft, ist hier die Willenstheorie durch Gesetz von 1930 festgelegt.

In den Motiven des Vertragsgesetzes versteht man unter einem Rechtsgeschäft eine private Willenserklärung, die den Zweck hat, ein Rechtsverhältnis zu begründen, zu verändern oder aufzuheben. Hierdurch sollen solche Handlungen (z. B. die Spezifikation als Rechtstitel für den Erwerb von Eigentum) ausgeschieden werden, denen rechtliche Wirkung zuerkannt wird, *ohne* dass es darauf ankommt, ob sie ein Ausdruck des fraglichen Willens sind. Es ist zweifelhaft, in welchem Umfang das Vertragsgesetz und die Vertrauenstheorie auf verschiedene »stillschweigende» Willenserklärungen anwendbar sind, z. B. in gewissen Fällen auf die Genehmigung eines ungültigen Rechtsgeschäftes.

Was den Abschluss von Verträgen des näheren angeht, ist auch im schwedischen Recht die römischrechtliche Einteilung von Verträgen in Formalverträge, Realverträge und Konsensualverträge von grosser Bedeutung. Beim Formalvertrag muss bekanntlich die Willenserklärung in einer bestimmten Form erfolgen. Bei den Realverträgen kommt die Gebundenheit erst durch die Leistungen — z. B. die Übergabe der Sache, auf die sich die Vereinbarung der Vertragspartner bezieht — zustande. Bei Konsensualverträgen ist keines von beiden erforderlich; die Gebundenheit tritt vielmehr durch den blossen Austausch von Angebot und Annahme ein. Bei Formalverträgen und Realverträgen finden die Regeln des ersten Kapitels des Vertragsgesetzes über den Abschluss von Verträgen im Gegensatz zu den übrigen Bestimmungen dieses Gesetzes keine Anwendung.

In der schwedischen Gesetzgebung sind Vorschriften über eine bestimmte Form von Rechtsgeschäften relativ ungewöhnlich. Schriftlichkeit mit Gegenwart von Zeugen ist für Kauf, Tausch und Schenkung von unbeweglichem Vermögen vorgeschrieben. Die gleiche Regel gilt ausserhalb des Vermögensrechts für den Ehevertrag und für Testamente, ferner heute auch für alle Pachtverträge, ebenso für Kollektivverträge. Eine eigentümliche Vorschrift gilt für den Mietvertrag: ein solcher soll für ein Jahr oder länger schriftlich errichtet werden, sofern nicht Vermieter und Mieter sich anders einigen — d. h. einigen darüber, dass ein mündlicher Vertrag ausreicht. Die Partei, die sich auf einen derartigen Vertrag berufen will, hat die Vereinbarung zu beweisen.

Die Mitwirkung einer öffentlichen Behörde bei der Eingehung von Verträgen ist im schwedischen Recht sehr selten; sie kommt natürlich vor, z. B. bei der Eheschliessung. Etwas anderes ist es, dass oft bestimmt wird, dass eine öffentliche Behörde sich später mit einem Vertrag zu befassen hat. So müssen in verschiedenen Fällen vom Vormund eingegangene Verträge durch den sog. Obervormund oder gerichtlich genehmigt werden.

Ist für einen Vertrag eine bestimmte Form vorgeschrieben, so bezieht sich das Formerfordernis nicht immer auf die Willenserklärungen beider Kontrahenten. Das Formerfordernis eines Grundstückskaufes betrifft z. B. nur die Willenserklärung des Verkäufers.

Die Wirkung der Übertretung einer Formvorschrift kann verschieden sein. Die Vorschrift der Zeugengegenwart bei Grundstückskäufen hat nur Wirkung, wenn der Verkäufer seine Namensunterschrift auf der Urkunde bestreitet oder geltend macht, der Kaufvertrag sei nicht endgültig. Das gewöhnlichste ist, dass die Nichtbeachtung einer Form die Nichtigkeit des Vertrages bewirkt. Es kann aber auch so sein, dass die Form nur für die rechtliche Wirkung gegenüber Dritten von Bedeutung ist. Ohne die Beachtung der Formvorschriften in einer alten Verordnung von 1845 hat ein Kaufvertrag betreffend bewegliche Sachen, die im Verwahr des Verkäufers bleiben sollen, keine Wirkung gegenüber den Gläubigern des Verkäufers.

Der Vertragstyp Realverträge hat im schwedischen Recht keine besonders grosse Verbreitung und man kann sagen, dass er im Schwinden ist. Im Gewohnheitsrecht steht wohl immer im Prinzip fest, dass eine Schenkung von beweglichen Sachen mangels Übergabe rechtlich unwirksam ist. Durch Gesetzgebung vom Jahre 1936 ist dieses Prinzip dahingehend modifiziert, dass eine schriftlich oder öffentlich vollzogene Schenkung auch ohne Übergabe dem Schenker gegenüber wirksam ist.

Das erste Kapitel des Vertragsgesetzes enthält Bestimmungen über den Abschluss von Konsensualverträgen. Diese Bestimmungen sollen zur Anwendung kommen, soweit sich nicht anderes aus dem Angebot oder der Annahme oder aus Handelsbrauch oder anderer Gewohnheit ergibt. Der Ausgangspunkt ist der bereits erwähnte Rechtsgrundsatz, dass das Angebot auf Abschluss eines Vertrages sowie die Antwort für denjenigen bindend ist, der das Angebot oder die Annahme abgegeben hat. Bei der Anwendung ist jedoch zu beachten, dass man eine Ausnahme machen muss, wenn z. B. ein Anbietender den ausdrücklichen oder stillschweigenden Vorbehalt gemacht hat, vor einer weiteren Willenserklärung seinerseits nicht endgültig gebunden zu sein. Das gilt in der Regel betr. Annoncen, Rundschreiben usw. Ein Angebot »ohne Verbindlichkeit» soll nur als eine Aufforderung zur Abgabe von Angeboten aufgefasst werden. Geht binnen einer nicht unbillig langen Zeit ein Angebot von einem Aufgeforderten ein und musste der Empfänger erkennen, dass das Angebot auf Grund seiner Aufforderung ergangen ist, so obliegt es ihm, falls er das Angebot anzunehmen nicht gewillt ist, hiervon ohne ungerechtfertigte Verzögerung Mitteilung zu machen, widrigenfalls das Angebot als angenommen gilt.

Ist im Angebot eine bestimmte Frist für die Antwort gesetzt worden, so muss die annehmende Antwort, nach der dispositiven Regel des Vertragsgesetzes § 2, auch dem Anbietenden innerhalb dieser Frist zugehen. Bei nichtbefristetem Angebot soll nach § 3 die Antwort dem Anbietenden innerhalb der Zeit zugehen, mit der er bei Abgabe seines Angebots billigerweise rechnen konnte; dies ist die sog. legale Akzeptfrist. Ein mündlich ergangenes Angebot muss sofort angenommen werden.

Vom Standpunkt des Empfängers des Angebots aus ist indessen eine dem Anbietenden zu spät zugegangene Antwort in der Regel nicht ohne rechtliche Bedeutung. Im allgemeinen ist der Empfänger durch die verspätete Antwort gebunden, und zwar wie ein Anbietender (gemäss § 4); ein Vertrag kommt zustande, wenn der ursprünglich Anbietende die Antwort akzeptiert. In einem Falle kann der Absender der verspäteten Antwort, d. h. der Empfänger des Angebots, sogar ohne Akzept definitiv gebunden sein. Wenn er nämlich davon ausgeht, dass seine Antwort rechtzeitig angekommen ist, und der ursprünglich Anbietende dies erkennen musste, gilt der Vertrag als zustandegekommen, soweit nicht der ursprünglich Anbietende ohne unbegründete Verzögerung Einspruch erhebt. Eine diesbezügliche Mitteilung geht auf Gefahr des Absenders.

Entsprechende Prinzipien gelten, wenn ein Angebot durch eine Antwort, die auf Grund von Zusätzen, Einschränkungen oder Vorbehalten mit dem Angebot nicht übereinstimmt, akzeptiert wird (laut § 6). Hierbei erlischt das Angebot in der Regel, und zwar — ebenso wie bei Ablehnung des Angebots (laut § 5) — ohne Rücksicht darauf, ob die Akzeptfrist verstrichen ist oder nicht. Eine solche Antwort wirkt aber im Zweifel als ein neues Angebot und ist gemäss den obenerwähnten Regeln wirksam.

Ein Angebot kann nach recht liberalen Regeln widerrufen werden; der Widerruf ist wirksam, wenn bewiesen werden kann, dass spätestens zu dem Zeitpunkt, zu dem der Empfänger von dem Angebot Kenntnis nahm, auch der Widerruf zu seiner Kenntnis gelangte oder ihm sogar nur zuging (dies nach § 7). Das über den Widerruf des Angebots Gesagte gilt sinngemäss auch für die Antwort des Empfängers.

Es ist schwer, den Zeitpunkt festzustellen, von dem ab die Rechtswirkungen eines Vertrages oder einer Willenserklärung, sei es für die Vertragsparteien, sei es gegenüber Dritten, als eingetreten zu betrachten sind. Ein für alle Fälle geltendes Prinzip dürfte sich auch hier nicht aufstellen lassen. Vielleicht kann man sagen, dass man in Schweden im Zweifel von dem Zeitpunkt ausgeht, zu dem das Angebot abgeschickt oder sonstwie ausgegeben wird. Stirbt z. B. der Anbietende nach der Absendung des Angebots, so ist dieses trotzdem wirksam, falls es nicht durch besondere Gründe hinfällig wird.

Die Frage, unter welchen Voraussetzungen dem Schweigen auf seiten des Empfängers dieselbe Rechtswirkung wie einer annehmenden Antwort zuerkannt werden muss, hat man als noch nicht reif zur gesetzlichen Regelung betrachtet. Ein Umstand von Bedeutung dürfte sein, ob die Kontrahenten vorher in Geschäftsbeziehung mit einander gestanden haben. So muss z. B. der Vollmachtgeber eines Handelsagenten ohne unbillige Verzögerung Mitteilung machen, wenn der Agent ein Kaufangebot eines Dritten einschickt, widrigenfalls das Angebot als vom Vollmachtgeber angenommen gilt.

Es fehlt im schwedischen Recht auch eine Bestimmung, nach der ein Vertrag zustandekommen kann, ohne dass die Annahme dem Antragenden gegenüber erklärt zu werden braucht. § 8 des Vertragsgesetzes enthält zwar eine Regel für den Fall, dass der Anbietende erklärt hat, er fordere keine ausdrückliche Antwort. Der Zweck dieser Gesetzesstelle ist jedoch der, die Verkürzung einer unbillig langen Gebundenheit an ein Angebot zu bewirken. Es wird daher bestimmt, dass der Empfänger eines Angebots verpflichtet ist, auf Anfrage Bescheid zu geben, ob er das Angebot annehmen will; unterlässt er dies, gilt das Angebot als erloschen.

Über die Vollmacht sind Bestimmungen im zweiten Kapitel des Vertragsgesetzes enthalten. Zu diesen sei hier nur Folgendes erwähnt: Unter den Arten, auf die eine Vollmacht entstehen kann, nennt das Gesetz in erster Linie: eine schriftliche Urkunde, die dem Bevollmächtigten zwecks Besitz und Vorweisung gegenüber Dritten ausgehändigt worden ist (sog. Vollmachtsurkunde), eine an einen Dritten gerichtete besondere Mitteilung von seiten des Vollmachtgebers, eine in der Presse oder sonst öffentlich erfolgte Bekanntmachung und schliesslich, doch nicht zuletzt, die Bekleidung einer Stellung — auf Grund eines Dienstverhältnisses oder sonst infolge eines Vertrages mit einem anderen —, aus der nach Gesetz oder Brauch eine bestimmte Befugnis, im Namen des andern zu handeln, folgt. Für alle diese Fälle gilt, dass, wenn der Bevollmächtigte im Rahmen der Vollmacht, aber unter Verstoss gegen besondere einschränkende Weisungen des Vollmachtgebers in ihrem inneren Rechtsverhältnis gehandelt hat, das Rechtsgeschäft für den Vollmachtgeber bindend ist, wenn der Dritte nicht erkannte oder erkennen musste, dass der Bevollmächtigte die ihm auf Grund seines Auftrags zukommende Befugnis überschritten hat. Wo dagegen kein äusseres Faktum vorliegt, das dem Dritten die Existenz und die Grenzen der Vollmacht zeigt — die Vollmacht ist durch eine blosse Mitteilung des Vollmachtgebers *an den Bevollmächtigten* erteilt worden —, hat die (»mündliche») Vollmacht sogar gegenüber einem gutgläubigen Dritten keine Wirkung, sondern die Vertretungsmacht fällt mit der Befugnis zusammen.

Eine Vollmacht kann in der Regel durch Widerruf von seiten des Vollmachtgebers zum Erlöschen gebracht werden. Bei einer Vollmacht selbständigen Charakters ist es zwecks Wirksamkeit des Widerrufs gegenüber einem gutgläubigen Dritten erforderlich, dass die Wirkung des äusseren Faktums aufgehoben oder neutralisiert wird. Bei mündlicher Vollmacht genügt eine Mitteilung an den Bevollmächtigten.

Auch wenn jemand ohne Vollmacht ein Rechtsgeschäft im Namen eines anderen vornimmt, kann dieses durch eine spätere Willenserklärung (nämlich die Genehmigung des Vertretenen) rechtlich wirksam werden. Ausnahmsweise kann ausserdem auch ein solches Rechtsgeschäft auf Grund einer altertümlichen Bestimmung gewisse Wirkungen haben — obwohl keine Vertretungsmacht vorliegt — nämlich soweit bewiesen wird, dass das, was durch das fragliche Rechtsgeschäft dem Vollmachtgeber zugeflossen ist, zu dessen Nutzen verwandt worden ist.

Gewisse allgemeine Bestimmungen gibt es auch in der schwedischen Gesetzgebung betr. eines Handelns im eigenen Namen für Rechnung eines anderen. So enthält das Kommissionsgesetz die Vorschrift, dass, wenn ein Kommissionär an einen Dritten bewegliche Güter veräussert, die ihm vom Kommittenten zum Verkauf überlassen worden sind, das Eigentumsrecht direkt vom Kommittenten auf den Dritten übergeht, und dass, wenn der Kommissionär Güter für Rechnung des Kommittenten erwirbt, dieser unmittelbar Eigentümer der Güter wird.

Die wichtigsten Bestimmungen des Vertragsgesetzes behandeln die Ungültigkeit von Rechtsgeschäften. Es gibt indessen auch mehrere Ungültigkeitsgründe, die sich aus anderen Bestimmungen als denen des Vertragsgesetzes herleiten. Einige von diesen seien zunächst erwähnt. Einer dieser Ungültigkeitsgründe ist die Unmündigkeit. Der Unmündige entbehrt der Geschäftsfähigkeit. Doch kann er reine Erwerbsakte vornehmen, Dienstverträge eingehen und über selbsterworbenes Vermögen verfügen. Der allgemeine Mangel der Geschäftsfähigkeit kann in diesem Falle auch gegenüber einem gutgläubigen Vertragspartner geltend gemacht werden. Dagegen ist das Rechtsgeschäft gültig, wenn dieser aus dem Verhalten des Vormunds auf dessen Zustimmung schliessen konnte. Bei Ungültigkeit eines Vertrages ist der Unmündige verpflichtet, das auf Grund desselben Empfangene zurückzuerstatten bzw., wenn dies nicht möglich ist, dessen Wert zu ersetzen, und zwar in dem Masse, als das Empfangene für den angemessenen Unterhalt des Unmündigen verwandt worden ist oder ihm sonst Nutzen gebracht hat. Diese »ungerechtfertigte Bereicherung» ist somit zurückzuerstatten, auch wenn der betreffende Vermögenswert bei dem Unmündigen nicht mehr vorhanden ist. Auch kann ein Unmündiger, wenn er durch falsche Angaben über seine Befugnisse irregeführt hat, verpflichtet sein, innerhalb des Rahmens des negativen Vertragsinteresses Ersatz zu leisten.

Nach einem speziellen Gesetz vom Jahre 1924 ist ein Vertrag ungültig, der unter der Einwirkung einer Geisteskrankheit,

Geistesschwäche oder einer anderen Störung der Geistestätigkeit zustande gekommen ist. Unter einer solchen Störung versteht man auch eine rein zufällige Sinnesverwirrung, z. B. durch Missbrauch von Rauschmitteln. Die Regeln über die Ungültigkeit des Vertrages gleichen im wesentlichen den eben erwähnten; indessen hat hier ein gutgläubiger Vertragspartner immer Anspruch auf angemessene Entschädigung für seinen Verlust.

Ein weiterer Ungültigkeitsgrund steht mit dem Konkurs in Zusammenhang. Nach Eröffnung des Konkurses kann der Konkursschuldner nicht über sein Eigentum »herrschen», soweit es zur Konkursmasse gehört. Mit Rücksicht auf die Interessen der Konkursgläubiger ist ein Rechtsgeschäft hier diesen gegenüber unwirksam, auch wenn der Kontrahent keine Kenntnis vom Konkurs hatte. Zur Befriedigung derselben Interessen können auch gewisse Rechtsgeschäfte, die der Schuldner vor Eröffnung des Konkurses vorgenommen hat, gemäss den Regeln des Konkursgesetzes über Anfechtung im Konkurs angefochten werden. Ein Dritter, der die fraglichen Vermögenswerte später gutgläubig erworben hat, ist in diesem Falle jedoch geschützt. Es kann indessen zweifelhaft sein, ob unter den genannten Umständen das Rechtsgeschäft als *ungültig* bezeichnet werden soll. Weitere Ungültigkeitsgründe bilden Formfehler und fehlende Vertretungsmacht.

Ich komme nun zur fehlenden Übereinstimmung zwischen Willen und Willenserklärung. Hier ist zunächst klar, dass ein Vertrag zwischen den Partnern nicht bindend ist, wenn ein bewusster Mangel dieser Übereinstimmung vorliegt oder wenn also ein Vertrag zum Schein abgeschlossen wird. Die wichtigste Regel betrifft hier jedoch die *unbewusste* Divergenz zwischen Willen und Willenserklärung, § 32 Abs. 1 des Vertragsgesetzes. Besonders durch diese Regel kommt die Vertrauenstheorie zum Ausdruck. Die Regel sagt: Wer eine Willenserklärung abgegeben hat, die infolge eines Verschreibens oder eines anderen Irrtums seinerseits einen anderen Inhalt als den beabsichtigten erhalten hat, ist an den Inhalt der Willenserklärung nicht gebunden, wenn derjenige, an den die Erklärung gerichtet ist, den Irrtum erkannt hat oder erkennen musste. Aus dieser Bestimmung schliesst man jetzt e contrario, dass im allgemeinen ein solcher Irrtum einem gutgläubigen Kontrahenten gegenüber *nicht* geltend gemacht werden kann; vielleicht kann man jedoch nicht immer e contrario schliessen, z. B. nicht bei benefiken Willenserklärungen. Diese Gesetzesstelle bezieht sich auf zwei verschiedene Arten von Irrtümern, teils Verschreiben u. dgl., teils solche Fälle, wo der Erklärende eine unrichtige Vorstellung über den Inhalt der Erklärung gehabt hat, z. B. Fremdwörter oder Fachausdrücke unzutreffend gebraucht hat. Die Gesetzesstelle schliesst nicht aus, dass der Erklärende nach Massgabe dessen gebunden ist, was er mit der Rechtshandlung ausdrücken wollte, wenn dies vom Vertragspartner erkannt worden ist.

Für die Beurteilung des guten Glaubens des Kontrahenten ist massgebend der Zeitpunkt, zu dem ihm das Rechtsgeschäft bekannt geworden ist. Es wird aber in § 39 hinzugefügt, dass, wenn besondere Umstände hierzu Anlass geben, auch auf die Kenntnis Rücksicht zu nehmen ist, die der Gegner *nach* diesem Zeitpunkt, aber bevor das Rechtsgeschäft auf seine Handlungsweise bestimmend eingewirkt hat, erlangte oder erlangen musste. Diese Bestimmung ist ein Sicherheitsventil gegen Übertreibungen der Vertrauenstheorie.

Die eben erwähnte Bestimmung des § 32 Abs. 1 bezieht sich nicht auf den Fall, dass die Willenserklärung nach Absendung oder sonstiger Abgabe von einer fremden Person inhaltlich verändert worden ist. Hier kann der Erklärende sich auch einem gutgläubigen Kontrahenten gegenüber auf den Fehler berufen. Für einen Boten hat der Abgeber einer Willenserklärung auch keine Verantwortlichkeit, soweit ihm keine Nachlässigkeit zur Last gelegt werden kann. Auch ist er nicht dafür verantwortlich, dass z. B. eine andere Person, ohne hierzu legitimiert zu sein, die Erklärung mit einem Briefe zur Post bringt; die Erklärung ist in diesem Falle nicht bindend. Nach ausdrücklicher Bestimmung ist jedoch eine Quittung über einen Geldbetrag, die ohne Willen des Gläubigers aus dessen Besitz gelangt ist, dem Gläubiger gegenüber wirksam, wenn der Schuldner gutgläubig gegen Erhalt der Quittung Zahlung leistet, falls die Forderung fällig ist.

Ein Irrtum kann indessen auch ein Irrtum in den Beweggründen sein; der Abgeber einer Willenserklärung kann bei der Entschlussfassung von einer unrichtigen Voraussetzung ausgegangen sein. Auch in diesen Fällen kann die Erklärung ungültig sein. Zunächst kann es sich hier um eine arglistige Täuschung des Partners oder eines anderen handeln, und in diesem Falle ist das Rechtsgeschäft für den Getäuschten nicht bindend, soweit der Partner nicht guten Glaubens ist. Es ist zu bemerken, dass hier auch ein Verschweigen tatsächlicher Verhältnisse bisweilen als eine arglistige Täuschung aufgefasst werden kann.

Im übrigen enthält das Vertragsgesetz keine nähere Regelung der Wirkung unrichtiger Voraussetzungen, und auch sonst gibt es darüber keine generellen Bestimmungen. Die Frage ist vielmehr offengelassen. Dasselbe gilt betreffs der Wirkung der sog. nicht erfüllten Voraussetzungen. Hierunter versteht man die Fälle, wo derjenige, der ein Rechtsgeschäft vorgenommen hat, von einer gewissen Vorstellung hinsichtlich eines künftigen Umstandes ausgegangen ist — ohne dass derselbe als Bedingung bezeichnet worden ist — und es sich später zeigt, dass die betreffende Vorstellung unrichtig war. Hier ist jedoch zu bemerken, dass es eine grosse Anzahl gesetzlicher Bestimmungen gibt, die für besondere Rechtsgebiete festlegen — als ein naturale negotii —, in welchem Umfang einer gewissen Voraussetzung Bedeutung beizumessen ist (sog. typische Voraussetzungen). Beispiele hierfür sind die Regeln bei einem Kauf betreffs der Wirkung eines Fehlers oder Mangels des Gutes.

Auch über den Rahmen des eben Erwähnten hinaus kann man unrichtigen oder nicht erfüllten Voraussetzungen eine Bedeutung beimessen, wenn dies in extremen Fällen mit allgemeinen moralischen Gesichtspunkten übereinstimmend erscheint. § 33 des Vertragsgesetzes bestimmt auch, dass ein Rechtsgeschäft nicht geltend gemacht werden kann, wenn die Umstände bei seinem Zustandekommen derart waren, dass es gegen Treu und Glauben verstossen würde, das Rechtsgeschäft in Kenntnis dieser Umstände geltend zu machen, und angenommen werden muss, dass derjenige, dem gegenüber das Rechtsgeschäft vorgenommen wurde, eine solche Kenntnis besass. In Schweden hat auch die ursprünglich von Bernhard Windscheid entwickelte, später von dem Dänen Julius

Lassen ausgebaute Voraussetzungslehre eine gewisse Resonanz gefunden. Nach dieser Lehre soll eine unrichtige oder nicht erfüllte Voraussetzung beachtet werden, wenn sie für den Handelnden wesentlich und zwar relevant war, vorausgesetzt, dass die Gegenpartei sie und ihre Bedeutung erkannt hat oder erkennen musste. Bei der Entscheidung der Frage, ob eine Voraussetzung relevant ist, wollen gewisse Autoren besonderen Umständen Bedeutung beimessen, z. B. ob die Voraussetzung ihrer Natur nach individuell oder von allgemeiner Gültigkeit ist, und welche der beiden Parteien die grössere Möglichkeit gehabt hat, die Sachlage richtig zu überschauen. Andere Schriftsteller wollen hier objektiv urteilen.

Auch wenn es sich um einen Ungültigkeitsgrund wie Zwang handelt, schützt das Vertragsgesetz einen gutgläubigen Kontrahenten. § 29 setzt nämlich den *rechtswidrigen* Zwang mit der arglistigen Täuschung gleich. Nur wenn der Zwang ausnahmsweise so schwerer Art ist, dass er durch »Gewalt gegenüber einer Person oder durch Drohung, die eine dringende Gefahr bedeutet», ausgeübt worden ist, hat man diesen Standpunkt nicht beibehalten können.

Ein mit dem Zwang zusammenhängender Ungültigkeitsgrund ist die unzulässige Beeinflussung, und § 31 des Vertragsgesetzes behandelt den Fall, dass jemand seine wirtschaftliche Übermacht durch Wucher missbraucht. Wucher liegt vor, wenn jemand sich Vorteile verschafft oder ausbedungen hat, die in einem offenbaren Missverhältnis zu der gewährten oder vereinbarten Gegenleistung stehen, und zwar unter der Voraussetzung, dass dies unter Ausnutzung der Notlage, des Unverstandes, des Leichtsinns oder der abhängigen Stellung eines anderen geschehen ist. Das Gesetz schützt indessen auch hier einen gutgläubigen Kontrahenten; die erwähnte Modifikation des Rechtsschutzprinzips gemäss § 39 findet auch hier entsprechende Anwendung.

Ganz allgemein ist zu bemerken, dass das Vertragsgesetz in allen den erwähnten Fällen nur die Stellung einer gutgläubigen *Gegenpartei* regelt. Es gibt keine allgemeine Regel über die Stellung eines gutgläubigen *Singularsukzessors*, wenn *er* ein Recht von einer bösgläubigen Gegenpartei erworben hat. Soweit es sich um bewegliche Sachen handelt, erkennt indessen das schwedische Recht gutgläubigen Erwerb in sehr grossem Umfang an. Das gilt auch mit Bezug auf die sog. »laufenden Schuldbriefe» und andere Urkunden »laufender» Beschaffenheit (z. B. Wechsel, Schecks).

Ein Rechtsgeschäft kann im Hinblick auf seinen *Inhalt* ungültig sein, weil es gegen die guten Sitten verstösst; allgemeine Regeln können hier jedoch nicht aufgestellt werden. So kann z. B. eine aus Spiel oder Wette rührende Forderung nicht gesetzlich eingetrieben werden, wenn auch eine freiwillige Leistung hier nicht zurückgefordert werden kann.

Das Vertragsgesetz enthält auch einige zwingende Bestimmungen, nach welchen eine versprochene Vertragsstrafe nach Billigkeit herabgesetzt oder ein ähnliches Versprechen geändert oder auch ein Konkurrenzverbot ausser acht gelassen werden kann. In den relativ modernen Gesetzen über Versicherungsverträge, Schuldbriefe und Mietverträge finden sich auch Kautschukbestimmungen, gemäss denen ein Rechtsgeschäft deshalb nicht als gültig anerkannt wird, weil es inhaltlich für den Erklärenden offenbar unbillig ist.

Die Ungültigkeit, die eintritt, wenn ein Rechtsgeschäft fehlerhaft ist, ist natürlich nicht immer von derselben Art. Es ist umstritten, ob und auf welche Weise die auf dem Kontinent seit langem geltende Unterscheidung zwischen Nichtigkeit und Anfechtbarkeit durchführbar ist. In einigen Fällen, z. B. bei Zwang von schwererer Art, ist eine Reklamation gegenüber einem gutgläubigen Gegner notwendig; in anderen muss der Betreffende sogar durch Klage reagieren. Meistens gibt es jedoch keine Regeln, die eine Reaktion von besonderer Art oder binnen einer bestimmten Frist vorschreiben. In gewissen Fällen — wenn ein öffentlichrechtliches Interesse dies fordert — kann das Gericht einen Ungültigkeitsgrund sogar einer ausdrücklichen Erklärung der interessierten Partei zuwider beachten. Im Gegensatz hierzu ist es in anderen Fällen erforderlich, dass derjenige, der die Ungültigkeit geltend machen will, diese einwendet.

Was schliesslich die Wirkung der Ungültigkeit betrifft, besteht diese grundsätzlich darin, dass die Rechtslage möglichst so behandelt wird, als ob das Rechtsgeschäft niemals vorgenommen worden wäre. Die Ungültigkeit wirkt somit ex tunc. Die Gegenpartei hat den betreffenden Gegenstand oder seinen Wert zurückzuerstatten. Der Gegenstand kann auch von einem Dritten vindiziert werden, soweit dieser nicht durch seinen guten Glauben geschützt ist.

Eltern und Kinder nach schwedischem Recht

Von Professor Dr. *Folke Schmidt*

Das schwedische Recht unterscheidet sich, soweit es das Verhältnis zwischen Eltern und Kindern angeht, in mehrfacher Hinsicht vom deutschen Recht. Nach deutschem Recht hat der Mann einen dominierenden Einfluss in der Ehe. Er bestimmt auch letzten Endes in den Angelegenheiten des Kindes. In Schweden ebenso wie in den übrigen nordischen Ländern ist die Frau dem Mann nicht mehr untergeordnet, sondern nimmt in rechtlicher Beziehung eine dem Mann ebenbürtige Stellung ein. Die Frauenemanzipation hat auch zu einer Umwandlung der Rechtsregeln betreffend das Verhältnis zwischen Eltern und Kindern geführt.

In die Machtsphäre des Hausvaters fiel nach älterem Recht die Befugnis, über das Vermögen, welches dem Kinde zufallen konnte, zu verfügen. Im deutschen Recht gilt diese Regel im Prinzip nach wie vor. Zwar hat man gewisse Bestimmungen für die Anlage des Vermögens eines unmündigen Kindes eingeführt, aber in der Regel findet keine Kontrolle der Verwaltung von seiten einer öffentlichen Behörde statt, was dagegen der Fall ist, wenn das Vermögen des Unmündigen einem Vormund anvertraut wird. Nach schwedischem Recht wird die Befugnis des Vaters zur Verwaltung des Kindesvermögens nicht als ein Ausfluss der »elterlichen Gewalt» betrachtet. Wir machen keinen Unterschied zwischen der Stellung eines Vaters und der Stellung, die einem Aussenstehenden, der zum Vormund bestellt ist, zukommt. Gleich strenge Kontrollregeln gelten in beiden Fällen.

In Deutschland hat das uneheliche Kind sehr begrenzte Rechte gegenüber dem Vater. Das Recht des Kindes umfasst nur einen Anspruch auf angemessenen Unterhalt. Im nordischen Recht ist man bestrebt, die unehelichen Kinder in rechtlicher Hinsicht mit den ehelichen gleichzustellen.

Meine Aufgabe ist es, in dieser Vorlesung die genannten Fragen zu beleuchten, nämlich 1) die Gleichstellung der Mutter mit dem Vater bei der Ausübung der elterlichen Gewalt, 2) die behördliche Kontrolle der Verwaltung des Kindesvermögens durch den Vater und 3) die Rechtsstellung des unehelichen Kindes im Vergleich zum ehelichen Kind. Der Hauptteil der Gesetzgebung, die ich berühren werde, ist in nordischer Zusammenarbeit zustande gekommen. Somit wird meine Vorlesung einen Vergleich zwischen nordischem und deutschem Recht geben.

Vom deutschen Gesichtspunkt aus gesehen kann die schwedische Gesetzgebung auf diesen Gebieten recht radikal erscheinen. Der eine oder der andere meint vielleicht, dass wir im nordischen Recht einen Weg beschritten haben, der zu einer Auflösung der Familie als staatlich-gesellschaftlicher Institution führt. Vom schwedischen Gesichtspunkt hinwiederum erscheint das deutsche Recht als ein überholtes Stadium. Das deutsche Recht beruht auf einer patriarchalischen Auffassungsweise, die unserer individualistischen, demokratischen Lebensauffassung fremd ist. Allerdings muss hervorgehoben werden, dass die deutsche Gesetzgebung auf diesem Gebiet aus dem Ende des neunzehnten Jahrhunderts stammt. Auf Grund verschiedener Umstände hat in Deutschland die Gesetzgebungstätigkeit auf dem Gebiete des Zivilrechts seit dem Zustandekommen des BGB praktisch gesehen daniedergelegen. Das einzige Gesetzgebungswerk von Bedeutung ist das Ehegesetz von 1938, welches jedoch nicht das Gebiet angeht, welches ich jetzt behandle. Dagegen haben wir in Schweden eine alle Teile des Familienrechts umfassende Neubearbeitung durchgeführt. Der Beobachter fragt sich daher, inwieweit man im Deutschland von heute die Regeln des BGB als veraltet ansieht.

Das schwedische Recht unterscheidet wie das deutsche Recht zwischen der »Sorge für die Person» und der »Sorge für das

Vermögen» des Kindes. Die Regelung des Personensorgerechts hängt eng zusammen mit den Bestimmungen des Eherechts. Nach älterem schwedischen Recht hatte gleichwie im heutigen deutschen Recht der Mann eine bevorzugte Stellung. Die Frau stand unter Vormundschaft des Mannes und war ihm untergeordnet sowohl in persönlichen wie in wirtschaftlichen Dingen. Durch die Einführung des neuen Ehegesetzes von 1920 wurden Mann und Frau als gleich freie und selbständige Personen nebeneinander gestellt, ohne dass das Gesetz einem von ihnen das Recht verliehen hätte, über den anderen oder über gemeinsame Familienangelegenheiten zu bestimmen. Dies kommt in der grundlegenden Vorschrift in Kap. 5 § 1 des Ehegesetzes zum Ausdruck; danach sind Mann und Frau einander Treue und Beistand schuldig und haben im gegenseitigen Einverständnis zum Besten der Familie zu wirken.

Die Bestimmungen betreffend die Sorge für die Person des Kindes wurden in einem besonderen Gesetz erlassen, dem Gesetz über eheliche Kinder, welches gleichzeitig mit dem neuen Ehegesetz erging. Im Gesetz über eheliche Kinder wurde vorgeschrieben, dass das Recht, in persönlichen Angelegenheiten des Kindes zu bestimmen, beiden Eltern gemeinsam zukommt.

Bei der Ausarbeitung des Gesetzentwurfs wurde die Frage erörtert, wie man den Fall beurteilen sollte, dass die Eltern in einer das Kind betreffenden Angelegenheit nicht zu einer Einigung kommen könnten. Im Entwurf zum Ehegesetz fand sich keine spezielle Regel, wie man Streitigkeiten zwischen den Eheleuten schlichten sollte, sondern der Entwurf setzte voraus, dass es den Eheleuten möglich sein würde, zu einer Einigung zu kommen. Gelang das nicht, stand es jedem Ehegatten jederzeit frei, sich von dem anderen zu trennen und Scheidung zu beantragen. Hinsichtlich der Sorge für die Person des Kindes wollte man es im vorbereitenden Ausschuss nicht dabei bewenden lassen, dass ein Beschluss möglicherweise nicht zustande käme oder dass ein Konflikt zwischen den Eltern auf die Weise gelöst würde, dass der Elternteil, der auf Grund seiner wirtschaftlichen Stellung oder aus anderen Gründen imstande war, die von ihm verlangte Massnahme durchzuführen, seinen Willen durchsetzte. Der Gesetzentwurf sah daher vor, dass bei Uneinigkeit zwischen den Eltern das Gericht zu bestimmen habe, welcher Elternteil befugt sein solle, die Entscheidung zu treffen. Dieser Vorschlag erweckte jedoch Kritik. Man meinte, dass die Befugnis, im Falle einer Uneinigkeit das Gericht anrufen zu können, leicht Verstimmung zwischen den Ehegatten wecken und zur Lockerung und Auflösung der Ehe führen könnte. Eine Bestimmung, die Zerwürfnisse in der Familie mit sich führen könnte, würde nicht den Interessen des Kindes dienen. Es wäre daher klüger, es den Eltern selbst zu überlassen, zu einer Verständigung zu kommen. Erst wenn der eine Ehegatte durch Missbrauch oder Verletzung seiner elterlichen Rechte und Pflichten oder infolge Trunksucht oder aus anderem Grunde sich geradezu als ungeeignet erweise, die Sorge für die Person des Kindes auszuüben, sollte das Gericht befugt sein, einzugreifen und zu bestimmen, dass die Personensorge gänzlich dem anderen Elternteil zukommen solle. Das Ergebnis dieser Erwägungen war, dass der Reichstag den Vorschlag, dass die Eltern sich bei Uneinigkeit an ein Gericht sollten wenden können, verwarf.

Die starke Stellung der Frau, wenn es sich um die Sorge für die Person des Kindes handelt, ergibt sich auch aus der Bestimmung darüber, wem die Personensorge zustehen soll, wenn die Eltern infolge Zerwürfnisses getrennt leben. Entscheidend ist in erster Linie, was mit Rücksicht auf das Wohl des Kindes angemessen erscheint. Trägt einer der Ehegatten hauptsächlich die Schuld an der Aufhebung der ehelichen Gemeinschaft, so ist zwar der andere in erster Linie berufen, die Sorge für die Person des Kindes auszuüben, aber das nur unter der Voraussetzung, dass beide Elternteile gleich geeignet dazu sind. Die schwedischen Gerichte dürften im allgemeinen die Ansicht vertreten, dass die Mutter am besten geeignet ist, für ein kleineres Kind zu sorgen. Es ist daher nicht ungewöhnlich, dass der Mutter die Sorge für die Person des Kindes auch in solchen Fällen zugesprochen wird, wo sie allein die Schuld an der Zerrüttung trägt.

Wie bereits hervorgehoben, wird die Befugnis des Vaters, das Vermögen des unmündigen Kindes zu verwalten, nicht als Ausfluss seiner »väterlichen Gewalt» betrachtet. Die Regeln betreffend die »Sorge für das Vermögen» finden sich im Vormundschaftsgesetz vom Jahre 1924, welches sowohl den Fall, dass der Vater oder die Mutter das Kindesvermögen verwaltet, wie auch den Fall, dass die Verwaltung einem Aussenstehenden anvertraut ist, behandelt. Hinsichtlich der Frage, wem von den Eltern die Verwaltung des Kindesvermögens anvertraut werden soll, hat das schwedische Recht jedoch noch nicht die völlige Gleichstellung zwischen Mann und Frau durchgeführt. Nach dem Vormundschaftsgesetz hat der Vater in der Eigenschaft als Vormund allein die Verwaltung des Eigentums des Kindes. Hat das Gericht bestimmt, dass die Personensorge der Mutter allein übertragen werden soll, oder ist der Vater verstorben, tritt jedoch die Mutter statt seiner als Vormund ein.

Auf diesem Gebiet ist jedoch nunmehr ein neues Gesetz ergangen. Im Mai 1949 hat der schwedische Reichstag ein Elterngesetz angenommen, das eine Zusammenfassung der verschiedenen Gesetze betreffend das Verhältnis zwischen Eltern und Kindern darstellt und unter anderem das gegenwärtig geltende Vormundschaftsgesetz ersetzen wird. Das neue Elterngesetz wird am 1. Januar 1950 in Kraft treten. In diesem Gesetz ist vorgeschrieben, dass beide Eltern Vormund des Kindes sein sollen. Bereits im jetzt geltenden Recht ist vorausgesetzt, dass ein Unmündiger mehrere Vormünder haben kann. In erster Linie kommt dies vor, wenn ein Unmündiger ein so grosses Vermögen besitzt, dass dessen Verwaltung auf mehrere verteilt werden soll. Die jetzt geltenden Regeln betreffend das Verhältnis zwischen mehreren Vormündern werden auch auf das Verhältnis zwischen den Eltern zur Anwendung kommen. Das bringt mit sich, dass man hier eine Bestimmung erhält, wie ein Streit zwischen den Eltern hinsichtlich der Verwaltung des Kindesvermögens entschieden werden soll. Sind die Eltern uneins, haben sie sich an den Obervormund zu wenden; dies ist ein von der Kommune gewählter Vertrauensmann für die Kontrolle der Verwaltung von Mündelvermögen. Die Meinung des Elternteils soll gelten, welcher beizupflichten der Obervormund sich in der Lage sieht.

Das noch geltende Vormundschaftsgesetz sowie das kommende Elterngesetz geben eingehende Bestimmungen, wie Mündelvermögen verwaltet werden soll. Diese Bestimmungen gelten ohne Ausnahme auch für den Fall, dass der Vater oder die Mutter das Vermögen des unmündigen Kindes verwaltet. Das schwedische System stimmt im wesentlichen mit den Vorschriften überein, die im deutschen Recht für den Fall gelten, dass die Verwaltung einem besonders bestellten Vormund übertragen ist. So schreibt das Gesetz vor, dass der Vormund Barmittel des Mündels nicht selbst in Besitz haben darf, sondern dass diese bei einer Bank einzuzahlen sind mit dem Vermerk, dass Abhebung nicht ohne Genehmigung des Obervormunds erfolgen darf. Gleicherweise soll der Vormund auch Aktien, Obligationen, Schuldverschreibungen und andere Wertpapiere unter Sperrvermerk deponieren, sofern der gesamte Wert zweitausend Kronen übersteigt. Die Kontrolle über die Verwaltung des Vormunds wird in erster Hand vom Obervormund ausgeübt, dem der Vormund jährlich Rechnungslegung über das Mündelvermögen einreichen soll. Als letzte Kontrollinstanz fungiert das örtlich zuständige Gericht. Der Vormund muss, bevor er gewisse Rechtshandlungen vornimmt, die Genehmigung entweder des Obervormunds oder des Gerichts einholen.

Nachdem das Vormundschaftsgesetz vom Jahre 1924 eine Zeitlang in Anwendung gewesen war, fand man, dass das Kontrollsystem eine Lücke aufwies. Ein Vormund, der Geld für Rechnung des Mündels erhielt, konnte es unterlassen, dies wie vom Gesetz vorgeschrieben einzuzahlen, und statt dessen das Geld für eigene Rechnung verwenden. Durch Verfälschung der Rechnungslegung konnte er dann die Unterschlagung verschleiern. Ein Gesetz vom Jahre 1940 sucht diese Lücke zu schliessen durch die Anordnung, dass Geld, welches dem Mündel zufällt, möglichst nicht durch die Hand des Vormunds gehen, sondern direkt von dem Dritten bei der Bank eingezahlt werden soll. Wer an einen Unmündigen eine Zahlung zu leisten hat, ist stets berechtigt, statt an den Vormund an die Bank zu zahlen, bei der das Geld gesperrt wird. Dasselbe gilt für die Aushändigung von Wertpapieren, die der Unmündige erworben hat. In gewissen Fällen ist der Dritte unbedingt verpflichtet, seine Leistung an die Bank zu bewirken. So zum Beispiel, wenn ein Nachlassverwalter Geld auszahlen soll, das dem Mündel aus einem Nachlass angefallen ist, oder wenn eine Versicherungsgesellschaft die Versicherungssumme auszahlen soll.

Die dritte Frage, die in dieser Vorlesung behandelt werden soll, betrifft die unehelichen Kinder. Nach älterem schwedischen Recht hatte das uneheliche Kind kaum irgendwelche Rechte gegenüber seinen Eltern. Nach dem Gesetzbuch vom Jahre 1734 sollten Vater und Mutter dem Kind notdürftigen Unterhalt und Erziehung gewähren, bis es sich selbst versorgen konnte. Erbrecht nach der Mutter wurde 1866 in begrenztem Umfang eingeführt. Durch eine Gesetzesänderung im Jahre 1905 erhielt das uneheliche Kind volles Erbrecht nach der Mutter und den Verwandten mütterlicherseits. In einer Hinsicht enthielt jedoch das ältere schwedische Recht eine besonders geartete Regel. Kinder, deren Eltern miteinander verlobt waren, galten als eheliche Kinder und hatten denselben Anspruch auf Unterhalt und dasselbe Erbrecht wie diese. Diese Regel hing damit zusammen, dass die Verlobung als eine der kirchlichen Trauung gleichwertige Form für die Eingehung der Ehe betrachtet wurde.

Durch das Gesetz über uneheliche Kinder vom Jahre 1917 wurden wesentliche Verbesserungen für die unehelichen Kinder eingeführt. Nach dem Gesetz vom Jahre 1917 soll die Höhe des Unterhalts nach den Verhältnissen beider Eltern bemessen werden, eine Bestimmung, die für die Mehrzahl der Kinder bedeutend günstiger ist als die deutsche Regel, dass der Unterhalt sich nach der Lebensstellung der Mutter bestimmt. Der Unterhalt ist stets solange zu entrichten, bis das Kind sechzehn oder achtzehn Jahre alt ist. Ist der Vater in der Lage zu zahlen, kann Unterhalt auch nach vollendetem achtzehnten Lebensjahr in Frage kommen, wenn es angebracht erscheint, dem Kinde mit Rücksicht auf seine Anlagen weiteren Unterhalt zuzusprechen. Das Gesetz vom Jahre 1917 beseitigte die Gleichstellung des Verlöbnisses mit der Ehe, übernahm aber von dem früheren Recht die Bestimmung, dass Kinder von Eltern, die miteinander verlobt waren, ebenfalls Erbrecht nach dem Vater haben. Dagegen hat das Kind kein Erbrecht nach den Verwandten des Vaters. Das Gesetz eröffnet auch die Möglichkeit für den Vater, durch eine Erbrechtserklärung seinem unehelichen Kind dasselbe Erbrecht wie einem ehelichen Kind zu geben. Die Bestimmungen über das Erbrecht unehelicher Kinder sind jetzt im Erbgesetz vom Jahre 1928 enthalten.

Im Verhältnis zum früheren Recht bedeutete die Gesetzgebung vom Jahre 1917 einen wesentlichen Schritt in Richtung auf Gleichstellung für uneheliche Kinder. Das neue Elterngesetz, das am 1. Januar 1950 in Kraft tritt, wird eine weitere Angleichung mit sich führen. Der Unterhaltsanspruch des unehelichen Kindes wird prinzipiell gleich dem des ehelichen Kindes geregelt. Im Vergleich zu Dänemark und Norwegen ist die Entwicklung in Schweden allerdings im Rückstand. In diesen Ländern wird das uneheliche Kind völlig dem ehelichen gleichgestellt und hat somit dasselbe Erbrecht wie dieses im Verhältnis zum Vater und den Verwandten väterlicherseits. Die Frage nach einer Reformierung der Erbrechtsregeln ist in Schweden aktuell. Eine Diskussion über die Voraussetzungen, unter welchen dem unehelichen Kind volle rechtliche Gleichstellung zuerkannt werden soll, ist im Gange. Man denkt sich eine nordische Zusammenarbeit, die gleichgeartete Regeln in sämtlichen nordischen Ländern umfassen soll. Ich möchte hier die Frage berühren, welchen Linien eine solche Gesetzgebung etwa folgen sollte.

Völlige Gleichstellung für alle Kategorien unehelicher Kinder zu erreichen, ist aus praktischen Gesichtspunkten nicht möglich. Eine grundlegende Voraussetzung knüpft an die Feststellung der Vaterschaft an.

Vom Gesichtspunkt der Vaterschaft aus könnte man etwa drei Gruppen von unehelichen Kindern unterscheiden. Die erste Gruppe bilden die Kinder von miteinander verlobten Eltern. Die zweite Gruppe stellen die übrigen unehelichen Kinder dar, bei denen der Vater mit Sicherheit festgestellt werden kann. In den meisten Fällen hat der Vater zur Mutter in einer festen Verbindung gestanden, die aus diesem oder jenem Grunde nicht zur Verlobung geführt hat. Die dritte Gruppe stellen die Kinder dar, bei denen die Vaterschaft ungewiss ist, weil die Mutter während der Empfängniszeit mit mehreren Männern Geschlechtsverkehr gehabt hat.

Wie schon erwähnt, haben nach schwedischem Recht Kinder,

deren Eltern miteinander verlobt waren, Erbrecht nach dem Vater. Hauptproblem ist somit, welche der übrigen unehelichen Kinder Erbrecht nach dem Vater erhalten sollen.

In Norwegen und Dänemark, wo man eine völlige Gleichstellung für uneheliche Kinder durchgeführt hat, wird die Vaterschaft nicht festgestellt, wenn es zweifelhaft ist, ob der Beklagte der Kindesvater ist, wenn z. B. die Mutter auch mit anderen Männern während der Empfängniszeit Verkehr gehabt hat. Nach dänischer Praxis wird für die Feststellung der Vaterschaft in der Regel vorausgesetzt, dass ein einigermassen festes Verhältnis zwischen den Parteien bestanden hat, und eine Mutter, die sich mit Strassenbekanntschaften eingelassen hat, erhält gewöhnlich kein Urteil auf Feststellung der Vaterschaft. In den Fällen, in denen die Vaterschaft zweifelhaft ist, kommt dafür nach dänischem und norwegischem Recht eine Unterhalts-Beitragspflicht für die Männer in Betracht, die erweislich mit der Mutter während der Empfängniszeit Verkehr gehabt haben. Man folgt somit nicht dem deutschen System, bei der Einrede des Mehrverkehrs den Beklagten gänzlich von aller Unterhaltspflicht für das Kind freizusprechen. Nach norwegischem Recht sind sämtliche denkbaren Väter solidarisch unterhaltspflichtig. Nach dänischem Recht hinwiederum hat ein jeder an einen besonderen Fonds einen Normalbeitrag einzuzahlen, aber das Kind erhält nur einen Beitrag. Der Überschuss aus dem Fonds wird dann zu Zwecken allgemeiner Kinderfürsorge verwendet. Dass mehrere Männer verurteilt werden, den Normalunterhalt für dasselbe Kind zu zahlen, ist nicht ungewöhnlich. So hat man in Dänemark gegenwärtig 3.600 Kinder mit mehreren Unterhaltsverpflichteten. In den meisten Fällen handelt es sich um zwei denkbare Väter.

Das schwedische Recht folgt einem anderen Prinzip. Nach § 26 des noch geltenden Gesetzes betreffend die unehelichen Kinder ergeht Urteil auf Feststellung der Vaterschaft, sobald erwiesen ist, dass der beklagte Mann mit der Kindesmutter während der Empfängniszeit Geschlechtsverkehr gehabt hat. Dieser kann Klageabweisung nur erreichen, wenn es offenbar ist, dass das Kind bei dem fraglichen Geschlechtsverkehr nicht erzeugt worden sein kann.

§ 26 wurde in der ersten Zeit nach Zustandekommen des Gesetzes vom Jahre 1917 äusserst formell angewandt. Hatte die Mutter während der Empfängniszeit mit mehreren Männern Verkehr gehabt, konnte sie als Vertreterin des Kindes wählen, wer von diesen als Vater angesehen werden sollte. Die Mutter bezeichnete einen bestimmten Mann als Vater des Kindes und stellte unter Beweis, dass sie mit ihm bei verschiedenen Gelegenheiten zusammengekommen war. Die Frage, ob Geschlechtsverkehr stattgefunden hatte, wurde durch Eid entschieden, wobei in den meisten Fällen die Mutter zum Schwur kam. Die einzigen Ausschliessungsgründe, die praktisch in Frage kommen konnten, waren der Beweis, dass der beklagte Mann impotent war, oder der Beweis, dass die Mutter zur Zeit des fraglichen Geschlechtsverkehrs bereits schwanger war. Lag kein solcher Ausschliessungsgrund vor, wurde auf Feststellung der Vaterschaft entschieden, wenn der beeidete Verkehr in der Zeit von zweihundert bis dreihundert Tagen vor der Geburt des Kindes stattgefunden haben sollte.

Allmählich ist unsere Rechtsanwendung anpassungsfähiger geworden. § 26 des Gesetzes betreffend die unehelichen Kinder wird jetzt so ausgelegt, dass es nicht genügt, dass der Geschlechtsverkehr innerhalb einer solchen Zeitspanne stattgefunden hat, dass eine Befruchtung theoretisch möglich ist. Es wird ausserdem gefordert, dass die medizinische Erfahrung direkt bestätigt, dass das Kind so früh oder so spät wie angegeben erzeugt worden sein kann. In Ansehung solcher Kinder, die bei der Geburt voll ausgetragen sind, bedeutet dieses Prinzip, dass die Vaterschaft normalerweise nur festgestellt wird, wenn der Verkehr zwischen dem dreihundertsten und dem zweihundertvierzigsten Tage vor der Geburt des Kindes stattgefunden hat.

Seit 1930 erkennen die Gerichte an, dass die Vaterschaft auf Grund von Blutgruppenuntersuchung bei Mutter, Kind und Beklagtem ausgeschlossen werden kann.

Noch eine Änderung ist zu vermerken. Zugleich mit dem Inkrafttreten der neuen Zivilprozessordnung am 1. Januar 1948 wurde der Beweis durch Eid in Klagen auf Feststellung der Vaterschaft abgeschafft, um durch eine Anhörung der Parteien unter

Versicherung der Wahrheit ersetzt zu werden. Diese Reform dürfte dazu geführt haben, dass die Gerichte genötigt sind, festzustellen, dass in verschiedenen Fällen, in denen früher die Mutter zum Schwur gekommen wäre, der Beweis für einen Geschlechtsverkehr des Beklagten mit der Mutter nicht geführt werden kann.

Das neue Elterngesetz vom Jahre 1949 geht auf dem von der Rechtsentwicklung bezeichneten Weg weiter. Das Gesetz lässt eine freiere Prüfung zu, um eine grössere Sicherheit dafür zu schaffen, dass man zu richtigen Ergebnissen kommt. Die Absicht ist somit die, die Einwendung, dass die Mutter während der Empfängniszeit mit mehreren Männern Verkehr gehabt hat, zuzulassen. Der Einwand soll jedoch ein Urteil auf Feststellung der Vaterschaft nicht ausschliessen. Der Beweis, dass die Mutter Verkehr mit mehreren Männern gehabt hat, soll ein Indiz darstellen, welches im Zusammenhang mit anderen Indizien gegen die Vermutung der Vaterschaft des Beklagten zu beurteilen ist, zum Beispiel einer Blutprobe oder einer erbbiologischen Untersuchung oder dem Umstand, dass zwischen den Parteien nur einmal Verkehr ganz zu Beginn oder ganz zu Ende der Empfängniszeit stattgefunden hat.

Die Hauptprinzipien des Gesetzes vom Jahre 1917 werden allerdings beibehalten. Die schwedische Regelung bedeutet somit, dass innerhalb gewisser Grenzen der Mutter ein Wahlrecht zukommt und dass die Vaterschaft eines Mannes vom Gericht bejaht werden kann, ohne dass die Wahrscheinlichkeit für seine Vaterschaft spricht.

In der Diskussion hat man in Schweden hervorgehoben, dass ein Erbrecht für das uneheliche Kind nicht auf das gegenwärtige System gegründet werden kann, da es vom Gutdünken der Mutter bei der Wahl zwischen mehreren möglichen Vätern abhängen kann, gegen welchen von diesen der Anspruch des Kindes sich richtet. Eine Gesetzgebung über Erbrecht für uneheliche Kinder muss mit Notwendigkeit andere Regeln für die Feststellung der Vaterschaft voraussetzen als die jetzt geltenden.

Wollte man die in Norwegen und Dänemark geltende Regelung in Schweden einführen, würde dies zur Folge haben, dass unsere Gerichte in einer grossen Anzahl von Fällen genötigt wären zu konstatieren, dass die Frage nach der Vaterschaft nicht geklärt werden kann. Es ist denkbar, dass wir eine solche für das Kind ungünstige Regelung nicht akzeptieren wollen. Eine kommende Gesetzgebung muss vielleicht einen vermittelnden Standpunkt zwischen der jetzigen Regelung in Schweden und der in Dänemark und Norwegen einnehmen. In einem Artikel in den Sozialen Berichten, einer vom Amt für soziale Fürsorge herausgegebenen Zeitschrift, habe ich mich zum Dolmetscher für eine solche Lösung gemacht.[1] Hat die Mutter während der Empfängniszeit mit mehreren Männern Verkehr gehabt, sollte es nicht ihr überlassen werden, zwischen diesen zu wählen. Die Wahl müsste vom Gericht getroffen werden, welches den Mann als Vater zu bezeichnen hätte, für dessen Vaterschaft biologisch die grösste Wahrscheinlichkeit spricht. In verschiedenen Fällen hat man nämlich die Möglichkeit zu sagen, dass mehr Wahrscheinlichkeit für die Vaterschaft des einen als des anderen spricht, ohne dass man deswegen einen von ihnen mit Gewissheit ausschliessen kann. Oft dürfte man eine Richtschnur durch anthropologische Untersuchung der äusseren Eigenschaften des Kindes und der möglichen Väter finden können. Man könnte auch Blutgruppenuntersuchungen in grösserem Umfang anwenden, als es bis jetzt geschieht. Voraussetzung dafür, dass eine Blutgruppenbestimmung angewendet werden kann, ist nämlich, dass die Vaterschaft mit einer an Sicherheit grenzenden Wahrscheinlichkeit ausgeschlossen werden kann. Oft sprechen zwar solche Untersuchungen gegen die Vaterschaft eines Mannes, jedoch ohne dass die Wahrscheinlichkeit so gross ist, dass die Möglichkeit der Vaterschaft nach den strengen Beweisregeln, die gegenwärtig im schwedischen Recht gelten, ausgeschlossen werden kann. Man dürfte auch annehmen können, dass ein Mann, der mit der Mutter in der Mitte der Empfängniszeit Verkehr gehabt hat, mit viel grösserer Wahrscheinlichkeit für die Vaterschaft in Frage kommt als ein anderer,

---

[1] Folke Schmidt, Rättslig jämställdhet för utomäktenskapliga barn. Sociala Meddelanden 1949. S. 7—13.

der in den allerersten oder in den allerletzten Tagen der Empfängniszeit mit der Kindesmutter Geschlechtsverkehr gehabt hat. Erst wenn es nicht möglich sein sollte, auf solcher Grundlage festzustellen, dass für die Vaterschaft des einen mehr Wahrscheinlichkeit spricht als für die des anderen, hätte das Gericht sich damit zu begnügen, dass die Vaterschaft nicht festgestellt werden kann.

Welchen Weg man auch für die Feststellung der Vaterschaft wählt, immer wird es eine Gruppe unehelicher Kinder geben, bei denen die Vaterschaft nicht festgestellt werden kann, sei es, dass überhaupt nicht unter Beweis gestellt werden kann, mit welchem Mann oder mit welchen Männern die Mutter während der Empfängniszeit Verkehr gehabt hat, oder sei es, dass zwar mehrere Männer benannt werden, aber man bei keinem sagen kann, dass er wahrscheinlich der Vater sei. Wie soll man diese Gruppe beurteilen? Wie bereits erwähnt, folgt man im dänischen und im norwegischen Recht dem Prinzip, dass jeder, der mit der Mutter während der Empfängniszeit Geschlechtsverkehr gehabt hat, zu Unterhalt verpflichtet ist. Die dänischen und norwegischen Bestimmungen mit mehreren Unterhaltsverpflichteten verdienen nach meiner Auffassung nicht, übernommen zu werden. Sowohl in Norwegen wie in Dänemark dürfte man auch zu der Erkenntnis gekommen sein, dass die Bestimmungen über »Vereinskinder» nicht die richtigen sind. Für das Kind dürfte es nämlich viel nachteiliger sein, dass auf solche Weise der unmoralische Lebenswandel der Mutter in aller Öffentlichkeit festgestellt wird, als dass man zu dem Resultat kommt, der Vater könne nicht ermittelt werden.

Die radikalste Lösung wäre, in diesem Fall die Allgemeinheit dafür eintreten zu lassen, dass der Unterhalt des Kindes gesichert wird. In gewisser Weise hat das schwedische Recht diesen Weg bereits betreten. Nach dem Gesetz vom Jahre 1948 über Unterhaltsbeiträge in besonderen Fällen erhalten Kinder, deren Vater verstorben ist oder deren Vater infolge Alter oder Krankheit seine Unterhaltspflicht nicht erfüllen kann, einen besonderen Unterhaltsbeitrag. Ferner erhält auch das uneheliche Kind, dessen Vater nicht festgestellt werden konnte, einen solchen Unterhaltsbeitrag unter der Voraussetzung, dass das Kind mindestens drei Jahre alt ist.

Literatur:

Höjer, Karl J., Samhället och barnen, 2. Aufl., 1946.
Kungl. Maj:ts proposition till riksdagen nr 93 år 1949 med förslag till föräldrabalk m. m.
Undén, Östen, Föräldrar och barn enligt gällande svensk rätt, 2. Aufl., 1926.
Ärvdabalkssakkunnigas förslag till föräldrabalk, Statens offentliga utredningar 1946: 49.

Das wirtschaftliche Genossenschaftswesen

Von Dozent Dr. *Per Nilsson-Stjernquist*

Meine Aufgabe ist es, Ihnen das wirtschaftliche Genossenschaftswesen in Schweden und die aus der Entwicklung desselben erwachsenen rechtlichen Probleme zu schildern. Bevor ich jedoch zum eigentlichen Thema komme, lassen Sie mich einen ganz kurzen Überblick über unsere legal anerkannten Organisationsformen geben. Die schwedischen Verhältnisse unterscheiden sich nämlich in dieser Hinsicht recht erheblich von den deutschen.

Mit einer gewissen Approximation kann man sagen, dass das schwedische Recht drei Organisationsformen kennt, denen Rechtssubjektivität beigelegt wird: eine rein persönliche, eine kapitalistische und eine kollektivistische. Die rein persönliche Organisation ist *handelsbolaget*, die etwa der deutschen offenen Handelsgesellschaft entspricht. Sie ist durch ein Gesetz vom Jahre 1895 geregelt. Die Gesellschafter stehen in enger persönlicher Abhängigkeit voneinander. Alle Beschlüsse betreffs der Verwaltung der Gesellschaft müssen im Prinzip einstimmig gefasst werden. Ferner haften die Gesellschafter persönlich und solidarisch für alle Verbindlichkeiten der Gesellschaft, und dies ist um so fühlbarer, als jeder einzelne Gesellschafter im Namen der Gesellschaft Verbindlichkeiten eingehen kann. Es ist infolgedessen unerlässlich, dass die Gesellschafter in ständigem Kontakt miteinander stehen und dass die Gesellschaft überhaupt auf einem starken persönlichen Vertrauensverhältnis basiert. *Handelsbolaget* ist also nur dann brauchbar, wenn die Zahl der Teilhaber klein ist und letztere durch enge persönliche Beziehungen verbunden sind. Typische Beispiele sind das Familienunternehmen sowie das von zwei oder drei Teilhabern betriebene Geschäftsunternehmen. Aber auch auf diesen Gebieten hat die Bedeutung der *handelsbolag* immer mehr abgenommen. Man geht zunehmend zur Form der Aktiengesellschaft über. — Zum Unterschied von dem Gesagten kennzeichnen sich die beiden anderen Organisationsformen durch Mehrheitsbeschluss, Verwaltung durch einen Vorstand und Freiheit von Haftung für die Schulden der Organisation. *Aktiebolaget*, Aktiengesellschaft (schwedisches Gesetz von 1944), ist die kapitalistische Form. Sie fusst auf einer festgelegten Anzahl von Kapitalanteilen, Aktien, die grundsätzlich frei verkäuflich sind. Stimmrecht, Gewinnausschüttung und dergleichen richten sich nach den Aktien. Die Personen der Aktionäre dagegen sind — wenigstens in den typischen Fällen — völlig gleichgültig. Den Aktionären können keine Leistungen an die AG auferlegt werden, auch haben die Organe der Gesellschaft keine Kontrolle darüber, wer Aktien erwirbt. Im Gegensatz hierzu fusst die kollektivistische Form auf ihren Mitgliedern.

Die kollektivistische Form ist durch Vereine verschiedener Art vertreten. Und hier finden wir die grössten Unterschiede gegenüber dem deutschen System. In Schweden haben wir zweierlei Vereine, wirtschaftliche und ideelle (*ekonomiska* resp. *ideella föreningar*). Der Unterschied zwischen beiden liegt, approximativ gesagt, in der Art ihrer Wirksamkeit. Ein Verein mit wirtschaftlicher Wirksamkeit ist also im allgemeinen wirtschaftlich und umgekehrt. Die wirtschaftlichen Vereine — ich nenne sie nachher Genossenschaften — sind Gegenstand eines Gesetzes vom Jahre 1911, das indessen nur das gröbste Aussenwerk anrührt, worüber bald mehr. Nur das muss hier gesagt werden, dass die Genossenschaft Rechtssubjekt durch die Eintragung in eines der örtlichen Genossenschaftsregister wird. Dagegen fehlt jedes Gesetz über ideelle Vereine, trotz wiederholter Vorstösse in dieser Richtung von seiten der Regierungen. Die ideellen Zusammenschlüsse — namentlich solche freireligiöser Art, Mässigkeitsvereine und Gewerkschaften verschiedener Art — haben nämlich seit dem 19. Jahrhundert eine starke Machtstellung im schwedischen Volk und aus natürlichen Gründen haben sie sich jedem Versuch staatlicher Einmischung in ihre eigenen Angelegenheiten widersetzt. Mit Hilfe der Reichstagsmehrheit ist es ihnen daher immer wieder gelungen, jeden eingebrachten Gesetzentwurf zu Fall zu bringen. Nichtsdestoweniger ist es feste Praxis, dass diese Vereine als Rechtssubjekte behandelt werden und dass die Mitglieder persönlich nicht für Vereinsschulden haften. Eintragung in irgendein Register kommt nicht in Frage. Das einzige, was verlangt wird, ist, dass der Verein einen Vorstand wählt und sich einigermassen vollständige Satzungen gibt.

Ich komme nun zur Schilderung der wirtschaftlichen Genossenschaften. Die Entwicklung des Genossenschaftswesens setzte in der Hauptsache nach dem ersten Weltkrieg ein. Heute ist es ein sehr bedeutender Faktor im gesamten Wirtschaftsleben des Landes. Den Anfang machten die Konsumgenossenschaften. Diese sind in einer Spitzenorganisation zusammengeschlossen, *Kooperativa förbundet*. Gemeinsam sind sie das grösste Geschäftsunternehmen Schwedens mit annähernd 7.000 Verkaufsstellen und wenig unter einer Million Mitglieder. Der Kooperative Verband besitzt heute auch grosse industrielle Unternehmungen verschiedener Branchen, in erster Linie zwecks Brechung von Preismonopolen oder sonst zur Warenverbilligung geschaffen. Daneben sind in letzter Zeit auch freistehende Einkaufsgenossenschaften mit speziellen Zielsetzungen entstanden. Es wird immer üblicher, dass sich kleinere Unternehmer, z. B. Skifabrikanten, Möbelfabrikanten oder Frisöre zu einer Einkaufsgenossenschaft zusammentun, um so die Materialbeschaffungskosten zu senken. Auf dem Lande hat die Bevölkerung in sehr grossem Umfang Stromverbrauchergenossenschaften gebildet, um ein geschlossenes Auftreten gegenüber den Stromlieferanten zu ermöglichen. — Eine zweite Hauptgruppe unter den wirtschaftlichen Genossenschaften bilden die Verkaufsgenossenschaften. Die wichtigsten finden sich im Bereich der Landwirtschaft. Obwohl ihr eigentlicher Aufschwung erst mit der Landwirtschaftskrise im Anfang der dreissiger Jahre begann, ist das Verkaufswesen der Landwirtschaft heute völlig durchorganisiert. Wir haben Molkereigenossenschaften, Schlachtereigenossenschaften, Genossenschaften für den Getreidehandel, Eierhandelsgenossenschaften, Gartenbaugenossenschaften und nicht zuletzt Genossenschaften der Waldbesitzer usw. Alle diese sind in Branchenverbänden zusammengeschlossen und diese wieder in einer grossen Dachorganisation zusammengefasst, *Svenska Lantbruksförbundet*. Auch ausserhalb des landwirtschaftlichen Sektors finden wir Verkaufsgenossenschaften; so z. B. haben die Fischer solche. — Eine dritte Gruppe sind die Verwaltungsgenossenschaften, die gemeinsames Eigentum kaufen, unterhalten und verwalten. Ihr Hauptverbreitungsgebiet ist wieder das flache Land, wo sie von erheblicher Bedeutung sind. Als Beispiele seien genannt Wegegenossenschaften, Wasserleitungsgenossenschaften, Stiergenossenschaften, Maschinengenossenschaften, Sägewerksgenossenschaften, Waschhausgenossenschaften. In den allerletzten Jahren haben wir vereinzelte landwirtschaftliche Kollektive in Genossenschaftsform bekommen. Sie betreiben entweder die Viehzucht oder auch die gesamte Landwirtschaft gemeinsam. Über die letzteren, die sog. *sambruksföreningar*, besteht ein besonderes Gesetz vom Jahre 1948. In der Stadt sind die wichtigen Baugenossenschaften zu nennen (*bostadsrättsföreningar*, Gesetz von 1930). — Andere Hauptformen, die hier nur angedeutet werden können, sind Kreditgenossenschaften, die ihren Mitgliedern Darlehen vermitteln, sowie Arbeitergenossenschaften, die gemeinschaftlich als Unternehmer auftreten. Mit einigen Worten muss ich jedoch schliesslich auf eine Gruppe von Genossenschaften kapitalistischen Charakters eingehen. In den letzten Jahren hat man begonnen, Industrieunternehmen, Buchverlage, Holdinggemeinschaften usw. als Genossenschaften zu organisieren. Die Mitglieder haben hier lediglich die Stellung eines Kapitalisten oder Geschäftsmanns, und man hätte daher eher die Form der AG erwartet. Dass man die eigentlich inadäquate genossenschaftliche Form wählt, geschieht teils aus steuerlichen Gründen, teils um die strengen Vorschriften der Aktiengesetzgebung über Fondsbildung, öffentlichen Geschäftsbericht usw., zu umgehen. Wie vorhin erwähnt, lässt das Genossenschaftsgesetz in diesen Beziehungen fast unumschränkte Freiheit. Diese Entwicklung in den Bereich der AG-Form hinein ist daher nicht erwünscht. In der Literatur wird häufig die Forderung erhoben, dass eine Organisation nur dann als wirtschaftliche Genossenschaft registriert werden dürfe, wenn ihre Tätigkeit akzessorischer Art sei. Die Geschäftstätigkeit der Genossenschaft solle in der einen Richtung — z. B. nach der Verkaufs- oder der Einkaufsseite hin — auf die Mitglieder beschränkt sein, wenigstens in der Hauptsache. Man kann es auch so ausdrücken, dass die Mitglieder die eine Seite der Geschäftsverbindungen der Genossenschaft ausmachen sollen. Durch die Erfüllung dieser Forderung würde der kollektivistische Charakter der Genossenschaften unterstrichen und der ebenerwähnte Missbrauch verhindert werden. Die Eintragungspraxis legt jedoch der Akzessorietätsforderung kein Gewicht mehr bei, vielleicht weil die Kontrolle diesbezüglich schwer ist. Es dürfte mit einschlägiger Gesetzgebung zu rechnen sein.

Das schwedische Genossenschaftswesen bietet also ein sehr buntes und reiches Bild. Die Zahl der eingetragenen wirtschaftlichen Genossenschaften belief sich Ende 1941 auf 28.000. Inzwischen ist ihre Anzahl bedeutend grösser. Es muss auch unterstrichen werden, dass die Genossenschaften sich energisch gegen jegliche Einmischung seitens der staatlichen Behörden gewandt haben. Das Genossenschaftsgesetz bietet dem Staat ja keine Handhabe zur Kontrolle. Die Versuche der Staatsbehörden, gewisse staatliche Aufgaben den Genossenschaften zu übertragen, sind ebenfalls auf Bedenken gestossen, obwohl sie in einigen Fällen Erfolg hatten. Man weist darauf hin, dass eine Vermengung privater und staatlicher Funktionen überhaupt wenig empfehlenswert sei und dass die Handlungsfreiheit der Genossenschaften dadurch bedroht werden könne. Gemeinsam mit den verschiedenen Berufsverbänden — besonders den Verbänden der Arbeiter und der Arbeitgeber — bilden die wirtschaftlichen Genossenschaften ein wichtiges Gegengewicht gegen die Staatsgewalt.

Ich werde nun den kollektivistischen Charakter der Genossenschaften etwas näher beleuchten, d. h. ich werde zeigen, wie die Genossenschaften auf ihren Mitgliedern und deren persönlichen Leistungen aufbauen. Dies ist eine Frage, die das Gesetz fast gar nicht beachtet hat; und einer späteren Aufnahme derselben haben sich die Vertreter des Genossenschaftswesens ablehnend gegenüber gestellt. Infolgedessen sind wir auf die Praxis angewiesen.

Da die typische Genossenschaft auf den zukünftigen Leistungen ihrer Mitglieder fusst, muss dem Vorstand eine gewisse Kontrolle über den Mitgliederstamm zugestanden werden. Der Vorstand hat also über die Aufnahme eines Mitglieds zu entscheiden und ist darin durch keine gesetzlichen Richtlinien gebunden. Es liegt auf der Hand, dass beispielsweise ein Landwirt, dem der Eintritt in die örtliche Molkereigenossenschaft verweigert wird, übel gestellt ist. Man hat daher erwogen, in so gelagerten Fällen durch Gesetz eine Art Recht auf Eintritt einzuführen. Ausserdem hat das oberste Gericht Schwedens im Jahre 1948 eine Gewerkschaft verpflichtet, einem Arbeiter Eintritt zuzugestehen. Dabei wurden die Statuten der Gewerkschaft, aber auch Art und Umfang ihrer Wirksamkeit als Gründe angeführt. Das Urteil betraf aber einen ideellen Verein. — Eine wichtige Waffe in den Händen des Vorstands oder der Genossenschaftermehrheit ist der Ausschluss aus der Genossenschaft. Der Ausschluss kann erfolgen aus Gründen, die in den Satzungen der Genossenschaft angegeben sind, ausserdem in Fällen schwerwiegender Illoyalität gegenüber der Genossenschaft. Oft bestimmen die Satzungen, dass das ausscheidende Mitglied seines Anteils am genossenschaftlichen Vermögen verlustig geht. Das besagt, dass er, falls er einen Schuldschein über seine Einlage ausgestellt hat, diese bezahlen muss, ohne irgendeinen Vorteil zu geniessen. Selbst wenn die Statuten keine so harte Bestimmung enthalten, bekommt das ausscheidende Mitglied doch nie mehr zurück, als es eingezahlt hat. Sein Anteil ist nie eine festgelegte Quote des Genossenschaftsvermögens. Der Wert des Anteils entspricht daher höchstens dem Betrag der Einlage. — Bei der Beurteilung dieser und ähnlicher Verhältnisse darf man nicht vergessen, dass der Druck der Leitung auf die Einzelmitglieder derjenige Faktor ist, der die Stellung des Genossenschaftswesens im schwedischen Wirtschaftsleben möglich gemacht hat.

Ich komme nunmehr zur eigentlichen Leistungspflicht gegenüber der Genossenschaft. Die Leistungen bestehen teils aus Geldbeiträgen, teils aus Naturalleistungen verschiedener Art, z. B. Lieferung von Milch oder Holz oder Bezug einer bestimmten Mindestmenge elektrischen Stroms. Nur die Naturalleistungen bieten einige schwierigere Probleme. Die Leistungspflicht fusst stets auf der Genossenschaftssatzung. Oft behandeln die Statuten die Pflichten der Mitglieder sehr ausführlich, während über die Pflicht der Genossenschaft, Lieferungen entgegenzunehmen oder zu erfüllen, nichts verlautet. Die Interessen der Mitglieder werden indessen nichtsdestoweniger wahrgenommen, da ja die Mitglieder einer sozial und wirtschaftlich einigermassen einheitlichen Gruppe angehören und darum gleichgelagerte Interessen haben. Dieser Umstand schützt die Genossenschafter auch gegen Satzungsklauseln der Art, dass der Vorstand berechtigt sei, Preis und Qualität nach eigenem Ermessen festzusetzen. Das Prinzip, dass die Leistungspflicht sich auf die Satzung gründet und nicht vertraglich vereinbart ist, bedeutet indessen insofern einen Schutz für die Mitglieder, als alle gleich behandelt werden müssen.

Es braucht wohl kaum erwähnt zu werden, dass hier wie überall Verstösse gegen die Leistungsnormen durch Geldbussen geahndet werden. Bisweilen bleibt es satzungsgemäss dem Vorstand überlassen, den zu zahlenden Betrag von Fall zu Fall festzusetzen. Namentlich in der Aufbauzeit des Genossenschaftswesens während der dreissiger Jahre wurden zahlreiche einschlägige Prozesse gegen säumige Mitglieder geführt. Heute dürften sie kaum eine wesentlichere Rolle spielen — ein Beweis für die Stärke der Genossenschaften.

Eine wichtige Frage ist die, ob eine Mehrheit gegen den Willen der übrigen Mitglieder Satzungsänderungen herbeiführen kann, durch die den Genossenschaftern neue oder erhöhte Naturalleistungen auferlegt werden. Das Gesetz sagt hierzu nichts, sondern es bestimmt lediglich, dass Geld- und Einlageerhöhungen mit Dreiviertelmajorität beschlossen werden können. Mitglieder, die den Beschluss nicht billigen, können in solchen Fällen austreten und ihre Einlagen zurückfordern. Diese Normen befolgt die Praxis auch betreffend Naturalleistungen. Bei der Abwägung der Interessen des Einzelnen und der Genossenschaft hat man also der Genossenschaft den Vorrang eingeräumt. Das ist auch ganz natürlich. Der Eigensinn eines Mitglieds darf nicht die Tätigkeit der Genossenschaft binden und einer Entwicklung im Wege stehen, die von den allermeisten gewünscht wird. Wer nicht mitmachen will, darf austreten — eine Freiheit, die auf durchorganisierten Gebieten indessen illusorisch ist. Die schwedische Rechtsprechung geht hier viel weiter in kollektivistischem Geiste als die deutsche. Deutsche Literatur und Praxis scheinen für derartige Satzungsänderungen durchweg Einstimmigkeit zu fordern.

Indessen sind über das Erfordernis der Dreiviertelmehrheit hinaus auch andere Grenzen vonnöten. Man kann es der Majorität nicht überlassen, beliebige Satzungsvorschriften betreffend die Handlungen der Mitglieder einzuführen. In dieser Hinsicht dürfte man fordern, dass die Satzungsänderung im Rahmen des satzungsgemäss für die betreffende Genossenschaft vorgesehenen Wirkungsfeldes bleibt. In einer Molkereigenossenschaft z. B. dürfen die Mitglieder nicht gezwungen werden, ihren Holzeinschlag an die Genossenschaft zu verkaufen. Auch diese Beschränkungen sind jedoch recht fragwürdig. Das Gesetz gestattet nämlich, dass die Satzungsbestimmung über den Wirkungsbereich mit nur Zweidrittelmehrheit geändert werden darf. Eine Molkereigenossenschaft könnte also auf diese Weise gegen den Willen der Minorität zu einer Waldbesitzergenossenschaft werden. Die Ursache liegt wohl darin, dass der Gesetzgeber an eine Ausweitung des Wirkungsfeldes, nicht aber an einen völligen Wechsel desselben gedacht hat. Dieses Versehen hat zu einer grossen Macht über die Mitglieder geführt.

Eine weitere wichtige Frage ist die, ob der Vorstand Verträge mit Dritten schliessen kann, die für das Handeln der Mitglieder bindende Kraft haben. Falls der Vorstand einer Gartenbaugenossenschaft die Verpflichtung eingeht, dass die Mitglieder künftig bestimmte Pflanzensorten nicht mehr anbauen dürfen, werden dann die Mitglieder bei Zuwiderhandlung dem Dritten gegenüber direkt schadensersatzpflichtig? Nach den allgemeinen privatrechtlichen Normen ist dies ausgeschlossen. Betreffs der Kollektivverträge der Arbeitnehmerverbände hat indessen das Gesetz eine solche Direkthaftung eingeführt. Im Rechtsleben macht sich unstreitig eine starke Tendenz bemerkbar, auf dem hier eingeschlagenen Wege weiterzugehen. So haben verschiedene genossenschaftliche Zusammenschlüsse von Gewerbetreibenden Lieferabkommen geschlossen, wodurch die Genossenschafter verpflichtet werden, ausschliesslich von den betreffenden Lieferanten zu beziehen. Ferner hat der Staat während des Krieges in mehreren Fällen dieses Prinzip bei Abkommen mit reichsumfassenden Organisationen befolgt. Als Beispiele sind die Abkommen mit dem Reichsverband der Waldbesitzergenossenschaften zu erwähnen. Durch diese Abkommen wurde das Recht des Holzhandels auf die Verbandsmitglieder beschränkt. Gleichzeitig enthielten die Abmachungen bestimmte Verpflichtungen für die Mitglieder, Richtpreise, Einkaufsrayons usw. betreffend. Die Gerichte haben diese Tendenzen bisher nicht anerkannt. Voraussagen über den Gang der Entwicklung lassen sich hier kaum machen.

Man kann also feststellen, dass die wirtschaftlichen Genossenschaften durch ihre Leitung einen erheblichen Druck auf die einzelnen Mitglieder auszuüben vermögen. Andererseits werden die Interessen der Mitglieder durch die Reichsorganisationen bei deren Verhandlungen mit den staatlichen Organen wahrgenommen. Das schwedische Wirtschaftsleben von heute ist daher in hohem Grade durch die Entwicklung des Genossenschaftswesens bedingt.

Literatur:

Heckscher, Staten och organisationerna, Stockholm 1946.

Skarstedt, Lagen om ekonomiska föreningar, 6. Aufl., Stockholm 1946.

Betänkande med förslag till lag om registrerade föreningar m. m. (Statens offentliga utredningar 1949 nr 17).

Die Neugestaltung des schwedischen Prozessrechts

Von Hofgerichtsrat *Bengt Lassen*

Mir ist die schwierige Aufgabe gestellt worden, deutschen studiosis iuris die Neugestaltung des schwedischen Prozessrechts zu schildern. Ich habe dabei weder eine Übersicht über das gesamte Prozessrecht zu geben, noch von der mehr als hundertjährigen, mühsamen, oft unterbrochenen Reformarbeit zu berichten, so interessant dies auch sein würde.

Nein, meine Aufgabe besteht nur darin, nach einer summarischen Behandlung des neuen Prozessgesetzes einige Prinzipien und vielleicht auch einige Einzelbestimmungen zu beleuchten, die man als Ausdruck des demokratischen Geistes des neuen Gesetzes bezeichnen kann. Diese Beschränkung führt, wie ich glaube, zu gewissen Schwierigkeiten.

Das schwedische Gesetzbuch, das wir *Sveriges Rikes Lag* —

---

[1] Die Vorlesungen verdanken ihre deutsche Form grossenteils meinem Freund *Gerhard Simson*. Dr. Simson, ein hervorragender Kenner des schwedischen Rechts, hat in der »Zeitschrift für schweizerisches Recht» (1944, S. 122—185) eine vorzügliche Abhandlung »Das neue schwedische Zivilprozessrecht» veröffentlicht, aus der ich viel entnommen habe. Er hat auch einen von mir verfassten Aufsatz, der später im »Recueil de documents en matière pénale et pénitentiaire» (1948 p. 134—152; Le procès pénal selon le nouveau Code de procédure suédois) erschien, ins Deutsche übersetzt. Auch diesen Aufsatz habe ich für die Vorlesungen benutzt. Schliesslich sind die im Text vorkommenden Zitate aus dem *Rättegångsbalk* seiner Übersetzung des genannten Gesetzes entnommen. Ich möchte ihm hier meinen herzlichsten Dank für seine ausserordentlich wertvolle Hilfe aussprechen.

d. h. Gesetzbuch des Schwedischen Reiches — nennen, trägt die Jahreszahl 1734. Dieses Gesetzeswerk war für seine Zeit durchaus nicht »modern»; es baute sich auf dem damals bereits geltenden Recht auf, das es zum grossen Teil nur in der Form einer Kodifikation wiedergab.

Der prozessrechtliche Teil des Gesetzes von 1734 ist nun vor einem Jahre durch das neue Prozessgesetz ersetzt worden. Auch dieses, das vom Reichstag und dem König im Jahre 1942 beschlossen wurde und seit Anfang 1948 in Kraft ist, heisst *Rättegångsbalk*; es bildet genau wie sein Vorgänger einen Teil des Gesetzbuchs von 1734. Von diesem Gesetzbuch haben jedoch nur noch äusserst kleine Bestandteile ihre ursprüngliche Fassung bewahrt, wir haben in Wirklichkeit allmählich ein völlig neues Recht erhalten.

Bevor ich beginne, das neue Recht zu behandeln, ist es vielleicht zweckmässig, zunächst in aller Kürze eine Charakteristik des alten Rechts zu geben.

An eine gute Rechtsprechung stellt man bekanntlich die Forderung, dass sie vor allem sicher, schnell und billig sein muss. Inwieweit die frühere Rechtspflege die genannten Forderungen erfüllt hat, ist eine nicht leicht zu beantwortende Frage. Dies gilt insbesondere für die Rechtssicherheit. Der Änderungsprozentsatz der zweiten und dritten Instanz gibt hierbei einen gewissen Hinweis, aber nicht mehr. Hinsichtlich der Schnelligkeit ist allerdings nicht zu bezweifeln, dass der Prozessgang, trotz aller Massnahmen, die in den letzten Jahrzehnten im Interesse der Beschleunigung ergriffen wurden, noch ziemlich viel zu wünschen übrig liess. Dies galt jedoch stärker für den Zivil- als für den Strafprozess. In den Strafsachen hielt sich das Vertagungssystem der Untergerichte in engeren Grenzen, auch wurden die Strafsachen in den höheren Instanzen bevorzugt behandelt. In der Frage der Billigkeit dürfte unser alter schwedischer Prozess sehr weitgehenden Ansprüchen genügt haben, zum mindesten in der Höhe der eigentlichen Gerichtskosten. Vielleicht lässt sich sogar sagen, dass die Kosten der Prozessführung in der zweiten und in der höchsten Instanz oft zu niedrig waren. Sie bildeten für prozesslustige Parteien kaum ein Moment, das sie von der Rechtsmitteleinlegung gegen solche Urteile abhalten konnte, bei denen ihnen nur daran lag, auf diese Weise einen langdauernden Aufschub der Vollstreckung zu erreichen.

Man pflegt den Prozess bei den Untergerichten in seiner alten Form als mündlich-protokollarisch zu bezeichnen. Grundsätzlich war er mündlich zu führen. Man hatte sich aber auf den Standpunkt gestellt, es bestehe kein Hindernis, die Anträge schriftlich zu stellen und die Begründung in der Form von Schriftsätzen niederzulegen. Immerhin ergab sich hierbei ein gewisser Unterschied zwischen den ländlichen Gerichten, die sich aus einem Juristen und den vom Volk gewählten Laienbeisitzern (Schöffen, *Nämndemän*) zusammensetzten, und den im allgemeinen aus einem Juristenkollegium bestehenden städtischen Gerichten. Der Unterschied äusserte sich darin, dass das Prinzip der Schriftlichkeit bei den ländlichen Gerichten nie so festen Fuss wie in den Städten fassen konnte.

Das Prozessmaterial war, ohne Rücksicht darauf, ob es mündlich oder schriftlich vorgebracht wurde, in das Gerichtsprotokoll aufzunehmen. In dieser protokollarischen Form war es dem Urteil zu Grunde zu legen.

In den beiden höheren Gerichten, die beide auch über Tatfragen zu entscheiden hatten, wobei unbegrenzt neues Material vorgebracht werden durfte, herrschte die Schriftform. Dies galt uneingeschränkt für die oberste Instanz. Bei den Hofgerichten als den Gerichten der zweiten Instanz war an sich stets auch die Möglichkeit der mündlichen Verhandlung gegeben, doch wurde von ihr nur in sehr geringem Umfang Gebrauch gemacht. Eine Gesetzesänderung der dreissiger Jahre erweiterte das Mündlichkeitsprinzip bedeutend und bildete eine Vorbereitung der jetzigen Prozessreform.

Das neue Gesetz von 1942, das genau wie das alte sowohl den Zivil- wie den Strafprozess umfasst, bedeutet keine Revolution. Es baut sich auf dem Gedankengut des Sveriges Rikes Lag und den Rechtstraditionen Schwedens auf. Diese sind in ihm lebendig geblieben, organisch fortentwickelt und den Erfordernissen der modernen Rechtspflege angepasst. Selbstverständlich hat man jedoch auch die Erfahrungen und Rechtsinstitute des ausländischen Rechts berücksichtigt und verwertet. Besonders von dem Gedankengut der österreichischen Zivilprozessordnung ist in den neuen Balk manches übernommen worden. Auch der Prozess Norwegens und Dänemarks, wo man ziemlich moderne Verfahrensgesetze eingeführt hatte, diente in gewissen Teilen als Vorbild für unsere neue Prozessordnung. Allzu prinzipienbetont ist das Gesetz nicht; dies würde auch schlecht zu uns gepasst haben. In manchen Punkten hat man Kompromisse nicht gescheut. Ebensowenig kann ein Gesetz dieser Art ganz frei von Schwächen und Fehlern sein. *Gerhard Simson* als ein gleich guter Kenner des deutschen und schwedischen Rechts hat jedoch in seiner oben erwähnten Abhandlung gesagt, es sei geglückt, einen Ausgleich zwischen alter Rechtsüberlieferung und heutiger Lebensanschauung zu schaffen und zwischen dem Rechtspflegeinteresse des Staates und den Individualrechten der Parteien eine mittlere Linie zu finden. Er hat mit Recht hinzugefügt, die Erfahrung habe in allen Ländern gelehrt, dass gerade im Verfahrensrecht der Richter wichtiger als das Gesetz ist.

Man kann in diesem Zusammenhang den grossen schwedischen Reformator *Olaus Petri* zitieren, der in seinen »Richterregeln» (aus dem Anfang des sechzehnten Jahrhunderts) u. a. folgenden Satz geschrieben hat: »Ein frommer und bescheidener Richter ist besser als ein gut Gesetze, denn er das Recht allemal nach Bewandtnis der Sache zu mässigen weiss, wo aber ein boshafter und ungerechter Richter vorhanden, da helfen die guten Gesetze nichts, massen er dieselben verdrehet und damit nach eigenem Gutdünken Unrecht tut.»

Ich möchte hinzufügen, dass diese Richterregeln des Olaus Petri in dem alljährlich in neuer Auflage erscheinenden Buch, das die Texte unserer Gesetze enthält, immer noch abgedruckt werden.

Bei den Reformarbeiten hat man, was auch zweifellos als richtig zu bezeichnen ist, die Gestaltung des Verfahrens als bestimmend für die Form des Gerichtswesens angesehen und nicht das umgekehrte Prinzip befolgt. Im Vordergrund stand die

Forderung nach Mündlichkeit und Konzentration als den Grundmaximen des Verfahrens. Dem Richter muss der Prozesstoff in derjenigen Form vorgelegt werden, die ihm die beste Möglichkeit gibt, unter Zugrundelegung dieses Materials die richtige Entscheidung zu treffen.

Unter diesem Gesichtspunkt ist das mündliche Prozessverfahren vorzuziehen. Hat der Richter dem Urteil nur das mündliche Vorbringen der Parteien und die mündlichen Aussagen der Zeugen zu Grunde zu legen, so ist es gut, wenn sich das Verfahren möglichst ohne Unterbrechungen abspielt und die Entscheidung im unmittelbaren Anschluss an die mündliche Verhandlung ergeht oder jedenfalls so kurze Zeit nach ihr, dass der gewonnene Eindruck noch frisch und lebendig geblieben ist. Die Forderung nach Mündlichkeit führt daher ihrerseits gleichfalls zur Konzentration und zum Vertagungsverbot. Ist eine Vertagung unvermeidlich gewesen, so muss das gesamte Prozessmaterial von neuem vorgetragen werden. Eine Ausnahme gilt nur, wenn die Vertagung so kurz war, dass das Vorgetragene dem Richter noch gegenwärtig sein wird.

Um diese Konzentration zu erreichen, hat man danach gestrebt, das Verfahren in zwei Hauptabschnitte aufzuteilen: das vorbereitende Verfahren, bei dem die Parteien ihre Behauptungen vorzubringen und anzugeben haben, welche Beweise sie antreten wollen, und die Hauptverhandlung, bei der sie ihre Sache mündlich vortragen und die Beweise führen. Die Hauptverhandlung bildet die alleinige Grundlage der Entscheidung.

Nun einige Worte über das schwedische Gerichtswesen.

In früheren Stadien der Reformarbeit wurde der Vorschlag gemacht, durchgreifende Veränderungen der Gerichtsorganisation durchzuführen. Dieser Gedanke wurde später wieder aufgegeben. Das neue Gesetz hat die Gerichtsorganisation im wesentlichen unverändert beibehalten.

Auf diese Weise ist die geschichtlich bedingte Spaltung der Gerichtsbarkeit des bäuerlichen Landes und der Städte erhalten worden. Wir haben in der ersten Instanz zwei ungleiche Typen von Gerichten, die vom Gesetz unter dem Sammelbegriff »Untergerichte» zusammengefasst werden. Als Gericht der Landbezirke fungiert das Kreisgericht, *Häradsrätt* (»härad» heisst Gau). Das Gericht der Städte ist das Stadtgericht, *Rådhusrätt* (»Rådhus» entspricht dem deutschen Wort Rathaus). Nur ca. 50 Städte haben eigene Gerichte, Stadtgerichte, die übrigen gehören zu ländlichen Gerichtsbezirken. Die Anzahl der ländlichen Gerichtsbezirke beträgt heute etwa 100.

Im Kreisgericht sitzt ein rechtskundiger Richter, der den Titel *Häradshövding* (Kreisrichter) führt oder ein Hilfsrichter, *Tingsdomare* (Thingrichter) oder ein Thingsekretär (*Tingssekreterare*). Bei den Hauptverhandlungen besteht das Kreisgericht aus dem rechtskundigen Richter und einem Kollegium von sieben bis neun vom Volk (durch die Gemeindeverordneten oder auf der Gemeindeversammlung) für 6 Jahre gewählten Laien, den Schöffen (*Nämnd*). Diese Form der ländlichen Untergerichte ist in Schweden uralt. Die einstige Vorschrift, dass das Schöffenkollegium den rechtskundigen Richter nur im Fall von Einmütigkeit überstimmen kann, ist durch die Regelung ersetzt worden, dass auch bei Übereinstimmung von sieben Schöffen deren Votum für das Urteil ausschlaggebend ist, selbst wenn sich die übrigen Schöffen (also höchstens zwei) dem rechtskundigen Richter anschliessen.

Bei der Vorbereitung besteht das Kreisgericht nur aus dem rechtskundigen Richter; in kleineren Sachen ist es auch in der Hauptverhandlung mit diesem Richter und nur drei Schöffen beschlussfähig.

Das Stadtgericht ist ein Kollegialgericht und setzt sich aus drei, höchstens vier Juristen, dem Bürgermeister (*Borgmästare*), den Ratsherren (*Rådmän*) und in grösseren Städten den rechtskundigen Beisitzern (*Assessorer*) zusammen. In jeder Stadt ist nur ein Bürgermeister vorhanden, in den grösseren aber amtieren mehrere Ratsherren und Assessoren. Im Stadtgericht zu Stockholm beträgt die Zahl der Juristenrichter sogar 77. Sie sind in Abteilungen eingeteilt, die aus zwei bis zehn Richtern bestehen. Aber, wie ich schon gesagt habe, können höchstens vier gleichzeitig zu Gericht sitzen.

Die Bestimmungen über die Beschlussfähigkeit des Stadtgerichts sind etwas kompliziert. Alle Amtshandlungen ausserhalb der Hauptverhandlungen können — genau wie im ländlichen Kreisgericht — von einem rechtskundigen Richter vorgenommen werden. In kleineren Strafsachen ist das Gericht bereits mit nur einem Richter beschlussfähig. In den Hauptverhandlungen besteht das Gericht in Zivilsachen und im allgemeinen auch in Strafsachen aus dem erwähnten Kollegium von drei oder vier Juristen. Handelt es sich aber um ein Verbrechen, für das Strafarbeit von mindestens zwei Jahren verhängt werden kann, oder um bestimmte Verfahren gegen jugendliche Täter, so nimmt ein Schöffenkollegium, das aus vom Volk gewählten Laien besteht, an der Verhandlung teil. Bei diesem Verfahren wirkt nur ein rechtskundiger Richter mit und zwar als Vorsitzender. Die Vorschriften über die Abstimmung sind dieselben wie beim ländlichen Kreisgericht. Der vorsitzende rechtskundige Richter kann also durch 7 Schöffen überstimmt werden.

Die Teilnahme von Laien an den Verhandlungen des Stadtgerichts bildet eine bedeutsame Neuerung in der Gerichtsorganisation, wenigstens in dieser Form. In den kleinsten Städten waren mitunter die beiden Ratsherren, die neben dem Bürgermeister das Stadtgericht bildeten, Laien. Aber sie waren genau wie andere ordentliche Beamte auf Lebenszeit ernannt und hatten ein individuelles Stimmrecht; sie sassen, so kann man sagen, anstelle von rechtskundigen Richtern zu Gericht. Die Schöffen des Stadtgerichts sind dagegen etwas ganz Neues, wobei die alte Einrichtung der Schöffen in den ländlichen Kreisgerichten als Muster diente.

Dem städtischen Schöffenkollegium ist die gleiche Stellung wie dem des Kreisgerichts eingeräumt worden. Es nimmt also sowohl an der Feststellung des Tatbestandes wie an der Rechtsentscheidung teil.

Die Meinungen über die Einführung eines Schöffenkollegiums bei den städtischen Gerichten waren sehr geteilt, und Gleiches galt auch für die Frage, wie das Gericht in diesem Fall besetzt sein soll. Hierbei ist zu erwähnen, dass sich das Stadtgericht nach dem ursprünglichen, dem Reichstag zur Beratung vorgelegten Vorschlag bei der Aburteilung der hier in Frage kommenden schwereren Straftaten aus dem gewöhnlichen Juristenkollegium und einem Schöffenkollegium zusammensetzen sollte. Zur Begründung wurde geltend gemacht, dass die Beteiligung des Schöffenkollegiums den Anteil von Sachkunde und juristischer Erfahrung, den ein Juristenkollegium gewährleistet, verringere. Gegen dieses Argument hat man eingewandt, dass ein derartiges Nebeneinander von zwei Kollegien bei uns unbekannt und unerprobt sei. Da man zudem sehr günstige Erfahrungen mit den Kreisgerichten gemacht habe, würde es am besten sein, die Besetzung der Stadtgerichte der der Kreisgerichte nachzubilden. Das Vorhandensein eines Juristenkollegiums neben einem Schöffenkollegium würde zudem die Stellung der Laien abschwächen.

Es ist selbstverständlich noch zu früh, um ein Urteil über die städtischen Schöffen zu fällen. Die Erfahrungen des ersten Jahres sind jedoch nach allgemeiner Auffassung als günstig zu bezeichnen.

Das Gericht zweiter Instanz führt den Namen *Hovrätt* — wörtlich Hofgericht —, weil das erste im Jahre 1614 errichtete Hofgericht eng mit dem Königlichen Hof verbunden war. Wir haben jetzt insgesamt 6 Hofgerichte: Svea Hofgericht in Stockholm, Göta Hofgericht in Jönköping, einer Stadt am Südende des Vättersees, ein drittes für Schonen und Blekinge in Malmö, ein viertes in Gothenburg und zwei in Norrland, der nördlichen Hälfte Schwedens.

Dem Hofgericht gehören ein Präsident, Hofgerichtsräte und andere Beisitzer (Assessoren) an. Es ist in mehrere Abteilungen aufgeteilt — zwei bis acht — und in einer Besetzung von vier Mitgliedern beschlussfähig.

Als dritte und höchste Instanz fungiert der Oberste Gerichtshof — *Högsta Domstolen* — in Stockholm. Die Bestimmungen über dieses Gericht finden sich in wichtigen Teilen nicht im *Rättegångsbalk* sondern in der *Verfassung*. Im alten *Rättegångsbalk* war dieses Gericht überhaupt nicht erwähnt worden, das Gesetz sprach stattdessen vom König. Der Oberste Gerichtshof übt die Gerichtsbarkeit des Königs aus; alle Entscheidungen ergehen in seinem Namen und müssen mit seinem Siegel versehen sein.

Die Richter dieses Gerichtshofs, deren Zahl vierundzwanzig

beträgt, führen den Titel »Justizrat» (*Justitieråd*). Das Gericht ist in den Hauptverhandlungen mit fünf Richtern beschlussfähig.

Bei dem Obersten Gerichtshof befindet sich ferner eine »Untere Justizrevision» — *Nedre Justitierevisionen* —, der die gesamte Vorbereitung und der Vortrag der zu Entscheidung gelangenden Prozesse obliegt. Ihr gehören rechtskundige Revisionssekretäre an.

Auf dem Gebiet des Anklagewesens bringt die Prozessreform keine wesentlichen Veränderungen mit sich. Schweden fehlt eine einheitliche Anklageorganisation. Entsprechend der Verschiedenartigkeit der Gerichte haben die Städte von altersher auch eine andere Anklageorganisation als das flache Land. Die unteren Anklagebeamten, die Bezirksankläger, von denen die meisten nicht die für das Richteramt vorgeschriebene vollständige juristische Ausbildung erhalten haben, sind gewöhnlich gleichzeitig die lokalen Polizeiorgane und — auf dem flachen Lande — die exekutiven und allgemein administrativen Beamten. Nur in den grössten Städten sind die Ankläger, die dort die volle richterliche Ausbildung genossen haben, ausschliesslich mit Kriminalsachen befasst.

Die Bezirksankläger sind im allgemeinen nicht befugt, Anklagen wegen schwererer Verbrechen zu erheben. Die Anklagen dieser Art sind den Chefanklägern der Provinzen — die gleichzeitig die dortigen Polizeichefs sind —, den Landesvögten, *Landsfogdar*, vorbehalten worden. Im Rahmen ihrer sachlichen Zuständigkeit können die Bezirksankläger sowohl in der ersten wie in der zweiten Instanz als Ankläger auftreten. Bei dem Obersten Gerichtshof wird dagegen nur der Reichsankläger, *Riksåklagaren*, die im Zusammenhang mit der Prozessreform neu geschaffene höchste Anklagebehörde, tätig.

Für die öffentliche Anklagetätigkeit gilt bisher grundsätzlich das Legalitätsprinzip.

Kann eine Tat nicht strenger als mit einer Geldstrafe geahndet werden, so darf der Ankläger dem Beschuldigten im allgemeinen anstelle einer Anklageerhebung Mitteilung von der Strafe machen, die er als für die Tat verwirkt ansieht. Ein derartiger Strafbescheid, *Strafföreläggande*, der zu seiner Rechtswirksamkeit die

Anerkennung des Beschuldigten erfordert, darf jedoch nicht auf eine Geldstrafe ergehen, die über ein bestimmtes, niedrig bemessenes Höchstmass hinausgeht.

Ferner kann der Ankläger in einzelnen Fällen von der Erhebung der Anklage Abstand nehmen. Voraussetzung hierfür ist, dass auf die Straftat nur eine Geldstrafe folgen kann und die Aburteilung nicht mit Rücksicht auf generalpräventive Gesichtspunkte erforderlich ist. Gleiches gilt, wenn die Tat in einer bestimmten Art und Weise mit einer anderen Straftat zusammentrifft und ihre strafrechtlichen Folgen im Vergleich zu denen der anderen Straftat ohne nennenswerte Bedeutung sein würden. Bei minderjährigen Tätern haben die Ankläger erheblich grössere Möglichkeiten zur Abstandnahme von der Anklageerhebung.

Das Anklagerecht des Verletzten ist durch die Reform bei den unter die öffentliche Anklagepflicht fallenden Straftaten beträchtlich eingeschränkt worden. Bei diesen Handlungen darf der Verletzte nur dann die Anklage erheben, wenn er die Tat seinerseits zur Anzeige gebracht hat, vom Ankläger aber die Erhebung der Anklage abgelehnt worden ist. Vielleicht kann man bezweifeln, ob diese Regelung, so unumstritten ihr praktischer Wert sein dürfte, wirklich als demokratisch anzusehen ist.

Die gesetzgebenden schwedischen Stellen haben stets die Einführung eines Anwaltszwangs abgelehnt. Auch nach dem neuen *Rättegångsbalk* dürfen die Parteien ihre Sache in allen Instanzen persönlich führen. Dies gilt sowohl für den Privatkläger wie für den Angeklagten. Andererseits sind sie in der Regel dazu berechtigt, sich durch Prozessbevollmächtigte vertreten zu lassen. Es wird dabei nicht gefordert, dass dieser Bevollmächtigte rechtskundig sein muss. Als Prozessbevollmächtiger darf jedoch nur fungieren, wer dem Gericht auf Grund seiner Rechtschaffenheit, seiner Einsicht und seiner früheren Tätigkeit hierfür geeignet erscheint.

In Strafsachen, aber auch in Zivilsachen sind die Parteien weitgehend dazu verpflichtet, persönlich vor Gericht zu erscheinen.

Der Beschuldigte kann bei der Vorbereitung und Durchführung

seiner Sache von einem Verteidiger unterstützt werden. Diesen darf er selbst auswählen. An die Qualifikation des Verteidigers werden die gleichen Anforderungen wie an die eines anderen Prozessbevollmächtigten gestellt. Hat der Beschuldigte keinen Verteidiger ausgewählt oder ist sein Verteidiger zurückgewiesen worden, so hat ihm das Gericht in Fällen, in denen er seine Rechte offensichtlich nicht ohne Beistand wahrnehmen kann, einen öffentlichen Verteidiger zu bestellen. Dieser ist berechtigt, Zahlung seiner Gebühren und Erstattung seiner Unkosten aus öffentlichen Mitteln zu verlangen.

Wie ich bereits erwähnt habe, ist kein Anwaltszwang eingeführt worden. Auch ein Anwaltsmonopol wurde durch die Reform nicht geschaffen. Dagegen sind die Bestimmungen über den Rechtanwaltsberuf von dem neuen Gesetz eingehend behandelt worden. Dies bedeutet eine wichtige Neuerung für das schwedische Recht. Vor der Reform gab es keine besondere Zulassung zur Advokatur, keinen Schutz des Advokatentitels und keine öffentlich-rechtliche Organisation des Anwaltsstandes. Stattdessen existierte nur eine seit dem Jahr 1887 bestehende freiwillige Vereinigung des privaten Rechts, der zwar die Mehrzahl der Anwälte, aber durchaus nicht alle angehört hatten.

Durch den neuen RB ist ein einheitlicher, öffentlich-rechtlicher Rechtsanwaltsverband für ganz Schweden — *Sveriges Advokatsamfund* — geschaffen worden. Der Titel Advokat ist ausschliesslich den Mitgliedern dieser Organisation vorbehalten worden. Die Voraussetzungen für den Eintritt in den Verband sind durch besondere Bestimmungen geregelt. So wird verlangt, dass der Advokat die für die Befähigung zum Richteramt vorgeschriebenen Prüfungen abgelegt und sich eine praktische Ausbildung erworben hat, wie sie in den Satzungen des Verbandes vorgeschrieben ist. Diesem wird volle Selbstverwaltung eingeräumt; sein Vorstand führt die Aufsicht über das Anwaltswesen und ist auch berechtigt, Mitglieder, die sich eines pflichtwidrigen Verhaltens schuldig machen, auszuschliessen. Der Charakter der Advokatur als eines freien Berufs wird dadurch unterstrichen, dass Juristen, die im Staats- oder Kommunaldienst stehen oder bei einer Privatperson angestellt sind, nur dann aufgenommen werden dürfen, wenn der Verbandsvorstand eine besondere Ausnahme zulässt.

Gegen alle Beschlüsse des Vorstandes, die Massnahmen gegen Rechtsanwälte betreffen, ist die Einlegung eines Rechtsmittels zulässig, über das der Oberste Gerichtshof entscheidet.

Über die allgemeinen Formen des Verfahrens ist nicht viel zu sagen. Die Öffentlichkeit ist zu einem Grundprinzip des gesamten Prozesses geworden, das sich auf alle Instanzen erstreckt. Sie war bei den höheren Gerichten früher modifiziert. Der Ausschluss der Öffentlichkeit ist im mündlichen Prozess nur in bestimmten Fällen — z. B. bei Gefährdung der öffentlichen Sicherheit oder Sittlichkeit, bei Erörterung eines Berufsgeheimnisses und bei Erpressungsfällen — zulässig.

Ich habe erwähnt, dass man unseren alten Prozess als mündlich-protokollarisch bezeichnete. Der neue Prozess hat ein konsequent mündliches Gepräge erhalten. Im Mittelpunkt steht die Hauptverhandlung.

Das Vorverfahren des Zivilprozesses — die Vorbereitung — kann entweder mündlich oder schriftlich geführt werden, die Mündlichkeit bildet aber die Regel. Das Vorverfahren des Strafprozesses muss stets in mündlicher Form vor sich gehen.

Bei der Hauptverhandlung ist — sowohl im Zivil- wie im Strafprozess — das Mündlichkeitsprinzip mit grösster Konsequenz durchgeführt. Die Parteien dürfen bei dieser Gelegenheit keine Schriftsätze überreichen oder verlesen; eine Ausnahme bilden nur die Anträge. Diese Bestimmungen verbieten den Parteien aber natürlich nicht, schriftliche Aufzeichnungen als Gedächtnisstütze zu benutzen. Es gehört zu den besonders wichtigen Aufgaben des Gerichts, auf die strikte Einhaltung des Mündlichkeitsprinzips zu achten.

Ins einzelne gehende Bestimmungen regeln die Formen, in denen die Parteien während des Verfahrens aufzutreten haben. Im Strafprozess ist der Verlauf folgender:

Nachdem der Ankläger seine Anträge gestellt und der Angeklagte in allgemeiner Form erklärt hat, ob er die ihm zur Last gelegte Tat zugibt oder bestreitet, hat der Ankläger die Anklage vorzutragen und die Tatsachen wiederzugeben, auf die sie sich gründet.

Ist ein Privatkläger (Verletzter) vorhanden, so ist dieser sogleich im Anschluss hieran zu vernehmen.

Hierauf ist es Sache des Angeklagten, sich über das Vorbringen des Anklägers und des Verletzten zu äussern, die unter der Kontrolle des Gerichts Fragen an ihn richten dürfen. Damit wird beabsichtigt, dass diese Verhandlung eine völlig neue, von den Voruntersuchungsprotokollen, über die ich später ein wenig mehr sagen werde, unabhängige Reproduktion des Prozessmaterials geben soll. Die früheren Aufzeichnungen dürfen nur noch als Kontrolle für Fragen an die Parteien herangezogen werden, wenn sich Abweichungen zwischen den protokollarischen und mündlichen Angaben ergeben.

Auf die Erklärungen der Parteien folgt die Beweisaufnahme, nach deren Beendigung die Parteien Schlussausführungen machen können.

Jede Hauptverhandlung soll nach Möglichkeit ohne Unterbrechungen vor sich gehen, bis die Sache entscheidungsreif geworden ist. Vertagungen sind mit der Durchführung des Mündlichkeitsgrundsatzes schlecht vereinbar, immerhin müssen aus praktischen Gründen gewisse Ausnahmen zugelassen werden. Eine Vertagung ist jedoch nur noch bei absoluter, im Interesse der Ermittlungen liegender Notwendigkeit und nur auf kurze Zeit zulässig. Kann die Hauptverhandlung nicht binnen dieser Zeit fortgesetzt werden, so ist eine neue Hauptverhandlung abzuhalten, also eine neue, vollständige Verhandlung mit erneuter Beweisaufnahme usw.

Die Hauptverhandlung des Zivilprozesses geht entsprechend vor sich. Der Kläger hat seine Anträge zu stellen und der Beklagte zu erklären, inwieweit er diese anerkennt oder bestreitet. Die Parteien haben dann ihre Sache nacheinander vorzutragen und zu dem Vorbringen des Gegners Stellung zu nehmen.

Hierauf erfolgt die Beweisaufnahme, nach deren Beendigung die Parteien Schlussausführungen machen können.

Der eigentliche Sinn der Mündlichkeit liegt nicht darin, dass im Verfahren mündliche Vorträge erfolgen. Insoweit war ja auch unser alter Prozess mündlich. Entscheidend ist, dass sich das

Urteil jetzt ausschliesslich auf das mündliche Vorbringen gründen darf. Auch erfordert das Prinzip der Konzentration, dass das gesamte Prozessmaterial vom Gericht möglichst ohne Unterbrechungen und Richterwechsel behandelt wird.

Sowohl im Straf- wie im Zivilprozess gilt folgendes:

»Das Urteil hat sich, wenn eine Hauptverhandlung beim Gericht stattgefunden hat, auf das zu gründen, was sich bei der Hauptverhandlung ergeben hat. Am Urteil dürfen Richter nicht mitwirken, die nicht der ganzen Hauptverhandlung beigewohnt haben. Ist eine neue Hauptverhandlung abgehalten worden, so ist das Urteil auf das zu gründen, was sich bei dieser ergeben hat.»

Dagegen:

»Wird in einem Verfahren ohne Hauptverhandlung entschieden, so ist das Urteil auf das zu gründen, was die Akten enthalten und sich sonst im Verfahren ergeben hat.»

Nun möchte ich nur noch über das Vorverfahren in Strafsachen, d. h. die Voruntersuchung, einige Worte sagen.

Dem älteren schwedischen Strafprozess war ein stark inquisitorischer Einschlag eigen. Das was ganz natürlich. Das Wesen des Strafprozesses besteht ja darin, den Strafanspruch des Staates zu verwirklichen. Hieraus folgt, dass das Verfahren nicht nur im allgemeinen von einem staatlichen Organ anhängig gemacht wird, sondern dass der Staat auch ein Interesse daran hat, das Verfahren zu fördern, bis durch die erforderlichen Ermittlungen geklärt wird, inwieweit ein gesetzlich realisierbarer Strafanspruch vorliegt. In einer unkomplizierten Ordnung des Gemeinwesens werden die verschiedenen Formen, in denen bei einem Strafverfahren das Staatsinteresse durch den Richter und den Ankläger zum Ausdruck gelangt, nicht streng voneinander geschieden. So ist es seinerzeit auch in Schweden gewesen. Ich darf vielleicht erwähnen, dass die Richter in Dänemark noch im Anfang unseres Jahrhunderts auf dem flachen Lande gleichzeitig auch die Ankläger und Exekutivbeamten waren. Für das Verhandlungsprinzip bildet eine selbständige Anklagebehörde eine notwendige Voraussetzung. Dieses ist im Strafprozess eine wichtige demokratische — oder besser gesagt liberale — Forderung.

Fordert man die Ersetzung des Inquisitionsprinzips durch den Verhandlungsgrundsatz, so macht man sich nicht immer klar, dass es unmöglich ist, die Inquisition völlig aus dem Strafverfahren zu verbannen. Zwar kann sich das Verfahren in der Hauptverhandlung weitgehend zwischen dem Ankläger und dem Beschuldigten als zwei einander grundsätzlich gleichgestellten Parteien abspielen, doch ist eine derartige Verfahrensform während der Voruntersuchung, die immer ein wichtiges Stadium des Strafprozesses darstellen wird, nicht verwendbar. Hierbei bleibt es sich gleich, ob die Voruntersuchung einem Organ des Gerichts, dem Ankläger oder einer ausserhalb des Anklagewesens stehenden Polizeibehörde anvertraut wird. Bei der Kritik des Inquisitionsprozesses hatte man wohl auch kaum das Prinzip selbst vor Augen, sondern gewisse Unzuträglichkeiten, die mitunter mit ihm verbunden waren, z. B. dass man den Beschuldigten daran hinderte, seine Verteidigung wirksam zu führen, dass man sich unangemessener Vernehmungsmethoden bediente usw. Das Verhandlungsprinzip als solches kann hierbei keineswegs andere Formen garantieren, aber es gewährt doch bessere Möglichkeiten, um den in diese Richtung gehenden Tendenzen entgegenzuwirken und ihre ungünstigen Folgeerscheinungen für den Beschuldigten zu vermindern. Ich will versuchen, etwas näher auszuführen, wie man durch einzelne Bestimmungen Garantien für den Beschuldigten geschaffen und versucht hat, ein möglichst gerechtes Vorverfahren zu sichern.

Der neue Balk schreibt vor, dass in allen Fällen, in denen auf Grund einer Anzeige oder aus anderen Gründen Anlass zu der Annahme vorliegt, dass eine unter die öffentliche Anklage fallende Straftat begangen worden ist, eine Voruntersuchung stattfinden soll. Diese ist von der Polizeibehörde oder dem Ankläger einzuleiten. Wird sie von der Polizei geführt, so kann der Ankläger dieser Anweisungen über die Gestaltung der Ermittlungen erteilen. Eine enge Zusammenarbeit zwischen der Polizei und dem Ankläger ist in der Praxis um so gesicherter, als gewöhnlich eine Personalunion vorhanden ist.

Man kann nicht ganz leugnen, dass in der Tatsache einer solchen Personalunion, ja schon in der engen Zusammenarbeit zwischen Polizei und Ankläger gewisse Gefahren für den Beschuldigten liegen können. Gerade darum hat man versucht, besondere Garantien für ihn zu schaffen.

Soll sich der Prozess beim Gericht auf eine einzige Hauptverhandlung konzentrieren, so ruht natürlich besondere Bedeutung auf der mit grösster Umsicht zu führenden Voruntersuchung. Es sind daher ins Einzelne gehende Bestimmungen ergangen, um bei ihr möglichst zuverlässige Resultate zu gewährleisten.

In Kap. 23 § 2 heisst es:

»Während der Voruntersuchung ist zu ermitteln, gegen wen begründeter Tatverdacht vorliegt und ob hinreichende Gründe vorhanden sind, um Anklage gegen ihn zu erheben; ferner ist das Verfahren so vorzubereiten, dass die Beweiserhebung bei der Hauptverhandlung ohne Unterbrechung erfolgen kann.»

Am wichtigsten sind die Vorschriften, die zum Schutz des Beschuldigten ergangen sind.

In Kap. 23 § 4 heisst es:

»Bei der Voruntersuchung sind nicht nur die Umstände, die gegen den Beschuldigten sprechen, sondern auch die für ihn günstigen zu beachten und Beweise, die zu seinen Gunsten sprechen, zu berücksichtigen. Die Untersuchung soll so geführt werden, dass niemand unnötig einem Verdacht ausgesetzt wird oder Kosten oder Nachteile zu tragen hat.

Die Voruntersuchung ist so beschleunigt zu führen, wie dies die Umstände zulassen. Ergibt sich keine Veranlassung mehr zu ihrer Weiterführung, so ist sie einzustellen.»

Ist der Beschuldigte der Ansicht, dass der Ankläger die Voruntersuchung nicht ganz objektiv führt oder dass er sie in irgendeiner Hinsicht unvollständig lässt, so kann er die Hilfe des Gerichts in Anspruch nehmen, das sonst an den Ermittlungen nicht beteiligt ist. Der Beschuldigte ist daher berechtigt, beim Gericht die Vornahme von Vernehmungen oder anderen Ermittlungen durch den Ankläger zu beantragen. Diesem Antrag ist stattzugeben, wenn die fragliche Massnahme für die Untersuchung von Bedeutung sein kann. Es heisst im Gesetz:

»Hat der Untersuchungsführer, obwohl er die ihm erforderlich erscheinenden Ermittlungen abgeschlossen hat, einem Antrag der genannten Art nicht stattgegeben oder nimmt der Beschuldigte an, dass ein anderer Mangel der Ermittlungen vorliegt, so darf er dem Gericht hiervon Anzeige erstatten.

Ist die Anzeige beim Gericht eingegangen, so hat dieses sie so bald wie möglich zu behandeln und zu entscheiden. Liegen Gründe hierfür vor, so darf das Gericht Vernehmungen des Beschuldigten oder anderer Personen vornehmen oder sonst geboten erscheinende Massnahmen ergreifen.»

Eine gewisse Sicherung der Korrektheit des Verfahrens liegt auch darin, dass der Beschuldigte schon während der Voruntersuchung berechtigt ist, einen Verteidiger heranzuziehen. Ist er festgenommen oder verhaftet, so kann ihm vom Gericht ein Advokat als öffentlicher Verteidiger beigeordnet werden. Hat der Beschuldigte keinen Verteidiger ausgewählt, oder ist ein von ihm bestellter Verteidiger, der nicht Advokat ist, zurückgewiesen (er entsprach vielleicht nicht den gesetzlichen Voraussetzungen) und ergibt sich aus der Art des Verfahrens oder anderen Gründen, dass seine Rechte nicht ohne einen Rechtsbeistand richtig gewahrt werden können, so ist es Sache des Untersuchungsführers, dem Gericht hiervon Anzeige zu machen, damit von diesem ein öffentlicher Verteidiger bestellt wird.

Wer nicht verhaftet oder festgenommen ist, ist im allgemeinen nicht verpflichtet, zum Zweck von Vernehmungen länger als sechs Stunden anwesend zu bleiben; von ihm darf erst für einen zwölf Stunden späteren Zeitpunkt das Erscheinen zur Fortsetzung der Vernehmung gefordert werden. Diese Bestimmung ist in dem deutlichen Bestreben geschaffen worden, zu verhindern, dass der Vernommene durch allzu lang dauernde Verhöre ermüdet und hierdurch dazu gebracht werden kann, für sich nachteilige Angaben zu machen. Das Gleiche gilt im übrigen genau so für alle anderen Personen, die im Verlauf der Voruntersuchung vernommen werden.

Dem gleichen Zweck dient die Bestimmung, dass dem Vernommenen nicht verwehrt werden darf, die üblichen Mahlzeiten einzunehmen, und dass ihm stets die notwendige Zeit zum Schlafen zur Verfügung stehen muss.

Für die Vernehmungen gilt ferner folgendes:

Kap. 23 § 10

»Bei einer Vernehmung soll möglichst ein von dem Untersuchungsführer hinzugezogener, vertrauenswürdiger Zeuge anwesend sein.»

»Ist der zu Vernehmende noch nicht fünfzehn Jahre alt, so soll, wenn dies ohne Gefährdung der Ermittlungen geschehen kann, derjenige, bei dem die Sorgepflicht für ihn liegt, bei der Vernehmung anwesend sein.»

Kap. 23 § 12

»Während einer Vernehmung dürfen zu dem Zweck, ein Geständnis oder eine Erklärung in einer bestimmten Richtung zu erzielen, keine bewusst unrichtigen Angaben, Versprechungen oder Vorspiegelungen besonderer Vorteile, Drohungen, Zwang, Ermüdung oder andere unangemessene Massnahmen angewandt werden.»

Dem Verteidiger fällt bei den Vernehmungen eine wichtige Rolle zu. Zwar hat grundsätzlich der Untersuchungsführer darüber zu bestimmen, inwieweit andere Personen bei den Vernehmungen anwesend sein dürfen, doch können bei allen Vernehmungen, die auf Antrag des Beschuldigten erfolgen, der Beschuldigte und sein Verteidiger stets zugegen sein. Aber auch allen anderen Vernehmungen darf der Verteidiger beiwohnen, sofern dies die Ermittlungen nicht gefährdet.

Weiter heisst es:

»Dem Verteidiger eines Festgenommenen oder Verhafteten darf nicht verweigert werden, mit ihm zusammenzutreffen. Der Verteidiger kann sich unter vier Augen mit dem Festgenommenen oder Verhafteten besprechen; ein anderer als der öffentliche Verteidiger jedoch nur, wenn dies der Untersuchungsführer oder Ankläger gestattet oder das Gericht findet, dass es ohne Gefährdung der Ermittlung oder der Ordnung und Sicherheit am Gewahrsamsort geschehen kann.»

Dem Kontrollzweck dient auch die Vorschrift, dass über alle für die Ermittlung bedeutsamen Vorgänge der Voruntersuchung ein Protokoll zu führen ist.

Diese Protokollführung ist natürlich auch notwendig, damit

das Gericht Kenntnis von den Untersuchungsergebnissen erhält. Hierbei ist unter anderem angeordnet worden, dass die niedergeschriebenen Aussagen des Beschuldigten oder anderer im Verlauf der Voruntersuchung vernommener Personen diesen vor Abschluss der Vernehmung vorzulesen sind oder ihnen in anderer Weise Gelegenheit zur Überprüfung der Aufzeichnungen zu geben ist — z. B. durch eigenes Lesen. Wird gegen die Abfassung eine Beanstandung erhoben und erklärt sich der Untersuchungsführer mit dieser einverstanden, so müssen die Aufzeichnungen entsprechend abgeändert werden. Heisst der Untersuchungsführer die Beanstandung nicht gut, so ist hierüber im Protokoll ein Vermerk zu machen.

Nachträglich dürfen die Aufzeichnungen nicht mehr abgeändert werden. Eine Vorschrift, auf Grund deren der Vernommene die Richtigkeit der Aufzeichnungen durch seine Namensunterschrift oder in anderer Weise anzuerkennen hat, ist nicht geschaffen worden, und dies sicherlich aus guten Gründen. Die Prüfung der Vernehmungsprotokolle, die der bei einer Voruntersuchung Vernommene vornehmen kann, wird selten so sorgfältig vor sich gehen können, dass er die Bekundungen durch seine Unterschrift als definitive zu bezeichnen vermag. Es ist eine alte Erfahrungstatsache, dass es gern als ein ernstes, gegen den Angeklagten sprechendes Indiz angesehen wird, wenn er Bekundungen, die er einmal unterschrieben hat, nachträglich vor Gericht ändert.

In diesem Zusammenhang darf auch auf eine weitere Vorschrift hingewiesen werden, die zu den über die Beweisaufnahme erlassenen Bestimmungen gehört. Es ist grundsätzlich verboten, auf die Aufzeichnung von Aussagen, die auf Grund eines bereits eingeleiteten oder noch bevorstehenden Prozesses vor dem Ankläger, einer Polizeibehörde oder auch sonstwie ausserhalb des Gerichts abgegeben worden sind, als Beweismittel Bezug zu nehmen. Ausnahmen sind im allgemeinen nur zulässig, wenn das Gericht sie aus besonderen Gründen gestattet.

Einen wichtigen Ausdruck des Verhandlungsprinzips gibt folgende Bestimmung:

»Ist die Voruntersuchung so weit vorgeschritten, dass gegen jemand begründeter Tatverdacht vorliegt, so ist dieser bei seiner

Vernehmung über den Verdacht zu unterrichten. Sobald dies ohne Gefährdung der Ermittlungen möglich ist, ist ihm und seinem Verteidiger Gelegenheit zu geben, von dem Verlauf der Voruntersuchung Kenntnis zu nehmen sowie die ihnen wünschenswert erscheinenden Ermittlungen anzugeben und sonst anzuführen, was sie für notwendig erachten. Eine Anklageerhebung darf nicht beschlossen werden, bevor ihnen Gelegenheit hierzu gegeben worden ist.»

Ich habe schon erwähnt, dass dem Beschuldigten die Befugnis zuerkannt worden ist, von dem Ankläger eine Vervollständigung der Voruntersuchung zu verlangen, und dass er oder sein Verteidiger sich in Fällen, in denen der Voruntersuchungsführer diesem Verlangen nicht nachkommt, an das Gericht wenden darf und dieses die Vornahme der erforderlichen Massnahmen herbeiführen kann.

Ist die Voruntersuchung abgeschlossen, so hat der Untersuchungsführer einen Beschluss darüber zu erlassen, ob Anklage zu erheben ist. Wird sie erhoben, so beginnt die Behandlung der Sache durch das Gericht — aber damit enden meine kleinen Vorlesungen.

Literatur:

Gärde, N., Engströmer, Thore, Strandberg, Tore, Söderlund, Erik, Nya rättegångsbalken jämte lagen om dess införande, med kommentar. Stockholm 1949.

Moderne Kriminalpolitik in Schweden

Von Professor Dr. *Ragnar Bergendal*

I

Zweck dieser kurzen Vorlesung soll sein, Ihnen einen Überblick über die Methoden zu geben, die wir in Schweden bei der Behandlung von Verbrechen oder besser gesagt von Verbrechern anwenden. Die Gründe, eine solche Vorlesung in das Programm eines Kursus über demokratische Züge in unserem Recht aufzunehmen, sind vielleicht nicht auf den ersten Blick erkennbar. Sie könnten sagen, dass Demokratie als eine Art, die normalen Funktionen des öffentlichen Lebens zu ordnen, kaum mit der Behandlung von Verbrechern zu tun hat und dass folglich die Kriminalpolitik einer Demokratie und die einer absoluten Monarchie oder einer modernen Diktatur nicht voneinander verschieden zu sein brauchen. Darauf kann ich nur erwidern: sie müssen vielleicht nicht verschieden sein, aber sie sind es. Die Delikte sind bis zu einem gewissen Grade verschieden, und die Strafverfahren der Gerichte und anderen Behörden sowie die Arten der Strafen weichen sehr voneinander ab. Ich möchte mich nicht rühmen, die Gründe zu wissen, warum dem so ist, aber einen Umstand glaube ich als von grundlegender Bedeutung hervorheben zu können. Demokratie ist — oder soll — auf einer unverbrüchlichen Achtung vor der Würde des Individuums, des Menschen, gegründet sein, und diese gleiche Betrachtungsweise ist — oder soll — ein Fundament unserer Kriminalpolitik ausmachen, ohne zu vergessen, dass Verbrecher auch Menschen sind.

Ein vergleichender Überblick über die Geschichte des Strafrechts zeigt nun, dass verschiedene Länder, die dem gleichen Zivilisationskreis angehören, zu einem gegebenen Zeitpunkt einander sehr ähnliche Strafsysteme haben (viel ähnlicher als die Strafsysteme desselben Landes in verschiedenen Jahrhunderten). Unser Strafgesetzbuch, in Kraft seit 1864, wird gegenwärtig einer sehr gründlichen Revision unterzogen. Der inhaltliche Kern ist vor mehr als einem Jahrhundert ausgearbeitet worden. Viele seiner grundlegenden Ideen gehen direkt oder indirekt — hauptsächlich über deutsche Mittler — auf die Philosophen der Aufklärungszeit in Frankreich und anderwärts im achtzehnten Jahrhundert zurück sowie auf die bekannten Reformatoren des Strafvollzuges in England und in den Vereinigten Staaten vom Ende des gleichen Jahrhunderts. Unser altes Strafgesetzbuch ist natürlich nicht unverändert geblieben. In den letzten 50 Jahren war es einer grossen Zahl von Abänderungen unterworfen, und neue Gesetze auf Sondergebieten sind hinzugekommen. Die Ergebnisse sollen nun in einem neuen Strafgesetzbuch zusammengefasst werden, dessen Ausarbeitung schon weit vorgeschritten ist. Obgleich die Ausformung der Theorie des Strafrechts bei uns weitgehende Impulse vom Deutschland früherer Jahrzehnte und anderen deutschsprechenden Ländern empfangen hat, sind die Ideen zu wichtigen Reformen in unserem Strafvollzugswesen meist aus England oder den Vereinigten Staaten zu uns gekommen, bisweilen auf dem Wege über Dänemark. Damit soll nicht gesagt sein, dass wir der Ansicht seien, die schwedische Strafgesetzgebung habe keinen eigenen selbständigen Beitrag zur Entwicklung der Lehre vom Strafvollzug und ihrer Anwendung in der Praxis geleistet. Besonders in den letzten Jahren — als wir mehr Zeit als die meisten anderen Länder auf diese Probleme verwenden konnten — sind wir offenbar in verschiedenen Richtungen einer kühneren Linie gefolgt als andere moderne Gesetzgebungen. Vielleicht sind es nur Versuche, die wir vornehmen, aber haben wir Erfolg, hoffen wir, dass man unserem Beispiel folgen wird.

II

Der Geist der Straf- und Strafvollzugsgesetze beruht jedoch, ebenso wie der aller anderen Gesetze, nicht nur auf den Ideen, die in der öffentlichen Meinung und bei den Gesetzgebern vorherrschen; er wird auch beeinflusst von den Faktoren, mit denen es sich auseinanderzusetzen gilt: den Straftaten, ihrer Natur und Zahl, und den Charakteranlagen derer, die sie begehen. Hier besteht ein sehr komplexes und schwieriges Problem. Welcher Art ist das Verhältnis zwischen der Kriminalität und der Strafgesetzgebung? Wir wissen, dass, sobald die Gesetze rigoros sind und streng gehandhabt werden, die Delikte in der Regel schwer und zahlreich sind, und umgekehrt. Aber was ist Ursache und was ist Wirkung? Darüber sind wir im ungewissen. Persönlich neige ich zu der Annahme, dass die Kriminalität in gewissen Grenzen ziemlich unabhängig vom Strafrechtssystem ist; aber wohlgemerkt nur in gewissen Grenzen. Gäbe es keine Gerichte und keine Gefängnisse, würden die Verbrechen zweifellos überhandnehmen.

Jedoch will ich darauf nicht näher eingehen, sondern Ihnen lieber einige Daten über die Kriminalität in Schweden geben. Wir pflegen, vielleicht etwas überheblich, zu sagen, dass die Kriminalität bei uns im Vergleich zu der der meisten anderen Länder niedrig ist. Die Statistik scheint auf den ersten Blick diese Behauptung nicht zu bestätigen. Die Gesamtzahl der Verbrechen oder der Delikte im weitesten Sinne des Wortes beträgt jetzt ungefähr 200.000 im Jahr; das macht 3.000 auf 100.000 Einwohner. Jedoch sind die meisten dieser Delikte leichterer Art, nicht Verbrechen im eigentlichen Sinne. (Alle diese Ziffern beziehen sich auf solche Fälle, in denen die Angeklagten von den Gerichten als überführt angesehen worden sind; die tatsächliche Anzahl der Gesetzesverletzungen ist natürlich weit grösser, aber sie geht aus der Statistik nicht hervor.) Für die grosse Mehrzahl der 200.000 Delikte wurden jedoch nur Geldstrafen verhängt, z. B. bei 91 % im Durchschnitt der Jahre 1941—1945, oder kurzfristige Freiheitsstrafen seitens der Militärgerichte (3 % im gleichen Zeitraum).

Von einem anderen Gesichtspunkt ausgehend mag darauf hingewiesen werden, dass von den 200.000 Delikten ungefähr 45.000 auf Trunkenheit und Erregung öffentlichen Ärgernisses entfallen, etwa 6.500 auf militärische Vergehen (in Friedenszeiten), etwa 60.000 auf Verstösse gegen die Strassenverkehrsvorschriften, mehr als 4.000 auf Verstösse gegen die Bestimmungen über Herstellung und Verkauf von Rauschmitteln usw. Die Zahl der Personen, die zu schwereren Strafen verurteilt wurden, meist Freiheitsstrafen ohne Bewährungsfrist, betrug 1945 etwa 5.400 und die Zahl derer, die Bewährungsfrist erhielten, etwa 4.000. Auch diese Strafen sind in den meisten Fällen nicht sehr hart; ich habe nähere Angaben über die, welche 1947 begannen, ihre Freiheitsstrafen abzubüssen (ausgenommen Jugendgefängnis oder andere besondere Formen von Haft). Es waren ungefähr 3.700; nicht ganz 850 oder etwa 23 % hatten Strafen über mehr als 6 Monate erhalten. Ein anderer Gradmesser für die Kriminalität schwererer Art ist die Gesamtzahl der Insassen in den Gefängnissen und anderen Anstalten, die den Zwecken des Strafvollzugs dienen. Der Durchschnitt für das Jahr 1947 betrug nicht mehr als 2.044, was nicht viel von dem Durchschnitt für einen ziemlich langen Zeitraum abweicht. Der höchste Stand in den letzten Jahren wurde 1943 mit 3.091 erreicht.

Unter den schwerer gearteten Delikten sind die Eigentumsvergehen in der überwältigenden Mehrzahl, und unter diesen stehen Diebstahl und Einbruch in erster Reihe. Der Zahl nach folgen dann Betrug und Unterschlagung. Fälle von Raub unter Gewaltanwendung waren früher sehr selten; in den letzten Jahren hat deren Zahl zugenommen (1944: 13 Fälle, 1945: 37 Fälle). Mord und Totschlag sind selten; in den letztgenannten Jahren 1 resp. 5 Urteile. Eine erheblich grössere Anzahl von Mördern wurde als geisteskrank befunden und daher nicht verurteilt. — Als Kuriosität sei noch erwähnt, dass Bigamie praktisch nicht vorkommt; dieser wird vorgebeugt durch die sehr wirkungsvolle und genaue Registrierung der Bevölkerung (und durch die ziemlich leichten Bedingungen für eine Ehescheidung). Erpressung kommt selten vor, jedenfalls bei den Gerichten.

Von grösserem Interesse als die blossen Zahlen über Straftaten und Täter ist vielleicht die Tendenz in der Entwicklung der letzten Jahre insofern, als sie mancherlei Aufschlüsse und Fingerzeige geben kann, die für unsere Kriminalpolitik von Wert sind. Es ist zwecklos, sich verhehlen zu wollen, dass die Linie nach oben tendiert. Vor etwa 30 Jahren betrug die Totalsumme aller Delikte im Durchschnitt die Hälfte der gegenwärtigen Ziffer, etwa 100.000 im Jahr oder 1.750 auf 100.000 Einwohner. Ich glaube nicht, dass das zahlenmässige Anwachsen an sich Anlass zu grösserer Besorgnis zu sein braucht.

Der grösste Teil der Zunahme entfällt auf geringfügige Delikte. Vor 20 Jahren betrugen die Verstösse gegen die Strassenverkehrsvorschriften ungefähr 20.000 gegen jetzt 60.000. Diese Erhöhung hat natürlich ihren Grund im Anwachsen des Automobilverkehrs und in der umfassenderen und genauer ausgearbeiteten gesetzlichen Regelung desselben, die sich als nötig erwiesen hat; sie hat nichts mit tiefer liegenden Problemen der Moralität der Bevölkerung zu tun. Wächst der Katalog der Delikte, muss auch die Zahl der Delinquenten wachsen. Eine weitere Erklärung liegt in den Kriegs- und Nachkriegsvorschriften über Erzeugung und Verteilung vieler Verbrauchsartikel; hieraus resultieren für 1944 etwa 13.000 Verstösse. Der Krieg selbst bringt, auch in einem nichtkriegführenden Lande, vielerlei Straftaten mit sich, z. B. Spionage (in nicht so bedeutender Anzahl) und militärische Vergehen, da mehr Männer zum Waffendienst einberufen sind. Von grösserer Bedeutung ist, dass viele verhältnismässig schwere Vergehen der Art, wie sie gewöhnlich vorkommen, Delikte sowohl gegen die Person wie gegen das Vermögen, in Kriegszeiten ein ausgesprochenes Anwachsen zeigen. Diese Erfahrung gilt in gleicher Weise für die meisten Länder im ersten wie im zweiten Weltkrieg. Was die Eigentumsdelikte angeht, so ist der Anlass zum Teil ganz klar. Mit dem Kriege folgt Mangel an vielen Waren, der Unterschied in der sozialen Lage tritt plötzlich schärfer hervor und die Not der ärmeren Bevölkerung wird fühlbarer. Nun ist die Armut an sich nach unseren Erfahrungen gewiss keine Ursache zu hoher Kriminalität; in vielen der ärmsten Bezirke des Landes herrscht zugleich die grösste Rechtschaffenheit. Aber plötzliche Störungen der wirtschaftlichen Verhältnisse sind immer geeignet, eine Zunahme der Kriminalität herbeizuführen; leicht verdientes Geld, besonders in den Händen Jugendlicher, Aufenthaltsveränderung, Trennung der Familie wirken in der gleichen Richtung. Erfreulicherweise ist bei uns der kriegsbedingte Zuwachs der Kriminalität bereits wieder stark rückläufig.

Grössere Beachtung verdient auch die Verteilung der gesteigerten Kriminalität auf die verschiedenen Altersgruppen. Die Zahl der jungen und jüngsten Täter, inbesondere der jungen weiblichen Kriminellen, zeigt eine sehr deutliche Zunahme, absolut und relativ, und zwar praktisch hinsichtlich aller Arten von Straftaten. Diese Tendenz, welche sich zuerst in den Jahren gleich nach 1930 zeigte, erreichte ihren Höhepunkt während des Krieges im Jahre 1942, ist aber noch immer sehr beachtlich. Der einzige Lichtblick in diesem betrübenden Bild ist, dass die jungen Rechtsbrecher zum grossen Teil nicht auf dem betretenen Wege fortfahren, soweit man bis jetzt sehen kann. Die Ursachen für das Anwachsen der Jugendkriminalität sind naturgemäss zum Teil die gleichen wie bei der Kriminalität im allgemeinen, aber es müssen noch andere spezielle Faktoren mitwirken. Diese sind, scheint mir, in gewissem Grade in sozialen Veränderungen genereller Art zu finden, wie etwa in der früher eintretenden Unabhängigkeit der Jugendlichen als Lohnempfänger und der damit Hand in Hand gehenden Lockerung der Familienzugehörigkeit. Vermutlich sind neue Moralanschauungen, die keineswegs alle einen Fortschritt bedeuten, ein wichtiger Faktor in diesem Problem.

III

Solcher Art also sind bei uns Straftaten und Täter. Was tun wir dagegen? Nicht sehr viel, finden manche, oder jedenfalls zu wenig, und dank unserer jüngsten Gesetzgebung immer weniger und weniger.

Unser Strafsystem ist in seinen Hauptzügen sehr einfach. Recht lange zurück liegt die Abschaffung grosser Teile der bunten Zusammenstellung von Strafen aller Art, oft recht merkwürdig, sehr oft grausam, die einen charakteristischen Zug der Gesetzgebung älterer Zeiten bildeten. Heute bestehen wie meist in modernen Rechtssystemen die Hauptstrafarten in verschiedenen Formen der Freiheitsentziehung oder anderer gesetzlich geregelter Behandlung und in Geldstrafen. Die Todesstrafe ist seit 1921 abgeschafft mit Ausnahme für Hochverrat und schwerste militärische Verbrechen in Kriegszeiten. Die letzte Hinrichtung, für Raubmord, erfolgte 1910.

Bevor ich einige Einzelheiten über die verschiedenen Strafen bringe, möchte ich mit wenigen Worten auf die Gedanken und Ansichten eingehen, die unserem System zugrunde liegen und sich in den jüngsten Reformen auswirken.

Die Stellungnahme zu diesen Fragen wird oft ganz natürlich nicht vom Verstand, sondern vom Gefühl gelenkt. Einerseits besteht bei vielen die gefühlsmässige Einstellung, dass Verbrecher bestraft werden müssen, vorzugsweise mit harten Strafen, nicht zu einem praktischen Zweck, sondern nur weil sie Böses getan haben; mit anderen Worten, dass Strafe eine Art Rache sein soll, vielleicht mit dem weniger provozierenden Namen gerechter Vergeltung. Besonders im vergangenen Jahrhundert sind viele wissenschaftliche Theorien nach solchen Gesichtspunkten aufgestellt worden. Diese Auffassung ist sehr verbreitet und ohne Zweifel bei den meisten von uns tief eingewurzelt. Die in den letzten Jahren gemachten Erfahrungen bei Straftaten, die im Kriege oder während feindlicher Besatzung begangen wurden, zeigen, wie stark und mächtig diese Einstellung in Wirklichkeit ist. Die meisten Experten in der Kriminologie sind jedoch der Ansicht, dass der Vergeltungsgedanke keinen Raum in den Bezirken menschlichen Handelns finden sollte, ohne zu verkennen, dass der Gesetzgeber der Auffassung der breiten Masse Rechnung tragen muss und nicht allzusehr in Gegensatz dazu treten darf.

Dann gibt es ein entgegengesetztes Extrem von rein gefühlsmässigen Erwägungen. Jede Bestrafung wird als ein Übel empfunden, und deshalb sollen Strafen und Strafgesetze abgeschafft oder wenigstens ganz radikal gemildert werden in einem Umfang, über dessen Ausmass man sich selbst kein klares Bild macht. Die Motive zu diesem Standpunkt sind in den meisten Fällen achtungswert, Philanthropie und Menschlichkeit. In manchen Fällen ist das Motiv aber mehr in einer grundsätzlichen Opposition gegen die gegenwärtige soziale und politische Staatsform zu suchen, verbunden mit — wie mir scheint — ziemlich unklaren Vorstellungen. Ich glaube nicht, dass diese extremen Ansichten eine grosse Rolle bei der Gestaltung unserer jüngsten Gesetzgebung gespielt haben.

Unter denen, die einige Erfahrungen gesammelt und sich etwas mit den Problemen der Kriminologie befasst haben, besteht eine gewisse Übereinstimmung der Ansichten hinsichtlich der Zwecke, die verfolgt werden sollen; nämlich, dass Ziel der Strafgesetzgebung und ihrer Durchführung die Verhütung von Verbrechen sein soll. Um die zur Erreichung dieses Zieles dienlichen Mittel wählen zu können, muss man etwas von den Theorien über die Ursachen der Verbrechen wissen. Allgemein gesprochen, muss man unterscheiden zwischen den in der Person des Täters liegenden Ursachen — angeborenen und erworbenen, Mentalität und Gewohnheiten — und solchen Ursachen, die in seiner Umgebung begründet sind, seiner Familie und seinem sozialen Milieu, in seiner wirtschaftlichen Lage ebenso wie in momentanen Anfechtungen und anderen Umständen mehr vorübergehender Art. Aber diese Generalisierung ist kaum mehr als ein Gemeinplatz. Die Schwierigkeit liegt darin zu ermitteln, welche Faktoren für jedes einzelne Delikt und für jeden einzelnen Täter von beherrschendem Einfluss sind.

Was die erbliche Anlage angeht, so kann man dagegen nicht sehr viel tun, wennschon wir einen ersten Anfang in unserer Sterilisationsgesetzgebung gemacht haben. Hoffnungsvoller ist die Lage hinsichtlich der sozialen Faktoren. Ich darf eine Anleihe bei einem englischen Autor [1] machen:

»In jüngster Zeit sucht man Verbrechen weniger durch Verbesserung der Strafgesetze als durch Verbesserung der sozialen Verhältnisse vorzubeugen. Die Kriminalität ist nicht so sehr deswegen zurückgegangen, weil die Abschreckung durch die Härte der Strafen in erhöhtem Grade gewirkt hat, sondern weil die Widerstandskraft der Bevölkerung gegen Versuchungen zu Verbrechen aus verschiedenen Gründen stärker geworden ist, nämlich dank verbesserter Erziehung, besserer Lektüre, grösserer Nüchternheit, gesünderer Wohnungen, zunehmender Sparsamkeit, besser ausgebauter Fürsorge bei Krankheit, Unglücksfall und Arbeitslosigkeit und schnellerer Hilfe für Waisen und andere bedürftige Kinder. In wieviel höherem Grade die Kriminalität eines Landes von seinen Steuer- und Verwaltungsgesetzen abhängt als von den Gesetzen, die direkt Straftaten betreffen, ist in wachsendem Umfang erkannt worden.»

---

[1] Kenny, Outlines of Criminal Law, 11*th* ed. (1922) p. 504.

Ich kann diese Worte zu meinen eigenen machen, vielleicht mit der Einschränkung, dass nach meiner Ansicht die Literatur keinen grossen Einfluss hat, weder zum Guten noch zum Bösen; bei der Mehrzahl ist der Bildungsgrad zu niedrig.

Aber ich habe mich nur mit dem Gebiet der Strafgesetzgebung zu befassen. Als Zwecke der Strafe werden im allgemeinen angeführt:

1) dem Täter die Möglichkeit zu nehmen, weitere Verbrechen zu begehen, entweder durch Todesstrafe oder durch Freiheitsstrafe, die zu diesem Zweck von ziemlich langer Dauer sein muss;

2) auf den Täter einzuwirken mit dem Ziele, neuen Delikten nach der Bestrafung vorzubeugen: durch Abschreckung vom Rückfall, durch Erziehung oder durch Gewöhnung an gesetzmässiges Verhalten;

3) auf die Geisteshaltung aller Mitbürger einzuwirken oder wenigstens derer, die es benötigen, um sie davor zu bewahren, straffällig zu werden, sowohl dadurch, dass man Individuen mit verbrecherischer Anlage abschreckt, als auch dadurch, dass man solche Moralgebote, gegen die zu verstossen strafbar ist, in Befehlsform vor Augen führt.

Der erstgenannte Zweck verliert ständig an Bedeutung, aber er spielt fortdauernd eine Rolle in einer geringen Anzahl sehr schwerer Fälle, meist solcher, bei denen es sich um in gewissem Grad geistesgestörte Täter handelt.

Der an dritter Stelle genannte Zweck, insbesondere die Erwägung, dass Bestrafung abschreckend wirken soll, übt einen sehr starken Einfluss auf Laien aus und auf Philosophen. Fachleute, die praktische Erfahrungen dadurch gesammelt haben, dass sie mit Verbrechern zu tun hatten, sind meist der Ansicht, dass der Abschreckungseffekt nicht von allzu grossem Wert ist. Die lange Geschichte des Verbrechens und der Strafe scheint zu bestätigen, dass sie recht haben, wenigstens in beachtlichem Umfang. Aber selbstverständlich üben alle Strafen eine gewisse Wirkung in dieser Hinsicht aus, und unter diesem Gesichtspunkt mögen sie notwendig sein. Bis heute hat keine Gesellschaftsordnung ihre Abschaffung ernsthaft in Betracht gezogen (in Sowjet-Russland hat man nach Durchführung der Revolution davon Abstand genommen, die Forderung nach Abschaffung der Strafen zu realisieren).

Übrig bleibt, die Strafe als ein Mittel zur Einwirkung auf die Psyche des Verbrechers auszugestalten. Niemand wird sich einem solchen System widersetzen, wenn es erfolgreich ist. Aber ist es erfolgreich? Die Geschichte des Strafwesens bietet zahlreiche Beispiele für Massnahmen mit diesem Zweck, die oft nur einen sehr begrenzten Erfolg oder gar keinen gehabt haben. Ein berühmtes Exempel ist das einst so gepriesene Philadelphia-System mit strenger Einzelhaft ohne Arbeit. Missglückt sind sie teils infolge psychologischer Fehler bei ihrer Einrichtung und Durchführung, teils weil es unmöglich ist, alle Verbrecher zu bessern. Nichtsdestoweniger sind alle Kriminalisten der Ansicht, dass eine fortschrittlich eingestellte Kriminalpolitik ihren Weg in dieser Richtung zu suchen hat, mit einer begründeten Hoffnung auf bessere und bessere Resultate in dem Masse, in dem wir zu einer tieferen Einsicht in die Mentalität der Verbrecher und in die Ursachen des Verbrechens überhaupt kommen. Nebenbei bemerkt: Sie sehen, dass hier ein weites Feld für wissenschaftliche psychologische Forschungen offensteht.

Während in der wissenschaftlichen Diskussion die Meinungen oft sehr auseinandergehen, herrscht bei uns, wenn es sich um die praktische Durchführung der gesetzlichen Massnahmen handelt, meist ziemlich weitgehende Einigkeit. Dieselbe Strafform mag von den einen als gutes Abschreckungsmittel, von den anderen als wertvolles Erziehungsmittel akzeptiert werden, die Lösung wird darin gefunden, dass man die verschiedenen Strafzwecke kombiniert. Das ist oft nur möglich mit Hilfe eines Kompromisses. Bisweilen wird ohne Zweifel auf keinen der erstrebten Zwecke ausreichend Rücksicht genommen, bisweilen wird der eine oder andere nicht in Betracht gezogen. Die zahlreichen Geldstrafen können keinen anderen Zweck haben als den, ein Gebot einzuschärfen, oder, wenn sie hoch sind, vom Zuwiderhandeln abzuschrecken. In manchen Fällen haben auch Freiheitsstrafen von langer Dauer keinen anderen Zweck als den, abschreckend zu wirken; viele Mörder z. B. sind für die Zukunft nicht gefährlicher als jeder andere; trotzdem werden sie hart bestraft.

Die Schwierigkeit, einen Kompromiss zwischen den verschiedenen Zwecken der Strafe zustande zu bringen, macht sich vor allem hinsichtlich der Freiheitsstrafen bemerkbar. Diese können sehr leicht so gestaltet werden, dass sie stark abschreckend wirken, sie können aber auch die Form einer Erziehungsmassnahme erhalten, bisweilen mit recht gutem Erfolg. Aber je mehr sie Abschreckungscharakter haben, je schlechter sind die Aussichten für eine erzieherische Wirkung; und je besser der erzieherische Effekt, je geringer die abschreckende Wirkung. Durch Schläge und Tortur erzieht man nicht zur Gesetzestreue! Heute sind die meisten unserer führenden Kriminalisten der Ansicht, dass der Verlust der Freiheit ein ausreichend stark abschreckendes Element ist und als einziges dieser Art bei der Bestrafung mit Gefängnis in Betracht kommen sollte.

Aber auch wenn dies beachtet wird, ist, vom erzieherischen Gesichtspunkt aus betrachtet, keineswegs alles in Ordnung. Es besteht die grosse Gefahr, dass nach Verbüssung einer Strafe selbst in dem bestgeleiteten Gefängnis der entlassene Täter schlechter geworden ist, als er vorher war. Die Gründe dafür sind mindestens zwei. Die Insassen eines Gefängnisses sind kein sehr zuträglicher Umgang füreinander, bei jedem Gefängnis besteht die Gefahr, dass es zu einer Verbrecherschule wird. Zum anderen ist der Aufenthalt in einer wohlgeordneten Strafanstalt keine gute Vorbereitung für das Leben in der Freiheit unter den recht harten und schweren Bedingungen, welche den Gefängnisinsassen nach seiner Entlassung erwarten. Das Gefängnisleben ist in einer Weise zu leicht, da es mehr die negativen Eigenschaften fördert. Wenn man versucht, den zuerst genannten Nachteilen durch eine strikte Isolierung entgegenzuarbeiten (in den meisten Fällen ohne grossen praktischen Erfolg), ist das einzig sichere Resultat, dass das Leben im Gefängnis in noch höherem Grade unnatürlich, abstumpfend und im ganzen unzuträglich für Körper und Seele wird.

IV

Welche sind die Schlussfolgerungen, die man mit bezug auf die Freiheitsstrafen zu ziehen hat? In Übereinstimmung mit der modernen schwedischen Gesetzgebung können sie in drei Hauptpunkte zusammengefasst werden:

1) die grösstmögliche Zahl der Kriminellen sollte ausserhalb der Strafanstalten belassen werden;

2) die Gefängnisordnung sollte zweckmässige Erziehungsmassnahmen oder ausreichende Ausbildung zu gewerblicher Betätigung oder anderer nützlicher Beschäftigung vorsehen;

3) entlassene Sträflinge sollten sich nicht selbst überlassen bleiben.

Ich kann nur eine summarische Übersicht darüber geben, wie wir suchen, diesen Forderungen zu entsprechen.

Ad 1. Abgesehen davon, dass das Gefängnisleben in der Regel schon für den Durchschnittsmenschen nicht sehr zuträglich ist, gibt es verschiedene wichtige Kategorien von Menschen, für die es besonders schädlich ist. Am deutlichsten trifft dies zu bei Kindern und Geisteskranken. Es ist eine allgemein gültige Regel, dass diese nicht in der sonst üblichen Weise bestraft werden sollen. Die Schwierigkeit liegt darin, diese Gruppen abzugrenzen. In unserer Gesetzgebung sind die Definitionen dafür recht weit gefasst. Ein Kind unter 15 Jahren kann in keinem Fall, auch nicht für Mord oder irgend ein anderes schweres Verbrechen, z. B. Brandstiftung, vor ein Strafgericht gestellt oder ins Gefängnis gesteckt werden. Wohl kann es zwecks Fürsorgeerziehung in eine Anstalt für Jugendliche gebracht oder in anderer Weise der Obhut der speziellen Organe für Jugendhilfe unterstellt werden, aber das ist auch der Fall bei vielen anderen Kindern, z. B. solchen, bei denen die Gefahr der Verwahrlosung im Elternhaus besteht, ohne dass sie eine strafbare Handlung begangen haben. Wir haben keine Jugendgerichte.

Geistesgestörte, die ein Delikt begangen haben, können und sollen in vielen Fällen unter Anklage gestellt werden, aber sie dürfen nicht verurteilt werden, wenn sie zu einer der drei Kategorien der Geisteskranken, Geistesschwachen oder der Geistesgestörten, vergleichbar mit Geisteskranken, gehören, vorausgesetzt, dass die strafbare Handlung unter dem Einfluss der Störung der Geistestätigkeit begangen worden ist, was in der Regel der Fall ist. Wenn ihr Geisteszustand es erfordert, aber nur dann, werden sie in eine Heilanstalt gebracht; dort verbleiben sie solange, wie es vom ärztlichen Standpunkt aus erforderlich erscheint, was länger oder kürzer sein kann als die normale Dauer der Freiheitsstrafe für das begangene Delikt.

Bei vielen anderen Gruppen von Kriminellen suchen wir zu vermeiden, dass sie eine verhängte Freiheitsstrafe verbüssen müssen. Ich kann nur die beiden wichtigsten Gruppen derartiger Bestimmungen erwähnen.

Von einer Anklage kann in vielen Fällen abgesehen werden, wenn Urteil und Bestrafung nach Ansicht der Anklagebehörde nicht erforderlich sind oder aus anderen Gründen, zu denen der Charakter und die wirtschaftliche Lage des Täters gehören, nicht im allgemeinen Interesse liegen. Diese Vorschriften sind zum Teil noch in Ausarbeitung begriffen. Im vorigen Jahr wurde offiziell vorgeschlagen, dass dem Leiter der Anklagebehörde die Befugnis erteilt werden sollte, Erlass der Strafverfolgung für Delikte jeder Art zu gewähren. Dies mag vielen von Ihnen nicht sehr überraschend klingen, aber für Schweden würde ein solches Gesetz eine grosse Umwälzung bedeuten. Nach unserem System müssen alle Delikte, abgesehen von genau geregelten Ausnahmen, unter Anklage gestellt werden. — Unter den jetzt geltenden Bestimmungen wird Erlass der Strafverfolgung bei völlig aufgeklärten Straftaten in wenigstens 2.000—3.000 Fällen gewährt, meist für jugendliche Täter zwischen 15 und 18 Jahren.

Wir haben reiche Erfahrung mit der Einrichtung der Bewährung. Wie Sie wissen werden, ist die Bewährung für Verbrecher zuerst in einigen der Bundesstaaten von Nordamerika und in Grossbritannien angewandt worden. In Schweden wurde Bewährungsmöglichkeit durch ein Gesetz vom Jahre 1906 eingeführt. Sukzessive Nachträge zum Gesetz, der letzte bis jetzt im Jahre 1939, haben dies Verfahren bei einer sehr grossen Anzahl von Delikten anwendbar gemacht. Heute ist Bewährungsmöglichkeit nicht nur bei Bagatellsachen zugelassen oder für Jugendliche oder solche, die zum ersten Mal straffällig geworden sind, wenn sie auch bei diesen Gruppen von Straffälligen am häufigsten vorkommt; viele Gerichte sind überhaupt sehr geneigt, Urteils- oder Strafvollstreckungsaufschub zu gewähren (wir haben beide Formen der Bewährungsmöglichkeit), gewöhnlich mit einer Bewährungsfrist von 3 Jahren. Vor kurzem erst ist diese Praxis der Gerichte sehr heftig in der Presse und auch in der Öffentlichkeit kritisiert worden, aber sie hat auch sehr energische Verteidiger gefunden. Mein Eindruck ist, dass die Richter einen so ausgedehnten Gebrauch von der Einrichtung der Bewährungsfrist nicht aus dem Wunsch heraus machen, human zu sein um der Humanität selbst willen, sondern weil sie der Meinung sind, dass die Bewährungsmöglichkeit unter dem Gesichtspunkt der Prävention die besten Resultate gibt, also auch für die Allgemeinheit nützlich ist; möglicherweise setzen sie die Zweckmässigkeit von Freiheitsstrafen als Präventivmassnahme in Zweifel.

Es muss hervorgehoben werden, dass Bewährung nicht einfach eine andere Form von Freisprechung ist, selbst nicht in der grossen Mehrheit der Fälle, in denen später kein Urteil ergeht oder keine Vollstreckung eines bedingten Strafurteils erfolgt. Gewährung von Bewährungsfrist ist nicht ohne Folgen. Wer Bewährungsfrist erhält, wird in den meisten Fällen einer Art Schutzaufsicht unterworfen, die entweder von einem dazu bestellten Beamten oder einer Privatperson ausgeübt wird. Oft wird dem Bewährungspflichtigen auferlegt, Schadensersatz in Raten zu zahlen, sich Rauschmittel zu enthalten oder eine Trinkerheilanstalt aufzusuchen oder eine andere Heilanstalt, oder er wird, falls es sich um einen Jugendlichen handelt, den Jugendwohlfahrtsbehörden überwiesen.

Bewährungsfrist wird nicht erteilt bei Übertretungen, die nur mit Geldstrafe geahndet werden sollen. Wohl aber wird Bewährung in vielen Fällen (ungefähr 400 jährlich) bei Umwandlung von Geldstrafe in Freiheitsstrafe wegen Zahlungsverzug zugestanden. — Nebenbei bemerkt haben wir nur etwa 300 Fälle jährlich, in denen Freiheitsstrafen dieser Art vollstreckt werden. — Für wirkliche Vergehen und Verbrechen (natürlich nicht der allerschwersten Art) wird Bewährung in etwa 4.000 Fällen jährlich bewilligt. Die Zahl der Fälle, in denen diese Massnahme ihren Zweck verfehlt hat insofern, als vor Ablauf der Frist — 3 Jahre — Verurteilung oder Strafvollstreckung erfolgen muss, beträgt etwa 400 im Jahr oder ungefähr 10 %; der Grund ist in der Regel eine neue Straftat, kann aber auch sehr schlechtes Verhalten in anderer Beziehung sein. Der Prozentsatz der Rückfälle (innerhalb von 3 Jahren) unter denen, die eine Gefängnisstrafe verbüsst haben, weist einen nicht unbeträchtlich höheren Durchschnitt auf.

Ad 2. Was die freiheitsbeschränkenden Straffolgen von Verbrechen angeht, so hat man zu scheiden zwischen eigentlichen Freiheitsstrafen auf bestimmte Zeit (oder auf Lebenszeit) des älteren Typus einerseits und neueren Reaktionsformen mit von vornherein mehr oder weniger unbestimmter Dauer, gewöhnlich Schutzmassnahmen benannt, andrerseits.

Die eigentlichen Freiheitsstrafen werden als Gefängnis und »Strafarbeit» bezeichnet. Gefängnis kommt zur Anwendung bei Vergehen und ist von kürzerer Dauer, nach dem Gesetz höchstens 2 Jahre, aber im allgemeinen bedeutend kürzer (mindestens 1 Monat). Für Strafarbeit beträgt die Dauer mindestens 2 Monate und höchstens 10 Jahre (abgesehen von den seltenen lebenslänglichen Strafen); die Mehrzahl der verhängten Strafen ist von recht kurzer Dauer. Früher war Gefängnis nicht mit Arbeitspflicht verbunden und auch sonst im Vergleich mit Strafarbeit auf verschiedene Weise privilegiert. Jetzt hat jede Freiheitsstrafe Arbeitspflicht zur Folge, und die Unterschiede zwischen den beiden Strafarten sind auch sonst stark reduziert worden; eine völlige Vereinheitlichung kann möglicherweise im Laufe der weiteren Reformtätigkeit erwartet werden.

Nach dem Gesetz vom 21. Dezember 1945 über den Vollzug von Freiheitsstrafen usw. ist der wichtigste Unterschied zwischen den beiden Strafarten, dass derjenige, welcher eine Gefängnisstrafe verbüsst, dies normalerweise in einer offenen Anstalt (die eine Kolonie oder ein Lager sein kann) tun soll, während der, welcher Strafarbeit abbüsst, damit in einer geschlossenen Anstalt beginnt; aber er kann jedoch ebenfalls, gewöhnlich nach 3 Monaten, soweit es zweckmässig erscheint, in eine offene Anstalt verbracht werden. In einer solchen Anstalt, deren Komplex meist nicht sehr streng abgeschlossen ist, soll der Gefangene in der Regel mit anderen Gefangenen zusammen arbeiten, z. B. in der Landwirtschaft, im Forstwesen oder bei Wegebauten oder auch in Werkstätten; er darf auch, wenn nicht besondere Umstände entgegenstehen, seine Freizeit mit anderen Gefangenen zusammen verbringen. Auch der Strafvollzug in geschlossener Anstalt sieht im allgemeinen keine eigentliche Zellenhaft vor. Die Häftlinge sollen dort zwar in Einzelräumen jeder für sich untergebracht werden, aber sie sollen ihre Arbeit in der Regel zu zweien oder mehreren verrichten, oft in grösseren Werkstätten. Die Freizeit dürfen sie bis zu einem gewissen Mass gleichfalls zusammen (zu zweien oder mehreren) verbringen; während der Schlafenszeit sollen sie getrennt gehalten werden.

Als allgemeine Richtlinie für den Strafvollzug ist die Vorschrift aufgestellt, dass die Sträflinge mit Festigkeit und Ernst und mit Achtung vor ihrer Menschenwürde behandelt werden sollen. Der Sträfling soll mit passender Arbeit beschäftigt werden und im übrigen solche Behandlung erhalten, dass seine Anpassung an die geordnete staatliche Gesellschaft gefördert wird. Schädlichen Wirkungen der Freiheitsentziehung soll möglichst vorgebeugt werden. Die Durchführung dieser Grundsätze verlangt, so meint man, dass die Anwendung eigentlicher Freiheitsstrafe mit strenger Isolierung im grossen gesehen aufhören muss. Diese grundsätzliche Einstellung kommt auch darin zum Ausdruck, dass die Verbindung der Gefangenen mit der Aussenwelt auf verschiedene Weise erleichtert ist, u. a. durch ausgedehntes Recht, Briefe abzuschicken und zu erhalten sowie Besuche von Angehörigen zu empfangen.

Die Dauer jeder Strafe auf Gefängnis oder Strafarbeit wird im Urteil genau bestimmt, also im voraus; eine Abänderung tritt in vielen Fällen infolge bedingter Freilassung ein; vergl. unten. Die fixierte Zeitdauer der Strafe ist natürlich eine Schwäche unter dem Gesichtspunkt der Spezialprävention: eine Behandlung, welche darauf abzielt, auf einen Menschen zu einem bestimmten Zweck einzuwirken, sollte, so will es scheinen, solange dauern, wie es erforderlich ist, um dieses Ziel zu erreichen (oder um zu konstatieren, dass es nicht zu erreichen ist); es ist unmöglich, im voraus zu bestimmen, wieviel Zeit dazu erforderlich sein wird. Gleichwohl hat in Schweden das System mit absolut oder relativ unbestimmten Strafurteilen nicht viele Anhänger gefunden. Man lehnt es ab, teils aus generalpräventiven Gründen, teils mit Rücksicht auf die Sträflinge, teils — und nicht zum wenigsten — wegen der Schwierigkeiten für die Aufrechterhaltung der Disziplin in den Strafanstalten, mit denen man rechnet.

Das schwedische Strafrecht kennt jedoch auch solche freiheitsbeschränkenden Folgen, deren zeitliche Dauer unbestimmt ist: Internierung von Rückfälligen (geschieht in ganz geringem Umfang), Gewahrsam für gewisse abnorme Täter und Jugendgefängnis. Diese sogenannten Schutzmassnahmen (von welchen die letztgenannte im Gesetz als Strafe bezeichnet wird) sind alle recht neuen Datums. Das Gericht, welches eine derartige Massnahme anordnet, hat sich über deren Dauer nur insoweit auszusprechen, als bei Internierung und Gewahrsam eine im Einzelfall bestimmte Mindestzeit festgesetzt werden soll. Im übrigen wird die Dauer, unter Berücksichtigung des Erfolges der Massnahmen, von zentralen, für das ganze Reich gemeinsamen Behörden (Amt für Internierungswesen, Amt für Jugendgefängnisse) bestimmt; für verschiedene Fälle sieht das Gesetz bestimmte Mindest- und Höchstzeiten vor; die Spannweite zwischen diesen ist sehr gross; bei Gewahrsam besteht keine gesetzliche Höchstgrenze. Die Praxis geht dahin, in der Mehrzahl der Fälle Entlassung zu bewilligen, ehe die Mindestzeit in grösserem Mass überschritten ist.

Die Vollstreckung der Schutzmassnahmen ist in hohem Grade den Besonderheiten der einzelnen Individuen angepasst. Sowohl geschlossene wie offene Anstalten sind in Gebrauch ; völlige Isolierung in Zellen kommt vor, wenn dies durch besondere Umstände geboten ist.

Ad 3. Die Erfahrung zeigt, dass die Zeit gleich nach der Entlassung besonders grosse Gefahren in sich birgt; zahlreiche Rückfälle in die Kriminalität treten in dieser Zeitspanne ein. Unsere neuere Kriminalpolitik sucht auf verschiedene Weise die Rückfallsgefahr zu mindern. Einmal will man die Strafvollstreckung so gestalten, dass sie nicht mehr als erforderlich eine Entwöhnung von den Verhältnissen mit sich bringt, welche eine Gesetz und Gesellschaftsordnung angepasste Lebensweise in der Freiheit kennzeichnen; hierzu siehe oben ad 2. Weiter sucht man, besonders gegen Ende der Strafzeit, die Freilassung dadurch vorzubereiten, dass den Gefangenen erlaubt wird, tagsüber bei Arbeitgebern ausserhalb der Anstalt zu arbeiten (sogenannte »Aussenarbeit»), weiter durch Beurlaubung und nicht zuletzt durch Arbeitsbeschaffung. Der Sträfling soll, wenn er die Anstalt verlässt, nicht aller Existenzmittel entblösst sein; er bekommt einbehaltene Arbeitsprämien ausbezahlt und in gewissem Umfang auch Unterstützung. Vor allem gilt in vielen Fällen, dass er eine Zeit nach der Entlassung Hilfe und Unterstützung erhält, aber zugleich unter Kontrolle gestellt wird, indem die Freilassung bedingt erfolgt.

Bei zeitlich begrenzter Strafarbeit und Gefängnisstrafe gilt nach dem Gesetz über bedingte Freilassung vom 18. Dezember 1943, dass der, welcher eine Strafe dieser Art verbüsst, die vom Gericht auf mindestens 6 Monate bemessen worden ist, bedingt entlassen werden muss, sobald er fünf Sechstel der Strafzeit verbüsst hat. Ist die Strafe von längerer Dauer, kann der Sträfling auf seinen Antrag durch Beschluss des Gefangenenfürsorgeamtes schon bedingt entlassen werden, wenn er zwei Drittel der Strafe, jedoch mindestens 8 Monate verbüsst hat, sofern mit Fug angenommen werden kann, dass er sich nach der Entlassung wohl verhalten wird. Für den bedingt Entlassenen gilt eine Probezeit, die dem Rest der Strafe entspricht, jedoch mindestens 1 Jahr oder bei kürzeren Strafen 6 Monate ausmacht. Während der Probezeit soll in der Regel eine Aufsichtsperson für den bedingt Entlassenen eingesetzt werden, und dieser selbst unterliegt verschiedenen Verpflichtungen hinsichtlich seiner Lebensweise. Lässt er diese ausser acht, kann u. a. die Probezeit verlängert werden oder die bedingt erfolgte Entlassung für verwirkt erklärt werden. Die letztgenannte Folge soll in der Regel eintreten, wenn der bedingt Entlassene während der Probezeit eine neue Straftat begeht.

Für die zeitlich nicht begrenzten Massnahmen gilt prinzipiell, dass bedingte Entlassung erfolgen soll. Die Probezeiten sind oft sehr lang und ihre Dauer in gewissen Fällen abhängig von der Beurteilung der Führung des Entlassenen durch die zuständige Zentralbehörde.

Ist die Abkehr der Strafgesetzgebung in Schweden von den früheren Methoden für die Behandlung Straffälliger zum Guten ausgeschlagen? Hierüber herrschen geteilte Ansichten und tatsächlich ist es noch nicht möglich, die Frage zu beantworten. In wichtigen Teilen muss die Reformarbeit als noch im Versuchsstadium befindlich bezeichnet werden. Die Bedingungen für diese Versuche sind teilweise recht ungünstig gewesen. Das gilt besonders von den neuen Regeln für die Strafvollstreckung. Damit diese ein zufriedenstellendes Resultat ergeben sollen, sind u. a. eine neue Art von Anstalten sowie ausreichendes und gut geschultes Personal erforderlich. In beiden Richtungen bestehen noch fühlbare Mängel. Viele ältere Gefängnisse — mehrere aus der Mitte des vorigen Jahrhunderts — müssen weiterhin benutzt werden; sie sind für die Vollstreckung von Zellenhaft gebaut und können keine zufriedenstellenden Räumlichkeiten für die neue Vollstreckungsmethode bieten. Die Anstaltsorganisation lässt keine ausreichenden Möglichkeiten für unterschiedliche Behandlung der Insassen; eine solche tut aber dringend not, um schädlichen Folgen einer gemeinsamen Strafvollziehung vorzubeugen. Für die Beschaffung nützlicher Freizeitbeschäftigungen fehlt es an den erforderlichen Mitteln. Das Personal ist durchgehend human und pflichtbewusst, aber es fehlt an Nachwuchs (teilweise infolge allzu geringer Entlohnung) und die Ausbildung lässt zu wünschen übrig. Die Folgen zeigen sich u. a. darin, dass viele Wärter nicht genügend Autorität gegenüber den Gefangenen besitzen. Besonders macht sich dies bemerkbar, wenn eine mehr individuelle Behandlung erfolgen soll, wie es das neue System erfordert. Die angedeuteten Mängel konnten infolge der wirtschaftlichen Schwierigkeiten der Kriegs- und Nachkriegszeit nicht schnell genug behoben werden; das ist um so bedauerlicher, als gerade diese Zeit nicht vorüber gegangen ist, ohne zu einer Erhöhung der Kriminalität beizutragen.

In Anbetracht der gekennzeichneten Verhältnisse bietet unsere Gefangenenfürsorge natürlich gewisse Angriffspunkte. Meutereien und Ausbrüche kommen in früher nicht gekanntem Umfang vor. Es kann nicht bestritten werden, dass diese durch die freiere Anstaltsordnung erleichtert und zuweilen sogar hervorgerufen werden. Eine andere Frage ist, ob die Neuerungen mit zur Steigerung der Kriminalität beigetragen haben. Ausreichende Gründe für diese Annahme dürften kaum vorgebracht sein. Zweifelhafter dagegen ist, ob nicht, wie viele meinen, eine allzu ausgedehnte Anwendung des bedingten Urteils möglicherweise zu der erhöhten Kriminalität geführt hat. Für meinen Teil möchte ich auch hier ein Fragezeichen setzen.

Die Urheber der Strafrechtsreform in Schweden sind natürlich nicht der Meinung, dass mit unserer neuen Gesetzgebung das letzte Wort gesprochen sei. Aber sie sind der Ansicht, dass die Reformen nicht nur vom humanitären Gesichtspunkt aus zufriedenstellend sind, sondern auch den Weg weisen, wie man Straftaten auf wirkungsvollere Weise vorbeugen kann. Aus diesem Grunde wünschen sie, dass das Experiment fortgesetzt werde.

MIX
Papier | Fördert gute Waldnutzung
FSC® C083411

Kolibri 360 GmbH
Ferdinand-Jühlke-Straße 7
99095 Erfurt, Deutschland
produktsicherheit@kolibri360.de